高等院校文化产业管理专业教材

本教材由浙江师范大学重点教材建设基金、

浙江师范大学文化创意与传播学院人才培养基金资助出版

文化资源开发

概 论

林敏霞 著

知识产权出版社

全国百佳图书出版单位

——北 京——

图书在版编目（CIP）数据

文化资源开发概论 / 林敏霞著 . — 北京：知识产权出版社，2021.9（2023.1 重印）
ISBN 978-7-5130-7650-0

Ⅰ. ①文…　Ⅱ. ①林…　Ⅲ. ①文化产业—产业发展—中国
Ⅳ. ① G124

中国版本图书馆 CIP 数据核字（2021）第 160328 号

内容提要

本书汲取同类教材的精华，以"文化资源开发"为关键词，对文化资源开发的基本概念、理论基础和体系框架进行精细化及一定程度的创新性探索。本书对"文化资源""文化资源价值""文化资本""文化符号""文化遗产""文化产品"等相关概念进行了系统的梳理；较为合理、完整地阐述了文化生产理论、文化资本理论、符号消费理论、媒介理论、知识经济理论及旅游相关理论；结构上环环相扣，逐步深入，更为系统和具有逻辑性；注重经典案例和最新案例相结合、地方性案例和全国性（世界性）案例相结合，尽量展现文化资源开发的时代性和整体性。

本书可作为文化产业管理专业本科教材使用。

责任编辑：高　源　　　　　　　　　　责任印制：孙婷婷

文化资源开发概论

WENHUA　ZIYUAN　KAIFA　GAILUN

林敏霞　著

出版发行：**知识产权出版社**有限责任公司		网　　址：http：//www.ipph.cn	
电　　话：010-82004826		http：//www.laichushu.com	
社　　址：北京市海淀区气象路 50 号院		邮　　编：100081	
责编电话：010-82000860 转 8701		责编邮箱：laichushu@cnipr.com	
发行电话：010-82000860 转 8101		发行传真：010-82000893	
印　　刷：北京建宏印刷有限公司		经　　销：各大网上书店、新华书店及相关专业书店	
开　　本：720mm×1000mm　1/16		印　　张：15.5	
版　　次：2021 年 9 月第 1 版		印　　次：2023 年 1 月第 2 次印刷	
字　　数：260 千字		定　　价：78.00 元	

ISBN 978-7-5130-7650-0

　　20世纪80年代以来，伴随着科技、信息、资本的进一步发展，文化产业逐渐成为西方社会经济活动中重要的组成部分。进入21世纪，我国也逐步明确文化产业的重要性，于2009年在《文化产业振兴规划》中首次将发展文化产业上升为国家战略；2011年，《中华人民共和国国民经济和社会发展第十二个五年规划纲要》提出，推动文化产业成为国民经济支柱性产业，增强文化产业整体实力和竞争力。随后，党中央每年都会出台与文化产业发展相关的政策和法规，推动文化产业发展。

　　为适应中国文化产业快速发展的形势，2004年，教育部批准山东大学、中国传媒大学、中国海洋大学、云南大学四所高校开设"文化产业管理"本科专业；2008年，浙江师范大学也获批开设该专业，并于2009年正式招生。截至2021年，全国一共有170所高校开设了文化产业管理本科专业。

　　与"文化资源"相关的课程，不论被称为"文化资源学"或"文化资源概论"，都是各个高校文化产业管理专业中开设的核心课程之一。从学理上来说，文化产业的核心层面是各类表意文本的产业化生产与流通，是通过创意把文化资源进行文化产品、文化资本的转化，也是一种文化再生产。文化产业的文化再生产可以分为"有本土根基的文化再生产"和"无本土根基的文化再生产"，前者以挖掘、传承、再创造本土的传统文化为主，后者则主要通过"拿来主义"方式将其他国家和地区的文化为自己所用进行文化再生产。多数时候两者交叉进行，但需要指出的是，一个国家或者地区成功的、标志性的及绝对数量上的文化产品都应该从本土的文化根基中进行挖掘、创作和生产，否则该国家和地区的文化产品无法立足世界。这就赋予了"文化资源"相关课程在文化产业管理专业中基础性的地位。

从当前我国现实层面来看，无论是非物质文化遗产保护、旅游开发，还是乡村振兴，都与发掘和开发我国传统文化资源密切相关。非物质文化遗产项目本身就是重要的文化资源，"生产性保护""见人见物见生活"等理念凸显了遗产资源化才是最好的传承和保护的思想。党的十九大提出实施乡村振兴战略，笔者认为，所要振兴的不仅是乡村经济、生态和人口，还包括乡村文化和文脉，即倡导重塑乡村作为一种生活方式、文明方式的积极理念，这就需要通过积极挖掘和梳理乡村原有的丰厚的历史文化资源，为乡村振兴注入活力。由这个现实层面也可以看出"文化资源开发"的基础性和重要性。

笔者于2010年开始为浙江师范大学文化产业管理专业的本科生讲授"文化资源开发"课程。开课第一年课程名称叫"文化资源学"，第二年更名为"文化资源开发概论"。因此，在撰写本书的过程中，笔者以"文化资源开发"为关键词，汲取同类教材的优点和精华，对文化资源开发的基本概念、理论基础和体系框架进行精细化及一定程度上的创新性探索。

总体上，本书具有以下四个方面的特点。

第一，在概念上，本书对"文化资源""文化资源价值""文化资本""文化符号""文化遗产""文化产品"等概念进行了更加系统的梳理，厘清了之前模糊和未加阐述的地方。

第二，在理论上，本书较为合理地阐述了包括文化生产理论、文化资本理论、符号消费理论、符号学、品牌学、媒介理论、旅游学、人类学、社会学等相关内容，并相应地在文化资源开发的各个环节加以运用和分析。

第三，在结构上，本书环环相扣，层层深入，更为系统，逻辑性强。在第三章中，笔者将文化资源保护、文化资源累积、文化资源配置、文化资源管理等内容去繁就简，浓缩论述，兼顾了与文化资源相关的各个方面的知识点，同时又紧密聚焦在"文化资源开发"这个核心论题上。

第四，在资料和案例上，本书注重经典案例和最新案例相结合，地方性资料和全国性、世界性资料相结合，全面展现文化资源开发的时代性和整体性。

致谢本书读者，诚挚地期待你珍贵的批评和斧正意见，以弥补本书的不足和缺陷。笔者邮箱为 lmy@zjnu.cn。

第一章 导 论

随着时代发展，人类社会与资源的关系开始走向复杂化和纵深化，"资源"的范畴从传统的自然资源、经济资源向更为纵深的社会性资源拓展，形成"大资源观"，其中文化资源是现代社会性资源的重要组成部分。与此同时，经济的发展和科技的进步，使人们的消费从原来的物质性消费向符号性消费转变，符号消费成为文化资源动员和开发的内生性力量。文化资源是文化产业开发的基础，进行文化资源开发意味着从文化资源大国向文化产业强国的转变。现代科技是文化资源开发的技术推动力，文化生产力和文化资本等理论为文化资源开发提供了理论基础。文化资源的开发对于经济社会发展、国家软实力的提高，以及保障文化安全、促进文化交流和理解有着重大意义。

第一节 文化资源开发问题的提出

一、大资源观：文化资源开发的社会背景

当前，很多人依然习惯于从经济学或者生态学的角度定义和理解"资源"，把资源简单地等同于自然资源或者经济资源。例如，在《中国资源》一书中，"资源"被定义为土地、水、能源、气候、森林、草地、物种、海洋和旅游。❶ 在《现代汉语词典》中，"资源"被定义为"生活资料或生产资料的天然来源"❷ 或者是"资财的来源（一般指天然的来源，如煤炭资源、石油资源）"❸。联合国环境规划署把"资源"定义为在一定时间、地点

❶ 郝旭. 中国资源 [M]. 北京：首都师范大学出版社，1994.

❷ 中国社会科学院语言研究所词典编辑室. 现代汉语词典（修订本）[M]. 5 版. 北京：商务印书馆，2006：1801.

❸ 字词语辞书编研组. 新编现代汉语词典 [M]. 长沙：湖南教育出版社，2016：1696.

和条件下，能产生经济价值的、以提高人类当前和将来福利的自然环境和因素。❶ 这种传统的小资源观，是 20 世纪上半叶人本主义资源观的反映，即"人类是自然的主人和占有者，自然界的一切必须服从于人类的利益和需求，人类对自然界拥有绝对的开发利用权"❷。这种小资源观导致了人口、资源、环境和发展的世界性问题，也局限了人们对于社会发展的总体思维和想象：当自然或经济资源枯竭、生态破坏后，这种传统的小资源观容易使人陷入消极悲观中。例如，1972 年罗马俱乐部关于人类困境的研究报告《增长的极限》一书就对工业社会资源观敲响了警钟，然而由于它把资源界定为"传统的自然资源、经济资源"，因此陷入了人类社会发展的悲观论，被认为是"悲观论代表"。单纯的悲观论不能解决资源、生态和人类发展的问题，人类要在 21 世纪实现"可持续发展"的目标，需要重新审视人类社会与资源系统之间的关系，要系统、辩证地看待资源，形成大资源观，才能为社会综合发展提供更为全面和平衡的支撑。

从中文的字面意义来看，"资源"一词中的"资"为财物、钱财、资历、资质的意思，"源"则指水流始出的地方，引申为来源、根源。因此，"资源"一词从字面上大致可解释为"财富的来源"或者说"能作为财富来源的东西"。能作为财富来源的东西，本身是随着时代和环境的变化而变化的。在采集渔猎时代，人们以直接采集和狩猎为生，因此自然界可再生的生物便是人类财富的来源；在农耕时代，人们以种植农作物、驯化家畜为生，因此可以耕种的土地、水等可更新自然资源便是人类主要的资源；到了工业时代，以机器为基础的社会化大生产，使各类煤炭、石油等矿产资源及土地等经济资源成为人类的核心资源；与此同时，社会以加速度的方式综合发展，社会的纵深化、复杂化程度日益增加，科技资源、人力资源、人文精神资源等都被纳入人类社会发展的资源范畴之内，这其中精神性和非物质性资源对于社会的发展起着越来越重要的作用。由此可见，在人类长时段的历史发展中，"作为财富来源"的资源并不是静止不变的，而是随着时代的发展，不断呈现拓展的趋势，其内涵从原来的自然性资源向经济性资源、社会性资源扩展，文化资源是这种资源扩展发展的结果之一。

---

❶ 王曦. 联合国环境规划署环境法教程 [M]. 北京：法律出版社，2002：4.

❷ 罗丽丽. 20 世纪资源观的历史回顾与展望 [J]. 经济师，2006（3）：256.

总之，现代社会的"资源"是由自然资源、经济资源、技术资源、人力资源、智力资源（信息和知识）、制度资源、社会资源、文化资源综合组成的，是一种综合性的大资源观。可以把自然资源之外的其他几种资源统称为"社会性资源"，它们是人类社会劳动的成果，也成为支撑现代社会发展的资源组成。正如已有的研究指出，现代社会任何单独的资源都无法独立支持社会的综合发展和可持续发展，各个资源之间原本就存在联动关系，只有作为一个整体共同配置、利用形成强大的支撑体系时，才能确保社会的全面发展。❶

由此可见，文化资源是现代大资源观的重要组成部分，也是现代社会系统发展后必然出现的资源类型。在自然资源濒临枯竭、生态环境不断恶化的情况下，为自然风光注入文化含金量，让科技与文化相结合，通过文化资源的开发运用，形成一种没有自然生态环境污染的产业，为人类创造产值，是社会发展的必然趋势，也是大资源观发展的必然结果。

二、符号消费：文化资源开发的内生力量

如果说在农业和工业为主导的社会中，人们注重的是物质消费，那么进入以第三产业为主导的社会中，人们重视的是知识、信息、文化、艺术、体育等的消费，即便是物质消费，也需要具有符号性的物质消费。可以说，符号消费是现代社会和后现代社会的特征之一，是文化资源开发得以动员的内生力量。

在农业社会和工业社会，商品的物质实用性被视为最为重要的价值，而进入后工业社会或现代社会后，所谓商品的风格、氛围、感觉等符号性体验越来越被当成商品一样制造、生产和销售。换言之，当生产力提高、社会告别普遍性物质匮乏、人们的物质性需求得到满足后，对附着在商品之上的符号、意义、文化的需求也就日益增加，即符号性消费需求不断增加。需要指出的是，物品具有符号象征性，人们对物的占有和消费具有符号象征性，并不是现代社会才有的，只是到了现代社会，这种情况具有了普遍性，社会才由此进入了符号消费时代。西方学者对此有着比较多的论述。

---

❶ 韦正球，覃明兴.从小资源到大资源：一种新的资源观 [J]. 广西大学学报（哲学社会科学版），2006（2）：71.

　　早在 18 世纪中叶，马克思提出了商品的交换价值不在于其自然属性，而在于其社会劳动属性的论断。尽管马克思举例鼻烟和油画等商品之所以能按照一定比例成为"等价物"❶，其原因并非其自然属性，而是隐藏在鼻烟和油画中的社会劳动价值，但这个例子中已经隐藏着商品崇拜中潜藏着超越物质的其他社会文化属性。他指出，"商品形式的拜物教在等价形式中比在相对价值形式中更为触目"❷。也就是说，人们对某种商品的象征性崇拜会在交换过程中体现出来。一些构成意义的、满足物质之外需要的东西，会附着在商品崇拜中，它在本质上是象征性文化和符号的加注。

　　1899 年，经济学家凡勃伦提出了著名的"炫耀性消费"。他指出人类历史上"有闲阶级"（Leisure Class）❸ 的经济行为有着一种非实用为主的"炫耀性消费"，也就是通过维持非生活所需的、浪费的、昂贵的消费，保持和展现身份地位。尽管凡勃伦此书的目的在于批判有闲阶级脱离劳动生产及助长浪费时间和金钱的浮华社会风气，但"炫耀性消费"概念包含的有闲阶级能辨别、体会所消费物品的微妙差别，已经表现出人类通过寻求消费差异来进行自我认同和表达的消费特征。

　　1905 年，德国社会学家西美尔在其货币哲学的基础上提出了"时尚消费"的概念，也是符号性消费的一种体现。在西美尔看来，货币以一种按照数量大小算计的方式掩盖了事物的实质和特点，原则上任何人都可以通过货币获得任何商品，传统的消费特权瓦解，导致生活的"无风格化"。❹ 但是，社会群体阶层地位的差异仍需要通过不同的风格加以区分，由此导致了人们对风格的渴望，并通过不断更新风格来保持社会区分。这明显体现在"时尚消费"上：社会中上阶层总是通过创新一种

---

❶ 中共中央马克思恩格斯列宁斯大林著作编译局 . 马克思恩格斯全集：第 26 卷（第三册）[M]. 北京：人民出版社，1998：150.

❷ 中共中央马克思恩格斯列宁斯大林著作编译局 . 马克思恩格斯全集：第 31 卷（上册）[M]. 北京：人民出版社，1998：321.

❸ 凡勃伦定义的"有闲阶级"："上层阶级的优势经济地位决定了一个不变的原则——他们总是置身于生产性工作之外。这些脱离生产工作的阶级就是有闲阶级，包括贵族阶级和祭司阶级以及两者的附属人员。他们主要承担的职责无非是政治、战争、宗教信仰和运动比赛这四项。"参见：凡勃伦 . 有闲阶级论 [M]. 程猛，译 . 北京：北京出版社，2012：4.

❹ 西美尔 . 货币哲学 [M]. 陈戎女，等，译 . 北京：华夏出版社，2002：7.

时尚来区分社会中下阶层，而社会中下阶层则总是趋向跟从和模仿中上阶层。❶ 由此，时尚的等级性就在"符号性消费"的你追我逐中生成和更替。

1970 年，法国社会学家让·鲍德里亚在《消费社会》中进一步深刻揭示了当今商品社会在消费上的符号性，即现代商业社会中的消费是一种符号操纵与被操纵的关系。换言之，商家通过符号进行意义和象征的制造，再通过广告进行消费刺激，形塑了现代人的消费情感、意识和行为。由符号话语所制造出来的表征风格、品位、地位、权力等意义控制了消费的行为。正如张一兵所概括的，"人们今天在消费中更受吸引的不是物品本身的功能，而是某种被制造出来的象征性符码意义……今天的消费已然不是人的真实消费，而是意义系统的消费"❷。在消费社会中，人们正是通过消费来区分地位、团体、阶层，进行身份的编码。购买和消费商品已然是一种符号性的炫耀，包含了前述的地位、时尚和炫耀性消费等。

不仅一般的物质消费具有符号性特征，而且精神领域的消费也具有符号性特征。法国哲学家、社会学家布迪厄把符号消费的概念从物质领域拓展到了精神领域的文化消费。他指出，文化是一种象征性资本，个体通过家庭、学校、社会等不同途径获得，以形成个体不同的习性和趣味，从而实现社会等级和身份的区分。❸ 在这个意义上，文化消费是一种强大的符号体系，发挥着区分和维系社会秩序的功能。

总而言之，从 20 世纪后期以来，随着人类社会迈入了符号经济时代，"文化已从过去那种特定的'文化圈层'中扩张出去，进入了人们的日常生活，成为消费品"❹。现代消费已经从物向文化和符号延伸，文化要成为消费品，其生产、消费、传播、积累和继承需要依照符号经济学的逻辑进行，"在这样的社会阶段，文化与消费彻底融为一体。文化变为消费品，

<hr>

❶ 西美尔. 时尚的哲学 [M]. 费勇，等，译. 广州：花城出版社，2017：93–124.

❷ 张一兵. 消费意识形态：符码操控中的真实之死——鲍德里亚的《消费社会》解读 [J]. 江汉论坛，2008（9）：25.

❸ 布迪厄. 文化资本与社会炼金术——布迪厄访谈录 [M]. 包亚明，译. 上海：上海人民出版社，1997：194–200.

❹ 杰姆逊. 后现代主义与文化理论——弗·杰姆逊教授讲演录 [M]. 唐小兵，译. 西安：陕西师范大学出版社，1987：129.

消费品则以符号化进行区分"❶。

因此，当前文化资源开发是遵循符号消费逻辑开展的。符号消费作为一种意向性消费，存在极大的文化资源动员空间，使文化成为日渐重要的资源。各个民族在各自不同的环境和历史时期中所创造出的各种文化，都可以成为资源动员的对象。正如已有研究指出："借助符号消费的特征，充分挖掘文化资源，进行文化生产、传播、消费、积累、继承，形成自己的符号价值和意象。符号经济的发展是从文化资源的整理开始的，形成文化产业的符号资本。换言之，在符号化消费和景观化社会里，文化资源的符号化开发和动员能力，决定着一个国家和民族的文化竞争力。"❷

目前，我国是文化资源大国，但还不是文化产业强国。我们拥有历史悠久的文学、艺术、传统节日、武术、建筑、服装、饮食、音乐等各类优秀的文化资源，但是我们在文化资源的符号化转化上还有相当长的路要走。因此，需要对文化资源进行调查整理，在此基础上进行符号提取和编码，生产出各类文化产品，再通过广告运作，以观念、视觉、听觉等表现手法呈现，形成意向性符号，使富有中国文化意蕴和内涵的文化产品变为文化品牌，引导文化的风格、时尚、认同、品位，从而实现文化资源符号化的成功转化。

三、文化产业：文化资源开发的产业形态

如果说符号消费是文化资源动员的内生力量，那么与之联系的文化产业则是文化资源开发的产业形态。"文化产业是文化资源生成的现代规律"❸，文化资源是文化产业的基础。

20 世纪 60 年代以来，随着科学技术的进步，社会生产率提高，用于生产的时间减少，用于休闲的时间增加，其社会结果是"给所有的人腾出了时间和创造了手段，个人会在艺术、科学等方面得到发展"❹，也促进了

❶ 李辉.论西方文化消费理论研究的范式与主题 [J].山东师范大学学报（人文社会科学版），2018（3）：64.

❷ 皇甫晓涛.文化资本论 [M].北京：人民日报出版社，2009：239.

❸ 胡惠林.关于文化产业发展若干问题的思考 [J].华中师范大学学报（人文社会科学版），2016（6）：64.

❹ 中共中央马克思恩格斯列宁斯大林著作编译局.马克思恩格斯选集：第 8 卷 [M].北京：人民出版社，2009：197.

社会对文化精神消费的需求。社会逐渐从工业社会向现代社会转换，人们不再如工业社会中那样崇拜工作，更追求休闲，即便是努力工作，也是为了争取更多的休闲，工作本身不再是价值本身，而沦为工具。

值得注意的是，这种生活态度的转变与现代社会的"现代性"密切相关。现代性具有各种矛盾表现：一方面，外在物质层面的各种便利及现代社会发达的交通系统和公共服务与设施给人们带来了极大的便捷；另一方面，人们又不得不面临生态环境破坏、人际关系冷漠、人的片面发展，以及由此带来的各种社会冲突的问题，在精神层面往往存在失落感。以休闲娱乐为主的文化产业通常具有放松、缓解、怀旧等特征，缓和与修复了人们在现代社会中感受到的疏离、空虚与孤独，使人们精神和心理得到抚平和复苏，并再次投入现代性的洪流。由此，休闲娱乐越来越成为现代人重要的生活方式，也构成了现代人生活最为显著与核心的特征。这催生了文化产业的蓬勃发展。

文化产业是以提供文化精神需求来实现经济目标的现代产业，其规模化发展必然要求文化资源的产业化和资本化发展。"文化产业的运行机理是文化资本转化为经济资本。文化产业的运营，需要文化资本融入社会劳动中，通过工商业运作产生经济利润，生产出新的文化成果。可以说，文化产业的发展与文化资本融入社会生产是互动的。"❶ 创意经济的发展需要各国对本国及世界其他国家文化资源的研究、利用与开发，这是文化资源研究的一个重要背景。

现代文化产业的发展，需要对文化资源进行大规模的社会生产与再生产，以满足现代社会人们对于休闲娱乐等文化消费的需求。而文化资源在满足现代社会文化需求的同时，还会积累、生成、更新、增大文化资源的体量、内容和形式。所以，如何开发、利用文化资源就成为知识经济时代一个重要的任务和课题。处于全球化经济博弈中的各个国家所博弈的不仅是军事、政治、经济等硬实力，而且要在文化、品牌、品格上显示其软实力。在这场没有硝烟的战争中，文化资源成为重要的资源，谁拥有文化资源，谁就拥有商业资源，谁就拥有文化主权。我国文化资源极其丰富，这是发展创意产业得天独厚的重要条件。对文化资源来说，谁占有它固然重要，但更重要的是谁率先将其开发成文化产品，谁才真正把资源变成了财

---

❶ 陈锋. 文化资本导论 [D]. 北京：中共中央党校，2005：35.

富。❶ 因此，我们要大力挖掘和整合利用文化资源，从而解放文化生产力，以创意推动文化资源向资本的转化。文化成为经济活动的重要资源，知识创新带动了经济发展。文化创意就是鼓励释放个人的创造力，冲破传统资源观念的束缚，充分挖掘和开发各种资源，创造新的产品和需求，促进社会和经济的发展。

就文化资源自身而言，最好的保护和开发方式是让其"活化"，以文化产业的形式进入现代社会生活。日本提出的"文化财"，美国提出的"遗产资源"（Heritage Resources）、"文化资源"（Cultural Resources），北美地区提出的"文化遗产与所在地的关系"，欧洲提出的"生态博物馆""社区博物馆"等概念及其实践，都表明了世界不同国家和地区都将各类形式的文化资源活化利用，以促进当地政治经济社会文化的发展。

四、现代科技：文化资源开发的技术推动

文化资源以文化产业形态进行开发，需要现代科学技术作为技术支撑和推动。从根本意义上而言，人类社会对文化资源利用、开发的形式，是伴随着技术的进步而发展的。例如，印刷技术的发明促成了文化资源向出版业、报业和广告业形态的转化；电子技术的发明则促成了文化资源向电影、电视和动画产业形态的转化；以互联网为基础的数字技术又使文化资源转化有了新的业态形式，包括数字音乐、数字电视、网络游戏等。

正是19世纪后期出现的收音机、留声机、电影等工业技术为文化资源向文化产品的批量化生产提供了技术保障，现代网络数字媒体技术的发展，进一步加速了文化资源向文化产品转化的广度和深度。"科学技术的演变是文化产业形态演变的直接动力。没有现代生产工具的使用，便没有现代文化生产和现代文化产业的生成。"现代媒介技术还是文化资源传播、开发和消费的枢纽与终端，文化资源开发的经济效益和社会效益的实现都依赖于媒介科技。总之，现代科学技术的迅猛发展，为文化资源开发提供了技术保障。"电信业（Telephone）、因特网（Internet）、传媒业（Media）、娱乐业（Entertainment）相互融合而形成的'TIME'生态正在成型。这种产业融合形成了新的文化产业发展趋势，为世界各国提供了新的经济

---

❶ 厉无畏. 历史文化资源的开发利用与创意转化 [J]. 学习与探索，2010（4）：114.

活力和创造财富的契机，孕育了新的经济发展模式，推动了文化经济的发展。"❶

同时，科技创新在提高文化资源开发效率的同时，也增进了人们对文化产品的需求，刺激了文化消费。"文化产业效用和需求的提高使文化产品消费激增，文化产品的生产本身也成为科技创新的目标，文化产业成为新技术的汇焦点和应用前沿，而高科技的采用又使文化产业获得了空前广阔的发展空间。"❷在现代社会，技术媒介是文化得以传播和消费的渠道，报纸、杂志、广播、电视、电影、互联网是媒介技术，也是媒介内容，它们的流动加速了消费主义文化的流行，也刺激、壮大了文化消费。没有现代科技，就没有现代意义上的文化产业，也没有大范围文化资源动员与开发。

第二节　文化资源开发的理论基础

文化资源开发意味着在充分认识和挖掘文化资源的基础上，对其进行文化生产、传播、流通、消费、继承、累积、增值。这表明，文化资源的开发如实体商品一样，要经历生产—流通—交换—消费四个社会生产环节，并积极寻求资本增值。由于文化资源开发与文化生产力理论有关，寻求资本增值与文化资本理论相关，因此文化生产力理论与文化资本理论可以视作文化资源开发的理论基础。除此之外，媒介、旅游、符号消费、知识经济等相关理论，都是进行文化资源开发的理论依据。

一、文化生产力理论

（一）马克思的大生产力观和精神生产力观

马克思并未直接提出"文化生产力"的概念，但是其所提出的大生产力观和精神生产力理论已经显示了文化作为生产力的基本内涵和表现，是"文化生产力"的理论来源。

---

❶ 黄永林.从资源到产业的文化创意——中国文化产业发展现状评述[M].武汉：华中师范大学出版社，2012：8.

❷ 陈锋.文化资本导论[D].北京：中共中央党校，2005：79.

马克思认为社会生产力由物质生产力与精神生产力组成，"一切生产力即物质生产力和精神生产力"❶，从而构成了他的大生产力观。社会分工促成了物质生产与精神生产相对分化，并在各自的发展中形成了相对独立、各具特色的生产力形态。马克思认为，人类需要的丰富性促使社会形成多种多样的生产方式，语言、文学、科学技术等都可视为"精神方面的生产力"，即文化生产力。"宗教、家庭、国家、法、道德、科学、艺术等，都不过是生产的一些特殊的方式，并且受生产的普遍规律的支配。"❷

与此同时，马克思又指出，文化生产力具有精神与物质交融的关系。一方面，文化生产力的精神生产具有意识形态性；另一方面，文化生产力还具有物质性，即所有主体的文化实践都要借助一定的物质材料和载体才得以实现，因此文化生产的过程也是物化的过程。"显然，马克思在人类的实践基础上看到了认识和改造世界的两种力量，即在处理人与自然关系中取得的物质成果所表现出来的物质生产力，以及在处理人与人关系及满足人们精神需要以'特殊方式'取得精神方面的成果所表现出来的精神生产力。马克思还看到了二者之间相互交融、共为一体的密切关系。"❸

马克思大生产力观的意义在于肯定了物质性和精神性两种生产力，尤其是肯定了文化精神的生产力，避免了机械的物质决定论和片面的主观精神决定论的局限，为日后大规模文化生产社会的到来奠定了理论基础。

（二）当前的文化生产力理论

马克思的大生产力观和精神生产力观已经显示了文化作为生产力的基本内涵和表现，但其也有时代的局限性，如偏重于把精神性创作视为个体行为或者个体的生产方式。随着科学技术和市场的发展，文化生产已经不再是个体性的精神创作，而成为日益复杂的社会化生产。尤其到了现代电子传播媒介和网络化、信息化时代，文化生产已经成为现代化大生产的一个重要组成部分。文化作为生产力的特征和作用表现得越来越明显和突

---

❶ 中共中央马克思恩格斯列宁斯大林著作编译局.马克思恩格斯全集：第 46 卷（上册）[M].北京：人民出版社，1979：173.

❷ 中共中央马克思恩格斯列宁斯大林著作编译局.马克思恩格斯全集：第 42 卷[M].北京：人民出版社，1979：121.

❸ 厉无畏，蒋莉莉.发展创意产业 解放文化生产力 [J].毛泽东邓小平理论研究，2008（5）：1.

出。"文化经济化"和"经济文化化"的格局，使文化在整个社会发展的系统中占据越来越重要的位置，文化生产力被称为 21 世纪的"核心议题、主角和硬通货"❶，由此催发了学者们在马克思大生产力观和精神生产力理论的基础上对文化生产力进行更为深入和系统的探讨与研究，以解释当今的社会、文化、经济的发展。学者们阐述了文化生产力的概念、特征、功能、发展途径及动力机制等，它们也恰恰是文化资源开发研究与实践的理论基础。

首先，当前的文化生产力理论在概念上拓展和深化了马克思原有的"精神生产力理论"。有学者指出，"文化生产力"不只是马克思所言的"精神生产力"，甚至也不只是文化作为渗透性因素对（物质）生产力实体因素所产生的革命性变革作用，而是指文化本身就是一种生产力形式。❷尹俊芳在对包括金元浦、厉无畏、李春华等人的"文化生产力"概念界定的基础上，总结出了一个比较全面的"文化生产力"的概念："文化生产力是指文化经济语境下文化生产者利用和开发文化资源从而生产文化产品、提供文化服务和创造社会财富以实现人全面发展的能力和力量。它是集精神与物质于一体、软生产力与硬生产力于一体的力量，包括文化产品生产力、文化服务提供力、文化创新力和文化产业规模经济实现力等，其实质是人类特有的文化创造力。它以市场经济为载体，以科学技术为中介，以文化创造为动力，以文化事业和文化产业为其典型形态。"❸

其次，当前的文化生产力理论强调了文化生产和物质生产一样，具备生产—流通—交换—消费等基本市场经济运作的环节，它们周而复始地动态循环。当今的文化生产是在社会化大生产背景下，以市场经济为依托，是社会分工精细化和商品化日益发展的必然结果，因此其必然具有社会生产的基本特征。正如相关学者指出，"'文化生产力'的内涵揭示文化是一种生产，而且是一种大规模的社会化生产，作为一种大规模的社会化生产，它就天然地具有社会生产的基本特征，具有流通交换、消费等基本环节，具有市场条件下经济运作的全部过程"❹。

---

❶ 尹俊芳. 试论文化生产力发展的内在动力机制 [J]. 经济问题，2016（6）：8.

❷ 李春华. "文化生产力"初探——文化生产力研究之一 [J]. 生产力研究，2005（3）：85-86.

❸ 同❶.

❹ 同❷86.

再次，当前的文化生产力理论，更加突出地强调了文化的"生产力"，文化对整个社会经济发展的推动作用被更加系统地论证，是社会经济发展的积极力量，包括："一是为经济发展提供精神动力；二是为经济发展提供行为规范；三是优化经济发展环境；四是推动经济增长方式的变革；五是提升物质产品的品质及附加值；六是文化力本身成为经济增长的要素……建立在文化力基础上的文化经济和文化产业，正在日益深入地把文化的固有市场和产业属性挖掘出来。文化已经成为一种劳动对象、生产对象。文化通过生产环节，已经无可辩驳地转化为文化产品、文化服务，通过交换、消费环节转化为实实在在的财富。"❶ 文化力不再仅仅是软实力，而是具备硬实力特征，被誉为第三代生产力，成为社会生产力的重要组成部分，在国民经济中的地位越来越重要，也成为各种竞争的焦点。

最后，当前的文化生产力理论对发展文化生产力的具体路径和策略进行了阐述。"文化生产力自身作为一个整体系统，推动其发展的内在动力因素不是单一的，而是多种因素共同作用的结果，主要包括科学技术、文化消费力、文化体制改革、文化综合创新和文化供给力等。"❷ 因此，要发展文化生产力，就要制定推动文化生产力策略，上述几个因素就是其主要入手处。

综上所述，当代的文化生产力理论强调了文化经济化和经济文化化的文化经济语境及社会化大生产背景条件，强调了文化生产者群体性的文化生产，强调了对文化资源的利用开发及文化事业和文化产业的开发形态。其内核是文化生产者运用创意思维对文化资源进行开发利用，形成文化生产力，带动社会文化经济的整体发展。从本质上而言，现代文化生产力理论就是探讨如何进行文化资源开发的理论，它所论及的科学技术、文化消费、文化体制、文化创新能力，也正是文化资源开发的技术支撑、内在动力、制度保障和智力支持。

二、文化资本理论

"文化资本"是兴起于 20 世纪 80 年代末的一个全球性学术概念和理论，最早由法国社会学家布迪厄从社会学、社会权力角度所提出。继布迪

---

❶ 丹增 . 文化生产力及其发展问题 [J]. 求是，2007（9）：53.

❷ 尹俊芳 . 试论文化生产力发展的内在动力机制 [J]. 经济问题，2016（6）：8.

厄之后，另外一位社会学家古纳德❶又从文化政治经济学的角度分析和使用过"文化资本"概念。后来，澳大利亚经济学家思罗斯比在文化经济学意义上探讨了"文化资本"。他们关于这个概念内涵的界定和分析，为文化资源开发提供了理论基础。现在为学术界广泛接受的主要是布迪厄和思罗斯比的观点，他们对文化资本的描述，兼顾了具体的、物质的方面和抽象的、精神的方面。

（一）布迪厄作为社会权力的"文化资本"

1973 年，布迪厄和让－克劳德·帕斯隆在所撰写的《文化生产与社会再生产》中首次使用"文化资本"，之后在《资本的形式》一文中，布迪厄又对其进行了详细的阐述。布迪厄把原本经济学的资本概念外延扩张到了象征资本（非物质资本）和所有的权力形式，使资本概念适用于社会场域的任何空间。对布迪厄而言，当物质的、文化的、社会的、符号的资源变成有价值的争夺对象的时候，它们就成了资本。❷因此，布迪厄把资本分为经济资本、社会资本、文化资本等几种最主要的形式。经济资本是指具有产权意义的货币与财产；文化资本是指包括教育文凭在内的文化商品与服务，以教育资格的形式被制度化；社会资本是指熟人与关系网络。它们各自凭借自己的符号形式（符号资本）来展现自己的"合法性"权力。不同形式的资本在特定条件下可以按照一定的比例相互转化。布迪厄社会学意义的资本理论关注的是"个体与群体在什么条件下并以什么方式利用资本累积策略、投资策略及各种形式的资本转化策略，以便维护或强化他们在社会秩序中的位置"❸。

文化资本是布迪厄重点阐述的概念之一。"文化资本"在形式上表现为一种身体化的文化资源，本质则是人类劳动成果的一种积累，是以人的能力、行为方式、语言风格、教育素质、品位与生活方式等形式表现出来的，包括文化能力、文化习性、文化产品、文化制度在内的文化资源的总

❶ 古德纳.知识分子的未来和新阶级的兴起 [M].顾晓辉，蔡嵘，译.南京：江苏人民出版社，2002：30.

❷ PIERRE BOURDIEU. The Forms of Capital[M]// Richardson J G. Handbook of Rearch for the Sociology of Education. Connecticut: Greenword Press，1986. 46–58.

❸ 斯沃茨.文化与权力：布迪厄的社会学 [M].陶东风，译.上海：上海译文出版社，2006：87.

和。文化资本涉及各种各样的资源，如语词运用能力、一般的文化意识、审美偏好、教学体系的信息及教育文凭等。布迪厄想以此概念表明在高度分化的社会中，文化是一种权力资本。他"把经济分析的逻辑扩展到表面上非经济的商品与服务，而把它理论化了"❶。

布迪厄进一步指出文化资本有三种存在形式，第一种是以身体化形式存在的文化资本，其是通过家庭环境及学校教育获得并成为精神与身体一部分的知识、教养、技能、品味及感性等文化产物，它的积累是一个身体化与实体化的过程；第二种是客体化形式存在的文化资本，包括书籍、绘画、古董、道具、工具及机械等物质性文化财富，其可以作为经济资本被物质性地占有，也可以作为文化资本被象征性地占有；❷第三种是以机构化形式存在的文化资本，是指将行动者掌握的知识与技能以考试等方式予以承认并通过授予合格者文凭和资格认定证书等方式将其制度化。❸其中，他特别谈到了学术资格，"学术资格和文化能力的证书的作用是很大的，它给了其拥有者一种文化的、约定俗成的、长期不变的、得到合法保障的价值"❹。

总的来说，布迪厄的文化资本概念和理论是社会学范畴的，是为了解释以资本形式存在的权力在社会结构和社会分化中的资源配置功能，本意上并非为了解释经济学或者文化产业领域的问题和现象。但是该概念丰富的内涵，使其在文化资源开发研究上具备充分的理论阐释空间。例如，已经指出了文化资本是以经济资本为基础并可以转化为经济资本，此外还具有增值性、可转移性、控制性、可获利性等一般资本的特性。❺

进一步在文化资源开发领域内探讨布迪厄意义上的文化资本，它是以行动者作为载体的，"是一种身体化的文化资源，本质则是人类劳动成果的一种积累，是以人的能力、行为方式、语言风格、教育素质、品位与生

---

❶ 斯沃茨. 文化与权力：布迪厄的社会学 [M]. 陶东风，译. 上海：上海译文出版社，2006：88.

❷ 任何形式的文化资本都不可能是一种纯粹的物质形态，即行动者的身体化文化资本如果不投入具体的市场（特别是文化生产市场）中去的话，就无法作为一种文化资本发挥固有的作用。

❸ 布迪厄. 资本的形式 [M] // 薛晓源，曹荣湘. 全球化与文化资本. 北京：社会科学文献出版社，2005：6.

❹ 何振科. 布丢文化资本理论与文化创业实践研究 [D]. 济南：山东大学，2012：264.

❺ 牛宏宝. 文化资本与文化（创意）产业 [J]. 中国人民大学学报，2010（1）：147.

活方式等形式表现出来的，包括文化能力、文化习性、文化产品、文化制度在内的文化资源的总和"[1]。无论个体或者群体，想要从事文化资源开发工作并获得成功，需要获取充足的布迪厄意义上的文化资本。对文化资源开发的行动者而言，以身体化形式存在的文化资本是一种文化能力，是一种潜在地将文化资源进行创意开发的综合性能力；客体化形式存在的文化资本表现为文化产品，是一种已经实现为现实产品的，可以作为经济资本被物质性地占有，也可以作为文化资本被象征性地占有；以机构化形式存在的文化资本，则是一种文化体制，它是以文凭和资格认定证书等形式赋予行动者社会符号意义的合法保障的文化资本。

（二）思罗斯比文化经济学意义上的"文化资本"

尽管布迪厄文化资本的概念对文化资源开发、文化产业发展富有启发，但在本质上它还是一个社会学框架下的概念，而非文化产业、文化经济领域的概念和工具。澳大利亚经济学家戴维·思罗斯比是主动将"文化资本"概念用来分析文化经济的学者。他在《经济学与文化》一书中提到，"文化资本"这个概念能把握文化的核心，也能用于经济控制与分析，它为横亘在文化与经济之间的鸿沟架起桥梁，"文化资本概念为从经济方面和文化方面分析文化商品、文化服务、文化行为及其他文化现象提供了一个共同的基础"[2]。思罗斯比对文化资本的界定是："文化资本即作为贡献文化价值的资产。更精细地说，文化资本是嵌入一种财产中的文化价值存量，该存量反过来可以形成一定时间内的货物和服务流或者商品，这种物品可以既有文化价值又有经济价值。该种财产可以存在于有形的和无形的形式中。"[3]

"有形的和无形的形式"也就是思罗斯比对文化资本存在形式的分类。有形（Tangible）形式存在的文化资本包括存在于建筑物、场所、遗址、绘画、雕塑等艺术品或手工品之中的文化资本。它们由人类劳动投入所创造，可以被交易，也可毁坏和消亡，其中的文化资本的存量因此可增加和

---

[1] 周云波，武鹏，高连水.文化资本的内涵及其估计方案[J].中央财经大学学报，2009（8）：92.

[2] 思罗斯比.经济学与文化[M].王志标，张峥嵘，译.北京：中国人民大学出版社，2015：47.

[3] DAVID THROSBY. Cultural Capital[J].Journal of Cultural Economics，1999（23）：6.

度量。无形（Intangible）形式存在的文化资本是一种智力资本，表现为某个群体所共享的思想、习惯、信仰和价值观，也可以是音乐、文学这种作为公共商品的艺术品。无形的文化资本也会形成物品流和服务流，并最终进入私人消费或投入未来文化产品的生产之中。这种智力资本会因为受到忽视而失去价值，也可以通过新的投资而增值。在给定的时间点上，有形文化资本与无形文化资本都属于资本存量，它们自身作为资产拥有文化价值和经济价值。这些存量所引起的资本服务流，可以直接进入最终消费领域，或者可以与其他投入品相结合，用以进一步生产具有经济价值与文化价值的商品和服务。思罗斯比力图通过"文化资本"对文化（创意）产业进行经济学分析，把文化资本运用于经济学的投资评估技术中。例如，一栋历史建筑，就建筑实体本身而言其具有的经济价值与文化价值无关，但这项资产的经济价值会因为其文化价值而得到提升，即文化价值会产生经济价值。❶

尽管思罗斯比用文化资本的概念假设了文化价值与经济价值之间的关联，使其能进行诸如资本预算、成本—效益分析的经济学功能，但依然存在以下几个方面的问题和局限：第一，文化价值很难对等地转化或体现为经济价值，因为在文化价值的判断上存在审美偏好、文化倾向等主观性因素。第二，他的阐述中并没有区别文化资源与文化资本两者的差异和联系。第三，无法解决文化的公共性和财产的经济人占有之间的矛盾。"无论是财产还是资本的概念，都意味着一种经济主体（无论是何种主体）占有才成为可能。"他恰恰忽略了"布迪厄所强调的资本起源的资源配置的制度层面"，也就是文化资本的形成机制。❷

由此可见，无论是布迪厄的文化资本概念，还是思罗斯比的文化资本概念，都为文化资源开发的探讨和分析提供了理论基础，但同时限于他们各自研究领域，他们尚未直接阐明文化资本理论与文化资源开发之间的关系，这也为本书后续有关文化资源资本化和产业化的探讨留下了空间。

三、其他相关理论

与文化资源开发相关联的其他理论还包括与符号消费、知识经济、媒

---

❶ 思罗斯比. 经济学与文化 [M]. 王志标，张峥嵘，译. 北京：中国人民大学出版社，2011：49-50.

❷ 牛宏宝. 文化资本与文化（创意）产业 [J]. 中国人民大学学报，2010（1）：147.

介、旅游相关的各种理论。符号消费相关的理论已经在本章第一节有所介绍，这里就其他几个理论及其与文化资源开发相关的内容进行简单的介绍。

（一）媒介相关理论

不同的媒介对于文化资源有着不同的形塑力量，因此，文化资源开发不可避免地要对媒介相关理论有所关注和了解。"考察文化产业的发展历史和现状会发现，文化产业的发展始终和媒介的发展紧密相关，媒介的变化深刻影响着文化产品的生产和文化产业业态的形成……媒介实际上已成为文化产业产品生产、传播和消费的中枢环节。"[1] 目前，媒介发展已然呈现了以数字信息技术为基础，以网络为主要传播渠道，并不断向移动平台拓展的新媒体特征。以新型媒介为依托进行文化资源开发是发展文化产业的重要途径。VR 虚拟仿真、AI 人工智能的发展，也将对媒介进行迭代更新，使文化资源在开发形式和内容上都不断面临新的问题和挑战。可见，媒介是文化资源开发的核心环节和重要因素。研究文化资源开发，必然要熟悉各类媒介性质和相关理论研究，尤其是与 VR 和 AI 未来发展方向相关的媒介技术。

（二）旅游相关理论

文化资源的旅游业开发是最主要的形式之一，其他形式的开发也与旅游业高度关联。归根结底，文化资源开发是需要人的"凝视"才能产生意义。因此，在文化资源开发中，如何把握、分析游客心理和市场，理解"旅游凝视"及其带来的各种问题，也是文化资源开发中要面临和解决的。例如，如何利用游客的怀旧心理，把文化资源开发与怀旧旅游相结合；[2] 如何利用旅游仪式功能更好地开发文化资源；理解游客如何通过旅游与文化资源、文化遗产的互动，运用想象力来重建历史场所感（Sense of Historic Places），发现新的生活意义和自我。[3]

---

[1] 李义杰 . 符号创造价值：媒介空间与文化资源的资本转换 [M]. 杭州：浙江大学出版社，2016：2–3.

[2] 林敏霞 . 怀旧旅游与二十四节气传承发展 [J]. 徐州工程学院学报（社会科学版），2019（1）：1.

[3] 彭兆荣 . 旅游人类学 [M]. 北京：民族出版社，2004：274–276.

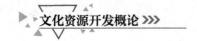

（三）知识经济和创意相关理论

21 世纪是知识经济时代，知识经济又会以文化创意产业的形式来呈现。知识经济意味着文化是其活动的重要资源，知识创新将带动经济发展。同时，文化产业的发展需要鼓励个人冲破传统资源观念的束缚，释放和培养自己的创造力，充分挖掘和开发各种文化资源创造文化产品，以促进社会和经济的发展。"从文化资源到文化财富的实现，创意是核心，没有创意，就没有文化产业。文化产业以内容创意为核心，综合产品的制造、营销和推广，形成文化品牌优势，带动后续产品的开发，形成上下联动、左右衔接、一次投入、多次产出的链条。"❶ 因此，掌握知识经济运行规律开展创意是从事文化资源开发需要具备的基础，包括进行文化资源挖掘、故事化、景观化、情境化、品牌化等与知识经济和创意相关的综合理论素养与能力。

（四）符号学与传播学相关理论

文化资源故事化、景观化、情境化、品牌化的创意开发涉及符号表意和符号传播接受的过程。符号学的基本原理和机制是文化资源开发需要涉及的。电影、电视、摄影、文学、绘画、建筑、音乐、民俗、文学、礼仪等都是符号构筑的"文本"，也是人类的文化过程和文化产品。因此，文化资源开发归根结底就是人类的符号化行为，符号学的相关理论尤其是人本主义的符号学传统，为"文化资源符号化模式开发"的阐释和研究提供了理论基础。

第三节　文化资源开发的意义、内容与方法

一、文化资源开发的意义

（一）有利于促进文化产业的发展，提高社会经济文化水平

文化是社会经济发展的绿色资源，文化产业的发展需要根植于某一种

---

❶ 黄永林 . 从资源到产业的文化创意——中国文化产业发展现状评述 [M]. 武汉：华中师范大学出版社，2012：2–3.

或者数种文化资源，只有对文化资源进行充分的研究，才能有效地进行开发和利用，形成文化产业经济。文化资源如果没有通过人力、智力、物力的投入，就不能转化为文化资本，从而促进文化产业的发展，提高社会经济文化水平。在经济危机的严峻形势下，对文化资源进行开发利用，更有助于整个国家经济在逆势下保持经济增长。正如厉无畏所言，"把丰厚的文化资源优势转化为文化产业优势" ❶，如此才能推动产业创新和结构升级，真正使文化产业成为国民经济支柱，提高社会经济文化水平。

中国拥有海量的文化资源，遍布在各个民族地区。一旦采用恰当的方式对这些文化资源进行开发，它们便能转化为文化产品，可进行市场交易，从而提高其经济和社会效益。通过对文化资源的开发促成社会文化产业发展的实例已有不少。例如，《印象·刘三姐》大型桂林山水实景演出这一文化产品，就是通过对广西刘三姐民族文化资源合理充分的挖掘利用和开发，历时五年半努力制作完成，成为全国第一部全新概念的"山水实景演出"，其所产生的社会经济效益带动了整个县域产业从农业为主向第三产业为主的结构转型。

（二）有利于个人和社会文化创造力的培养和提高

知识创意经济时代需要人们拥有强大的文化创造力，文化创造力是发展文化产业的内在要求。文化创造力除了通过外在的学习获得，更需要文化创造工作者依托本土的现实和历史文化土壤，否则只能是模仿他人，而不是具有自我特征的创新。因此，文化资源开发实践是培养和提高文化创造力的途径之一。经验表明，一个地方或者社会越是深入地进行文化资源研究、发掘和开发，其文化创造力就越强。拥有优秀文化创造力的人，必然在哲学、宗教、文学、艺术、历史等方面有很高素养，能熟知各种文化和艺术开发形式。由于熟稔各类形态的文化资源，所以其能凭借主观的能动性，以直觉、想象、联想、执着的精神达到某种通透和顿悟，获得文化创造力。

以陕西省为例。陕西本土的创作者在充分挖掘和利用自身历史文化资源、红色文化资源进行影视文化产业的开发过程中，其开发创作的能力也在不断地提高，陕西的影视业也在几十年的发展历程中不断创新，产出精

---

❶ 厉无畏 . 厉无畏学术文集 [M]. 上海：上海科学技术文献出版社，2015：353.

品，成为中国的影视强省。❶

（三）有利于重新理解和汲取优秀传统文化思想和价值观，促进社会和谐发展

文化资源蕴含了一个民族长期积累的文化传统、文化心理，蕴含着民族认同的信仰和价值观念。在当今变迁急剧的社会中，人与人之间的联系纽带变得日益脆弱，对文化资源的研究、动员和开发，有助于推动优秀民族文化思想和价值观念传播，促进社会和谐发展。

例如，蕴藏在《论语》中的仁爱思想、《孝经》《弟子规》中的孝悌思想、《大学》中的"修身、齐家、治国、平天下"思想对人和社会的和谐有极大作用。当代，应该有意识地把中国传统文化中这些优秀文化资源进行挖掘，以图文、动漫、歌舞、电视剧、电影等形式渗透于社会生活中，使大家能在获得视觉娱乐和享受的同时，潜移默化地接受中华传统优秀文化熏陶，从而促进和谐社会的建设。

（四）有利于增强文化认同、凝聚民族精神、提高民族自信心

文化具有超时空的稳定性和极强的凝聚力，文化资源蕴藏着一个民族在历史中形成的共同的精神结构、价值系统、心理特征和行为模式，是凝聚民族认同、统摄民族感情、建构国家认同、建立民族文化自信的重要基础和动力。民族国家的信念不仅取决于外在强大的政治、经济和军事实力，也要有内在的文化认同作为支撑，是更为深层、稳定和基础的内容。

文化资源，尤其是历史文化资源和文化遗产是建构和维系国家身份、民族认同的强有力的工具。在文化资源动员和开发的过程中，可以认知历史、认同历史，并把自己和前人与后辈联系在一起。反过来，如果一个民族、一个国家的文化资源被其他民族、其他国家抢先注册，并获得成功，会对后续的文化产品开发和创新带来障碍，也可能会扰乱国际视听，"使国人对自身所一直接受的传统文化产生怀疑，不利于国家的稳定和发展"❷。

我国历史上就有"观乎人文以化成天下""文化内辑，武功外悠""灭人之国，必先去其史"的文化立国的认知和传统，正是这种以文化认同作

---

❶ 邓民兴. 挖掘历史文化资源 丰富影视艺术创作 [J]. 电影文学，2010（4）.

❷ 朱美美，王青山. 中国传统文化保护与发展的紧迫性——国外对中国传统文化资源抢注的启示 [J]. 边疆经济与文化，2009（11）：73.

为民族认同、国家认同和政治认同基础的价值取向，为中国数千年的政治统一奠定了坚实的信念和基础。❶ 因此，要以创造性转化和创新性发展来进行文化资源的开发，将中国优秀的传统文化资源转化为文化资本，从而加强中华民族乃至全球华人根基性的文化认同，凝聚其精神、提高民族自信心。

（五）有利于增进国家软实力，促进国家文化安全

对文化资源进行研究开发，使国家和民族的文化通过文化产业的形式体现到流行文化、高雅文化等各种文化产品中，可以大大增进国家的软实力，从而促进国家文化安全。

哈佛大学教授约瑟夫·奈首创"软实力"概念，它是一种依靠吸引力，而非通过威逼或利诱的手段来达到目标的能力。相对于依赖国内生产总值、城市基础设施、军事力量等因素的硬实力而言，软实力是一种基于国家文化、价值观念、社会制度等而产生的感召力。冷战结束后，软实力对各国起着越来越重要的作用。到了信息时代，软实力变得比以往更为突出。从符号学角度来看，软实力的竞争，是对"符号权"的争夺，对"符号权"的争夺越来越超过其他实力宰制权的争夺。尽管软实力在很大程度上建立在硬实力的基础上，但是并不排斥一些国家在硬实力并不是很强的条件下，通过文化产业形成了自己的文化输出和文化感召。

因此，文化产业作为国家软实力的重要组成部分和体现，在资源形态、社会评价、民族风貌、意识形态、产品责任和教育功能等方面，对于国家文化软实力有着独特影响，对于增强国家文化软实力具有强大的支撑作用。❷ 我们需要因势利导，创造条件，进行本国文化资源研究和开发，形成完备的文化产品体系、格局、风格，推进文化产业科学发展，从而提升国家软实力，确保国家文化安全。

（六）有利于增进不同民族和文化之间的交流和理解

近现代以来，在"西方—非西方"二元对立的文化霸权框架下，西方有意无意地误读非西方国家和地区。虽然，伴随我国综合国力的提高，我们已经参与到了全球化的经济、政治和文化的进程中，然而不同民族、地

---

❶ 邵亚伟. 传统文化资源与和谐社会的构建问题研究 [J]. 社科纵横，2008（6）：13.
❷ 赵学琳，陆静. 文化产业增强国家软实力的机能分析 [J]. 中国特色社会主义研究，2011（6）：29.

区之间依然因为文化偏见、文化霸权等问题，存在彼此之间的文化隔阂和文化误读。通过现代媒介手段对文化资源进行开发和传播，达到文化交流和相互理解的目的，不失为一种低成本而高效率的方式。

文化资源开发过程不可避免地承载着一个国家、族群或地方的文化底蕴，因此，要"以文化自觉的态度来挖掘、传承、再创造本土的传统的社会文化，通过文化再生产进行自我表达和价值主张"❶，生产出丰富的文化产品，促进多元的文化交流和传播，加深不同国家和地区的文化理解，从而消除文化误读和偏见。

对我国而言，"作为世界上唯一绵延五千年而不断创造发展的文明，中华五千年的历史文化积淀和民族融合，为当今文化产业的开发提供了丰富的文化资源。合理开发文化资源，不仅会为文化产业的发展提供新的创意点和经济增长点，更会有力传播中华优秀传统文化，增强民族文化凝聚力，提升中国文化软实力，增强民族文化自信"❷。

二、文化资源开发的内容和方法

（一）文化资源开发的内容

"文化资源开发"是文化资源研究的核心内容，也是文化资源研究的目的所在。"文化资源开发"首先需要掌握文化资源问题形成的背景、基础理论、概念、类型、特征等基础性问题。其次要把握文化资源开发的战略和原则，以文化资源开发评估为基础，策划和开展文化资源开发。对文化资源开发进行合理策划，要求熟悉文化资源开发的类型、符号化模式、数字化路径、品牌化运营、资本化转化等内容。最后，文化资源开发实践是综合性的过程，存在主体性、利益冲突与文化矛盾等问题，需要从社会学、人类学、文化学等其他社会科学中借鉴解决问题的办法，以促进文化资源开发和社会发展的良性循环。

总的来讲，除了导论中已经交代的文化资源开发问题提出的相关背景、文化生产力和文化资本等基础理论及进行文化资源开发的意义之外，文化资源开发的研究内容还包括以下几个方面。

---

❶ 林敏霞. 人类学视域下的文化产业研究 [J]. 徐州工程学院学报，2020（6）：49.

❷ 郑焕钊，孟繁泽. 文化资源创意开发的价值原则及其误区 [J]. 杭州师范大学学报（社会科学版），2018（1）：109.

（1）界定文化资源概念、分类和特征。这是开展文化资源开发的基础。

（2）把握文化资源开发的战略和原则。文化资源开发是一个系统工程，在具体展开文化资源开发之前，需要对文化资源开发的战略和原则有系统的认识，从而对文化资源开发有总体性、方向性的掌握。

（3）在掌握文化资源价值特征的基础上，掌握由此带来的文化资源开发评估的特点，以多指标评估作为主要的评估系统和方法对区域文化资源开展评估，为文化资源的开发利用提供定量和定性方面的数据和信息支持。

（4）掌握文化资源开发的主要形态。包括制造业形态开发利用、服务业形态开发利用和版权与创意形态的开发利用。需要指出的是，一种文化资源往往有其优先或适合的开发形态，但更多时候是多形态的综合开发。

（5）文化资源开发符号化模式的探讨。主要涉及故事化、景观化和情境化三种模式及其综合运用。

（6）文化资源开发的数字化开发探讨。在数字信息媒介时代，文化资源开发必然要进行数字化。因此，掌握数字化的内涵和未来发展趋势及对文化资源数字化开发进行研究成为必然。

（7）文化资源资本化转化的探讨。文化资源只有转化为文化资本才能形成文化产业，产生经济社会效益。因此，需要在综合吸收文化资本理论基础上，对文化资源资本化内涵、必要性、条件及其路径和影响因素进行深入了解和分析。

（8）文化资源品牌化及其运营。形成品牌是文化资源符号化开发的高级阶段，品牌化是文化资源开发的深化和升华。在界定文化资源品牌化概念基础上，要对文化资源品牌化一般过程及其具体的运营策略展开分析。

（9）要在区域或者地方实践中深入理解文化资源开发的综合性和复杂性。文化资源开发是在一个具体的空间、时间和人群中展开的，通常存在的主体性、利益冲突与各种矛盾。因此，需要从社会学、人类学、文化学等社会科学中借鉴社区参与、社区营造、整体发展理念和方法进行对话，以促进文化资源开发和社会发展的良性循环。

总之，要在掌握文化资源概念、特点、开发战略与原则的基础上，理解文化资源开发的形态、符号化模式、数字化方式、资本化原理和路径、品牌化过程；以某一区域社会为分析单位，通过对该区域社会文化资源的挖掘和评估，探究其文化资源竞争力优势，促成该区域文化资源的产业集聚功效，形成文化资源的区域品牌，将文化资源开发与实际的主体、利

益、文化实践、社会经济发展关联起来，为我国文化兴国、乡村振兴、新城镇化建设等服务。

（二）文化资源开发的方法

文化资源开发所涉及的跨学科知识较多，因此在研究与学习的方法上也会采取多种方法的综合。概括起来，在本课程的教学和学习中，主要包括以下几种方法。

1. 案例分析法

本课程在文化资源开发的各个环节大量采用案例分析和讨论方法。案例就是经验，案例就是事实，案例是最好的一种将理论与实践相结合的研究和学习方法。本课程不但借助案例分析文化资源的相关概念和理论，还通过案例引出具体的问题以激发讨论，如文化资源的产业化形式、文化版权经营模式、文化资源符号化模式、文化资源的品牌化等方面的研究学习，都运用案例分析和讨论，促进问题的解决、经验的提升和规律的总结。

2. 归纳法

归纳法是一种由个别到一般的论证方法。当前，关于文化资源开发的研究较多以个案的形式呈现。文化资源开发还需要对众多个案经验加以总结和归纳，得出文化资源开发的共性和特征，总结出一般性的结论。对某一特定文化资源，单个案例并不能说明问题，可以通过多个案例分析，总结其一般特性和规律。例如，一个民间故事可以以文学、视频、音乐等多种形式存在，我们可以对不同类型文化内容的版权特征加以分析，抽取共性，总结文化版权运营的规律。

3. 统计分析法

每个国家都会对文化资源存量情况和发展状况进行统计，如对文化遗产的统计、对文化经济和文化产业的统计、对国际文化产品和服务流动的贸易统计。在开展区域文化资源开发的时候，还需要进行专项的文化资源存量等方面的统计分析。这些统计数据为文化资源评估、保护、开发提供了基础的数据支撑。

4. 比较分析法

通过比较分析法，分析不同文化背景和经济发展条件下，文化资源产生、保护、配置、管理和开发的方法、效率和效果，找出其差异性及影响因素，从而为文化资源开发提供经验借鉴。

★ 本章小结

文化资源开发问题的提出与大资源观形成、符号消费勃兴、文化产业及现代科技发展四个背景紧密关联。

文化生产力、文化资本、媒介、旅游、创意、符号等相关理论为文化资源开发提供了理论依据。

文化资源开发能够促进文化产业发展，提高社会经济文化水平；有助于文化创造力的培养；有助于传播和推广优秀传统文化思想，促进社会和谐；有助于增强文化认同、凝聚民族精神、提高民族自信心；有助于增进国家软实力、促进国家文化安全；有助于增进不同民族和文化之间的交流和理解。

文化资源开发的内容包括文化资源概念、类型、特征，文化资源开发战略和原则，文化资源价值评估，文化资源开发的类型，符号化模式，数字化路径，品牌化运营，资本化转化，文化资源开发地方实践等。

文化资源开发主要包括案例分析法、归纳法、统计分析法、比较分析法。

★ 思考与练习

1. 传统小资源观和现代大资源观有何异同点？

2. 何为符号消费？它与文化资源的研究有何关系？

3. 文化资源与文化产业之间存在什么关系？

4. 文化资源开发与现代科学技术之间有何联系？

5. 什么是现代生产力理论？它对文化资源开发提供了怎样的理论指导？

6. 分析现有"文化资本理论"在文化资源开发上具有的指导意义及局限。

7. 文化资源开发的意义有哪些？请结合现实的案例和数据加以分析。

第二章　文化资源概述

什么是文化资源？它有什么特点？如何分类？这是进行文化资源开发的基础问题。与此同时，需要分辨文化资源与文化产品、文化遗产、文化资本等相近概念的联系和区分，这样才能更加深入地把握文化资源的本质和规律，为后续文化资源开发奠定基础。

第一节　文化资源概念与构成

一、有关文化资源概念的相关讨论

学界对于文化资源的界定并不统一，原因之一在于文化本身就是一个复杂的概念。早在 1952 年，美国著名人类学家阿尔弗雷德·路易·克罗伯与克莱德·克拉克洪在《文化：概念和定义的批判研究》一书中，就总结了 164 条有关文化的定义。如今有关文化的定义据推测可能多达 300 多种。尽管如此，这些文化的定义依然可以按照韦伯式分类研究方法进行梳理：一种是偏重人类学意义的定义，一种是偏重精神内涵的文化定义。从最宽泛的人类学意义上而言，文化是"独特人群或社会团体的'生活全貌'"❶；从纯精神角度意义上而言，文化是"精神文化或表达文化层面"，是"社会秩序得以传播、再造、体验及探索的一个必要（虽然并非唯一）的表意系统（signifying system）"❷，可以说前者是广义上的文化概念，后者是狭义上的文化概念，前者涵盖后者。对于广义上的"生活全貌"的文化概念，学界也有其不同的分层，包括二分法、三分法、四分法甚至六分法。二分法即将广义上的文化分为物质文化和精神文化；三分法将文化

---

❶ RAYMOND WILLIAMS. Culture[M]. London: Fontana, 1981: 11.

❷ 同 ❶13.

分为物质文化、制度文化、精神文化；四分法将文化分为物质文化、行为文化、制度文化和精神文化；六分法则将文化分为物质文化、社会关系文化、精神文化、艺术文化、语言符号文化、风俗习惯。正因为有关文化的定义和分类本身存在复杂性，因此学者们在各自界定"文化资源"这一概念的时候，也存在各自不同的偏重。

第一类是从广义的文化概念角度界定文化资源，把文化资源看作人类创造的物质文化资源、精神文化资源乃至制度文化资源的总和。陈国强在《简明文化人类学词典》中把文化资源界定为包括文化遗产在内的人类创造的各种物质文明和精神文明的总和。❶李东红、杨利美认为，"文化资源是人类所创造的物质文化、制度文化和精神文化遗产的总和"❷。田川流认为，"文化资源是指人类自身创造的、能为人类的生存和发展服务的一切优秀的物质成果和精神成果的统称"❸。何频认为，"文化资源既包括历史上人类所积聚的文化财富，也包括现代的文化信息。文化资源是人类在改造世界的过程中所凝结的物质、精神的成果及活动介体，能满足人的需要，具有地域性、民族性和多样性等特征"❹。"文化资源是指人类为开辟、发展和完善自己赖以生存的环境，在改造利用自然、维系社会规范和塑造人类自身的长期实践过程中所创造的物质文化、制度文化（社会文化）和精神文化资源。"❺吕庆华认为，"文化资源是人类劳动创造的物质成果及其转化"❻。丹增认为，"人类发展进程中所创造的一切含有文化意味的文明成果及承载着一定文化意义的活动、物体、事件及一些名人、名城等，都可以认为是某种形式的文化资源"❼。韦正球等认为，"文化资源是人类在社会发展过程中创造并借以进一步从事文化生产和文化活动的各种精神产品的总和，包括物化形态的文化资源和精神文化资源。前者是人类精神的载体或物化形态，如历史遗迹、博物馆、图书馆等；后者包括人文文化资源（价

❶ 陈国强. 简明文化人类学词典 [M]. 杭州：浙江人民出版社，1990：90.

❷ 李东红，杨利美. 文化资源的价值评估、成本核算与经济补偿 [J]. 思想战线，2004（3）：109.

❸ 田川流. 艺术管理学概论 [M]. 南京：东南大学出版社，2011：41.

❹ 何频. 现代区域经济发展中的文化生产力 [M]. 成都：西南财经大学出版社，2008：25.

❺ 赵尔奎，杨朔. 文化资源学 [M]. 西安：西安交通大学出版社，2016：121.

❻ 吕庆华. 文化资源的产业开发 [M]. 北京：经济日报出版社，2006：181.

❼ 丹增. 文化产业发展论 [M]. 北京：人民出版社，2008：116.

值观、思想体系、意识形态等）和科技文化资源（科学、技术、信息，即狭义上的知识），精神文化资源作为人类精神创造力的表现和沉淀，是文化资源的核心和主体"❶。李义杰认为，"从广义讲，文化资源是指人所创造的一切生活方式（态度、信仰、传统、习俗、价值观和惯例）及与此相关所形成的人类活动和成果（人类生活中的智力、道德和艺术方面及物质形式）"❷。

第二类是偏重于从狭义的文化概念角度界定文化资源，即比较注重精神性文化。吴圣刚认为，"文化资源是人类生存发展需要的、以一切文化产品和精神现象为指向的精神要素。和自然资源一样，文化资源也是人类生存发展需要的重要资源"❸。董云翔、邓颖颖认为，"文化资源是一种特殊的资源，是动态的、非独占的、可再生的资源；它是一种历史资源、民俗资源、知识资源、信息资源，它蕴藏在历史文化传统之中，存在于社会文化状态之中，弥漫在整个物质生产、精神生产的创造过程之中，它主要以人为载体，具体可以分为三种形态：符号化的文化知识、经验性的文化技能、新型的文化能力"❹。姚伟钧认为，"文化资源首先表现为一种文化的形态，以一种文化形态作为表征的文化资源，是在人类社会漫长历史发展过程中积淀凝聚而成的，它通过文化的创造、积累和延续所构建，表现为一种能够满足人类精神文化需求的物质产品和精神产品"❺。

第三类是从文化产业角度来定义文化资源的，这也是多数从事文化产业研究的学者在定义文化资源时的共同之处。无论从广义还是从狭义文化范畴定义文化资源，学者们都把重点放在文化资源是用于从事文化生产或文化活动的方面。正如李树榕等指出，"没有物质生产，就无所谓物质资源；没有文化产业，也就无所谓文化资源"。因此，文化资源是"人类社会中特有的、生产'满足人类精神需要的产品'，即文化产品所依赖的资

❶ 韦正球，覃明兴. 从小资源到大资源：一种新的资源观 [J]. 广西大学学报（哲社版），2006（4）：69.

❷ 李义杰. 符号创造价值：媒介空间与文化资源的资本转换 [M]. 杭州：浙江大学出版社，2016：9.

❸ 吴圣刚. 文化资源及其特征 [J]. 河南师范大学学报（哲社版），2002（4）：11–12.

❹ 董云翔，邓颖颖. 文化资源向文化商品转化浅析 [J]. 商情（教育经济研究），2008（1）：161–162.

❺ 姚伟钧. 从文化资源到文化产业——历史文化资源的保护与开发 [M]. 武汉：华中师范大学出版社，2012：2.

料来源。这些资源是关乎'人'的，是人类创造的文化的载体，有物质对象，有精神对象，也有物质和精神相结合的对象，等等。所涉及的领域主要是不同民族、不同地域、不同历史阶段的人们特有的生产生活规律、言语文字特点、衣食住行习惯、歌舞娱乐方式、宗教信仰禁忌、节庆习俗礼仪等"。❶唐月民指出，文化资源是指那些具有文化内涵，能够对其进行资本投资并直接带来经济效益的生产性资产。❷此概念强调了三点，即文化资源的核心是文化含量；文化资源具有经济价值，可以创造产值；文化资源需要再加工或包装，才能发挥它最大的价值。❸胡惠林、李康化在《文化经济学》中指出，文化资源是人们从事文化生产、文化活动所需的可供利用的各种文化生产要素，包括物质文化资源、精神文化资源和文化人才资源三类。❹杜超和王松华认为，"文化资源"就是"文化产业资源"，应从文化产业资源缩略语的意义上理解文化资源。前述韦正球的文化资源定义中也指出了文化资源是用于进一步从事文化生产和文化活动的资料和素材的特质。

此外，还有一些学者在界定文化资源的时候，并非从文化产业角度展开，即不是将文化作为一种直接投入生产的资源来讨论，而是更多从文化本源意义上将其作为影响生产或发展的因素来看待。在此意义上，文化资源更多成为一种文化因素或者社会资本。陈炎在《文化资源论》一文中说，作为"一种非物质形态的社会存在"，文化也是一种资源，而且是一种取之不尽、用之不竭的资源。他比较了中西方文化的特质，指出不同特质对于社会发展各方面的影响。❺诸如韦伯在《新教伦理与资本主义精神》中阐述的，新教伦理作为一种文化因素对资本主义发展的作用，儒家文化对于东南亚经济腾飞的作用，都是文化因素或社会资本意义上的文化资源。

通过上述介绍和分析，对于文化资源的界定至少可以总出以下两点前提：第一，广义上的文化定义更能涵盖"文化资源"的内容，但文化并不

---

❶ 李树榕，王敬超，刘燕. 文化资源学概论 [M]. 南京：东南大学出版社，2014：9–10.

❷ 唐月民. 论文化资源的开发和利用 [J]. 齐鲁艺苑，2005（4）：84.

❸ 唐月民. 文化资源学 [M]. 济南：山东大学出版社，2014：1–2.

❹ 胡惠林，李康化. 文化经济学 [M]. 上海：上海文艺出版社，2003：125.

❺ 陈炎. 文化资源论 [J]. 天津社会科学，2006（1）：92.

等同于文化资源。第二，文化资源是用以从事文化生产和文化活动的，尤其是在文化产业时代，对于文化资源的界定与文化产业意义上的文化生产密不可分。

二、文化资源分类的相关讨论

如同文化资源的定义存在差异一样，关于文化资源的分类，学界也有不同的标准。

丹增指出，"文化资源从形式上可以划分为有形文化资源（如历史遗存遗址、特色民居建筑、历史文化名城名镇、特色服饰、民族民间工艺品等）和无形文化资源（如语言文字、文学艺术、绘画美术、音乐舞蹈、神话传说、风俗习惯、民族节庆等）；从内容上，可以划分为历史文化资源、民族文化资源、宗教文化资源、地域文化资源（如都市文化、乡村文化）等；从文化产业发展的角度，可以划分为可开发资源和不可开发资源等。常见的分类方法还有结构分类法、主题分类法、形态分类法、特征分类法、物态分类法和物质分类法"●。

黄永林从结构分类法角度把文化资源分为四个层次："以器物技术为主的表层；以行为为主的浅层；以制度组织为主的中层；以社会意识为主的深层。其中前者是物质文化，后三者属于精神文化。"●

周雅颂、卢润德从性质、评估、历时性等角度对文化资源进行分类："从性质的角度，文化资源可划分为物质文化资源和精神文化资源。从统计评价的角度，文化资源可以分为可度量文化资源和不可度量文化资源。可度量的文化资源是指可以建立相应的评价体系来具体估计和测量其瞬间价值的资源种类，如历史文物、建筑、工艺品等；不可度量的文化资源是指不可用现实价值来衡量的资源类型，如民俗、戏曲等。按历时性可以分为文化历史资源和文化现实资源两大类。文化历史资源主要指前人创造的物的凝聚，文化现实资源是指人类劳动创造的物质成果的转化，其核心要素是知识和智力。"●

赵尔奎等学者从形态角度把文化资源分为文献形态的文化资源、造型

● 丹增．发展文化产业与开发文化资源 [J]．求是，2006（1）：44.

● 黄永林．从资源到产业的文化创意——中国文化产业发展现状评述 [M]．武汉：华中师范大学出版社，2012：85.

● 周雅颂，卢润德．文化资源产业开发研究综述 [J]．经济论坛，2009（6）：10-11.

艺术形态的文化资源、表演形态的文化资源、技能技艺形态的文化资源、节庆活动形态的文化资源、现代形态文化资源。❶李沛新按照文化的三种形态分析文化资源的种类，主张把文化资源分为固体的文化资源、产品的文化资源和流动状态的文化资源三种。❷

　　董雪梅在其研究中提出了主题分类法，将文化资源分为："古代历史文化主题，就是历史文化遗产，以文物的形式保存着；革命文化主题，以烈士陵园纪念碑、纪念馆、革命根据地遗址、烈士故居遗迹遗物、革命文学等形式存在；名人文化主题，包括古代名士、当代名人、先进典型文化，以名胜遗迹、故里故居、著述、文化人格等形式存在；自然人文景观主题，即山河湖海泉；商业文化主题；历史文化建筑主题，包括宗教的庙宇塔楼，庄园的、民居官衙的、商业的建筑；现代城市文明主题，包括现代化的体育艺术场馆、广场、大学、图书馆、高架桥、地铁、公园等；民间文学艺术；民族民俗风情主题；传统节庆的文化风俗主题，如庙会、春节团圆、端午赛龙、中秋赏月、重阳登高；婚娶吉庆、人生礼仪风俗主题；衣食住行文化主题；生产生活风情，以及娱乐参与体验性质的文化。"❸

　　上述文化资源分类的探讨中，存在以下三个方面的问题：第一，分类的标准不够科学，致使类别之间的区分不够准确、局部重叠、内部相互包含，如民族文化也有自身的历史文化资源、宗教文化资源、地区文化资源。第二，有的划分过于绝对，缺乏辩证。例如，从文化产业发展的角度，可以划分为可开发资源和不可开发资源，但是否可开发是一个相对概念，标准不够明晰。第三，许多划分方式不能涵盖所有的文化资源现象，即在逻辑上不够周延。例如，重视历史文化资源或者现有文化资源，而对次生的文化资源考虑不足。基于这一点，不少学者也提出了相应的分类方式。

　　唐月明认为，多数时候人们把文化资源等同于"历史文化资源"，因此他强调文化资源要区分"历史文化资源"和"文化创意资源"，后者包括原创性文化资源和创新性文化资源。所谓原创性文化资源，即人们运用

---

❶ 赵尔奎，杨朔. 文化资源学 [M]. 西安：西安交通大学出版社，2016：31–48.

❷ 李沛新. 文化资本论——关于文化资本运营的理论与实务研究 [D]. 北京：中央民族大学，2006：22.

❸ 董雪梅. 公共历史文化资源的产业开发——以济南市为个案研究 [D]. 济南：山东大学，2008：23.

想象力和创造力创造出的一种前所未有的新型文化资源；所谓创新性文化资源，是指人们在原有文化资源的基础上进行改造，从而对原有文化资源的内容和形式有所创新的一种文化资源。他强调，在文化资源与文化产业的关联中，文化创意资源占据核心地位。❶

李义杰从文化资源转换和再生产的角度，把文化资源分为原生文化资源和次生文化资源。"原生文化资源主要指在现实生活中以实体或活态存在的文化形式，它们以原生形态未经媒介加工或仅仅被媒介简单加工、记录的形式存在，包括现实存在的各种原生文化形式，如遗迹实物、技能、风俗、制度及民间传说、历史记录等。而次生文化资源主要指经过媒介的一次或多次深入加工呈现的文化形态或文本形式，如武侠小说、武侠电影、武侠游戏等，这些文化形式都是不同媒介对原有武术文化资源或者它们文本之间相互加工而形成且相对现实中存在的实体性原生武术文化资源，它们是被媒介深入加工后重新呈现的，因此，称为次生文化资源。"❷

花建等曾经指出，文化产业发展需要货币资源、技术资源、专利资源和智能资源，其中智能资源直接决定文化产品和服务中文化含量的人力投入。它有三种形态，分别是符号化的文化知识、经验型的文化技能和创新型的文化能力。符号化的文化知识即以系统符号形式记录在纸张、磁带、陶瓷、光盘或其他电子设备等物质载体上的文化知识；经验型的文化技能是人们掌握的一种活的技能，包括写作、歌唱、舞蹈、绘画演奏、编程、设计等方面的各种程序和技巧，用于文化生产的过程；创新型的文化能力是文化人在获得知识和操作技能的基础上，突破前人模式的独创性思维和实践能力，体现为创造型的构思、创意、主题、灵感、方案、决策等。❸可见，其所描述的智能资源，在一定程度上对应因创新而生成的新文化资源，但却忽视了物质形态的文化资源。

类似的还有吕庆华以历时性为标准将文化资源分为文化历史资源和文

---

❶ 唐月民，阮南燕．文化资源、文化产业与文化强国建设 [J]. 理论学刊，2013（4）：112.

❷ 李义杰．符号创造价值：媒介空间与文化资源的资本转换 [M]. 杭州：浙江大学出版社，2016：10.

❸ 花建，等．软权力之争——全球化视野中的文化潮流 [M]. 上海：上海社会科学院出版社，2001：104-105.

化现实资源两大类。文化历史资源主要是指前人创造的物的凝聚，按是否有实物性形态又可分为有形文化历史资源和无形文化历史资源，前者包括历史遗存遗址、特色民居建筑、历史文化名城名镇、特色服饰、民族民间工艺品等，后者包括语言文字、文学艺术、绘画美术、音乐舞蹈、神话传说、风俗习惯、民族节庆等。文化现实资源是指人类劳动创造的物质成果的转化，可分为文化（现实）智能资源和文化（现实）非智能资源。他强调了文化（现实）智能资源，可简称为文化智能资源，通过人的智力运作发挥知识的创造力，在产业运行中创造价值，实现价值的增值。在吕庆华的这个分类标准中，突出了文化智能资源，一种可形成次生文化资源或者说新的文化资源的创造力。不过，在这种分类方法中，诸如文学艺术、绘画美术等并不能说无形，也不能完全说它们是有形的，因为它们作为一种符号，仍然依附在有形的载体之上。

李树榕以"文化产业的需要"作为文化资源分类的逻辑起点，认为文化资源大致可以分为三个基本类型：一是通过物质实体获取的文化资源，即物质实证性文化资源；二是通过文字或影像文本获取的文化资源，即文字与影像记载性文化资源；三是通过人的行为获取的文化资源，即行为传承性文化资源。这三类文化资源是相对独立又相互补充印证的。❶在现实生活中，一种文化资源可以为不同的文化产业类型所需要，或以不同的文化产业类型进行多元开发，因此以"文化产业的需要"作为文化资源分类的逻辑起点在实际应用中并不能够更好地解决问题。

三、文化资源的定义和分类

根据上述讨论，我们将以广义的文化定义和现代文化生产为前提界定文化资源的概念及分类。

著名人类学家李亦园先生在概括文化概念和内涵的时候，借用罗素的名言"人类自古有三个敌人——自然、他人、自我"加以推论：人类为了应对自然这个敌人，创造了衣食住行等物质文化或技术文化；为了能使自己和他人和谐共处，形成了伦理道德、社会规范、制度、典章、法律等社群文化或伦理文化；为了克服自己在感情、心理、认知上的种种困难、挫折、忧虑和不安，形成了艺术、音乐、戏剧、文学、宗教信仰的精神

---

❶ 李树榕.怎样为文化资源分类[J].内蒙古大学艺术学院学报，2014（3）：10.

文化。他在此基础上进一步提出，在物质文化（技术文化）、社群文化（制度文化）和精神文化（表达文化）等可观察的文化背后，存在着一种不可观察的文化法则或者说文化的内在意义系统，它支配着人类文化的各个方面。❶三个文化层面是相互关联的有机系统，背后为其"文化法则"所主导，形成其自身的文化特质，规定着自己的发展和选择，以及对异文化要素的吸收、改造或排斥。换言之，文化就是人的一切生活方式和满足这些方式所创造的物质（技术）文化、制度（社群）文化、精神（表达）文化的总和。

伴随着文化产业日渐成为现代社会经济活动的重要组成部分，上述人类学意义上的"文化"越来越多地成为文化产业的内容来源。据此，我们可以如此定义"文化资源"：文化资源是人类社会发展过程中所创造、能用以从事文化生产和文化活动、具有文化产品开发价值的物质（技术）文化、制度（社群）文化、精神（表达）文化的总和。

所以，文化资源的定义包括如下几个内涵：第一，它是具有文化意义的，区别于纯粹的自然存在。一塘天然的池水是不具有文化资源意味的，可是因为某个名人曾经来过，并对它进行了题词命名，经过历史沉淀，便成为今天的文化资源。第二，它是能被用来从事文化生产和文化活动的、具有文化产品开发价值或者潜在的文化产品开发价值的。有些文化在一段时间里很难被开发利用，不能成为资源被开发利用，因此不能构成文化产业意义上的文化资源。

在文化资源的分类上，本书综合上述学者的分类方式，认为形态法作为基础的分类方式，要在实际运用中兼顾主题分类。形态法分类主要包括以下四种。

一是物质形态的文化资源，指经过人的劳动加工的"第二自然"，以物质或实物的形式表现出来的文化的组成部分，如宫殿、庙宇、园林、古道、村落、城镇、古城、防御工程、战场遗址、名人活动遗址、文物、机械工具、古迹，以及被赋予文化意义的自然风光、地形地貌、山水河流，如桂林山水、昆明石林。

二是符号形态的文化资源，指以符号形式表现并依附于一定媒介载

---

❶ 李亦园. 人类的视野 [M]. 上海：上海文艺出版社，1996：100.

体的文化资源，如图书、绘画、电影拷贝、录像带、光碟，其中包含着人的思想、理论、情感、意志等。这类资源可以按照产生的时间，划分为古代各类符号形态的文化资源和现代各类符号形态文化资源。前者如古代的书法、匾额、楹联、诗词、绘画、雕塑、碑等；后者如各类文学作品及经过媒介创作和再创作的漫画、动漫、电视、电影等符号形式的文化资源。

三是活动形态的文化资源，即由各种社群活动而形成的文化资源，包括各类婚丧寿诞、岁时节庆、民俗活动、祭祀仪式、宗教活动、娱乐游戏等。

四是精神形态的文化资源，即一种心智资源或者说是流动状态的文化资源，如存在于人脑或性情中的思想、观念、信念、传说、价值观念、思维方式、审美趣味、道德情操等。

这几种形态的文化资源的关系是辩证的，可以相互转化。精神形态的文化资源可以转化为符号形态文化资源，再转化为物质形态和活动形态的文化资源；反过来，社会活动形态的文化资源也可以被转化为符号形态的文化资源，并产生相应的物质形态的文化资源和精神形态的文化资源等。此种形态分类的方法有助于文化资源开发理论上的阐述。

在实际生活和工作中，人们往往采取主题分类法进行文化资源的评估和开发，如前述董雪梅在其研究中列举了主题分类法，可以作为借鉴。

第二节 文化资源的特点

讨论文化资源的特点有助于进一步理解文化资源的内涵和特质。概括而言，文化资源具有文化性与无形性、绿色性与共享性、传承性与稳定性、动态性与发展性、持久性与递增性、无限性与稀缺性、多元性与集聚性的特征。

一、文化性与无形性

文化性是文化资源最基本的特征。无论以何种形式存在的文化资源，都承载着一定的文化内涵和文化要素，这是文化资源可以进行产业化开发的前提。文化资源所蕴含的文化内涵、要素越是丰富与独特，就越具有开发价值。

文化资源的无形性既指以精神形态存在的文化资源，又指内含于物质形态、符号形态、社会活动形态中文化精神的不可见，人们只能通过自己的思维来感知与理解。此外，文化资源的无形性还指文化资源对人们所起的作用通常具有间接性和潜在性。中国有句古话叫"少不读《水浒》，老不读《三国》"，反映的就是文化对人们潜移默化的作用。

二、绿色性与共享性

文化资源的绿色性是指与其他诸如矿产、水、土地等自然资源相比较，所具有的无污染、可循环使用的特点。文化产业从核心上来说是一种内容生产产业，因此文化资源作为其内容来源不仅不会污染自然环境，还能不断再生利用。换言之，"文化资源在转化为文化产业的过程，是以创意和现代化生产技术为支撑的，属于典型的'绿色产业'"❶。

文化资源具有共享性的特征。文化资源虽然有地域性，但这并不意味该国家或地区对文化资源能完全独占独享。任何文化资源，一经产生既是民族的，更是世界的、全人类的共同资源、共同财富。在知识和信息传播速度惊人的信息时代，在全球化加剧的背景下，国家、地区和民族之间的文化交流越来越大，它们彼此从各自的文化资源中汲取养分进行文化创造。尤其对于非物质形态的文化资源而言，谁的创新能力强，谁更积极主动，谁就能更多地开发利用它。可以说，"人们从自己和他者的文化中提取文化资源进行文化产品的生产，新生产的文化产品又成为符号形态的文化资源再进入文化产品的生产领域。文化产业极大地改变了传统的文化形态及人们的生活世界。文化更加多元、复杂、融合"❷。例如，日本动漫大师鸟山明创作的《七龙珠》、峰仓和也创作的《最游记》等作品，部分人物形象与情节来源于中国古典小说《西游记》。《花木兰》《功夫熊猫》则是美国人对于中国文化资源的开发利用。

---

❶ 严荔. 论文化资源产业化开发 [J]. 现代管理科学，2010（5）：85.
❷ 林敏霞. 人类学视域下的文化产业 [J]. 徐州工程学院学报，2020（6）：42.

三、持久性和递增性

有形的自然资源会越用越少，甚至可能永久性枯竭。文化资源不同，一种文化资源只要人们认为它对人类有用，便可以永久地使用，并不会因为被使用的人数多、被使用的频率高而枯竭。一种文化资源使用的人越多、频率越高，越能持久地存在并促使这种文化资源量上的增长，甚至产生新的文化特质，其效能的发挥也能得到增强。换言之，文化是实践和实用的，实践和使用的人越多，越能长久保持和繁荣下去，越能显示其价值和生命力。

人类历史是在学习、普及、使用文化的过程中延续，并在这个延续的过程中累积和创造新文化。文化资源就是经过一代又一代人的努力，随着历史的演进而不断生成、累积和递增。只要人类社会一直持续地进行创造，人类文化和文化资源就会不断存续、累积递增、发展创新。

四、传承性与稳定性

文化具有传承性和稳定性，文化资源也具有传承性和稳定性。一般而言，一个民族的文化和文化资源都在历史进程中，经过初创、发展形成自己民族特质，这是该民族通过一代又一代人智慧的选择而传承下来的，包括民族精神、民族心理、民族观念、民族价值观，它们是民族文化的精髓，具有超稳定性。文化资源的稳定性还表现为它往往以文化传统的形态呈现，人们在丰富和发展文化资源的时候，通常是在对传统文化资源精华继承的基础上发展创新。

一个民族的文化一旦形成，它趋向于"保守"，趋向于背负自己的传统和历史前行。即便是在挖掘文化资源、发展文化产业、追求文化创新的时代，一个民族依然会在学习、吸收、掌握传统文化精髓的前提下开展创新和发展，否则文化及文化资源的开发利用都成为无源之水、无本之木，无法成为民族认同的根源和文化生产的渊源。

五、动态性与发展性

一方面，文化和文化资源有着传承性和稳定性的特征；另一方面，文化与文化资源又会变迁，它会随着时代和社会的变革，因发明、创新、涵化而发生变迁。在文化全球化的背景下，国家和民族之间的交流越多，文化动态和发展的程度也会越大。"一个民族的文化如果自我禁锢，缺少与外界的交流，就必然会逐渐弱化。因此，任何僵化对待文化资源的观点和做法都是错误的。"❶ 中国民族文化之所以繁荣，就在于海纳百川、兼收并蓄各个民族的文化为我所用，如琵琶、胡琴、佛教等文化在历史动态发展的过程中，成为中国文化的组成部分。

六、无限性与稀缺性

如前所述，诸如精神、意识、创意、传说等无形的文化资源形态乃至符号形态的文化资源可以通过分享、传播而得到无限利用和发展，表现出一种无限性。但是，文化资源还存在稀缺性和不可再生性特征。一是表现为物质形态的文化资源具有不可再生性，不断开发利用的过程中存在相对不可逆转的损耗，尤其是一些建筑文化资源。二是表现为一些传统文化资源因传承保护与开发不利而日益失传，成为一种稀缺资源。例如，很多民间手工艺或者民间的传说因为后继无人，随着老一代手艺人的离世，这些文化资源自然就成为稀缺的资源。因此，文化资源还具有脆弱性，在社会变迁发展的过程中，如果缺乏传承，很容易消逝。

七、多元性与集聚性

文化资源多元性表现为广义和狭义两个层面。广义上而言，任何一种文化资源都可以作为政治资源、经济资源、管理资源、科技资源、历史资源、民俗资源、礼仪资源、文学资源、旅游资源等加以利用和开发；狭义上而言，同一种文化资源可在文化产业的各个具体子行业中进行多元化、多角度开发，转化为多种文化产品。例如，书籍既可以作为知识产品，又可以作为礼品，还可以开发为收藏品。

作为文化产业发展基础的文化资源，还具有集聚性特征，即在地理空间上具有集中趋向。一则因为具有内在紧密联系的文化活动为了方便和加强联系，往往趋向于集中在同一个适宜的地方发展。二则因为集聚本身能产生聚集效应，一个或一些核心文化活动能带动许多配套文化活动在该空间集聚。"这种集聚过程一旦开始，就极易形成循环因果式的

---

❶ 董云翔，邓颖颖. 文化资源向文化商品转化浅析 [J]. 商情教育经济研究，2008（1）；161.

促进集聚的力量，从而加速集聚过程，在某一空间形成文化资源的高度集中。"❶

第三节　几个相关概念的辨析

一、文化资源与文化遗产、非物质文化遗产

文化遗产与非物质文化遗产是世界遗产体系的组成部分。文化遗产概念参考《保护世界文化和自然遗产公约》，其中规定的"文化遗产"包括："从历史、艺术或科学角度看具有突出的普遍价值的建筑物、碑雕和碑画、具有考古性质成分或结构、铭文、窟洞及联合体；从历史、艺术或科学角度看在建筑式样、分布均匀或与环境景色结合方面具有突出的普遍价值的单立或连接的建筑群；从历史、审美、人种学或人类学角度看具有突出的普遍价值的人类工程或自然与人联合工程及考古地址等地方。"这些可视为"有形文化遗产"，简单来说包括历史文物、历史建筑、人类文化遗址等。

随着文化遗产保护运动的开展，越来越多的国家开始认识到非物质文化遗产的重要性，意识到非物质文化遗产、物质文化遗产和自然遗产之间的内在依存关系。2003 年，联合国教科文组织成员国缔结的《保护非物质文化遗产公约》提出了"非物质文化遗产"的概念："被各社区、群体，有时是个人，视为其文化遗产组成部分的各种社会实践、观念表述、表现形式、知识、技能及相关的工具、实物、手工艺品和文化场所。这种非物质文化遗产世代相传，在各社区和群体适应周围环境及与自然和历史的互动中，被不断地再创造，为这些社区和群体提供认同感和持续感，从而增强对文化多样性和人类创造力的尊重。"根据这个定义，非物质遗产包括口头传统和表现形式，包括作为非物质文化遗产媒介的语言；表演艺术；社会实践、仪式、节庆活动；有关自然界和宇宙的知识和实践；传统手工艺。❷ 由此可见，文化资源和文化遗产（包括非物质文化遗产在内）都是人类通过劳动创造出来的精神和物质财富的成果，两者都具有文化价

---

❶ 吕挺琳. 文化资源的集群特征与文化产业化路径选择 [J]. 中州学刊，2007（6）：98.

❷ 联合国教科文组织. 保护非物质文化遗产公约（中文版）[R]. 巴黎，2003.

值和利用开发的潜质。同时，文化遗产与文化资源一样具有明显的地域差异性。

两者的不同之处在于：第一，在概念的外延上，文化资源的外延大于文化遗产，文化遗产是文化资源最重要的组成部分，是文化遗产就必然是文化资源；反之，则不然。能够被确认为不同级别的文化遗产，本身标志着对文化资源价值属性的肯定和评定。第二，从时间维度来看，文化遗产需要有一定历史时间的累积，主要表现为各种历史文化遗产，如历史文物、历史建筑、人类文化遗址、各类非物质文化遗产等；而文化资源则不仅有历史文化资源，还包括当代各种再造的、创新的、次新的文化资源。第三，在表现形态上，多数文化遗产有着严格的区域分布和空间限制，并趋于定型，不可再生；文化资源则是活跃的、动态的、不断发展的。第四，从处理方式来看，原生意义上的文化遗产首要是保护，目的在于保护人类文化多样性和可持续性发展；而文化资源首要的是开发，它是知识经济、文化经济时代需求所催生的。从一定意义上而言，文化遗产只有通过创意的方式转化成文化资源，才可以实现其经济价值。

二、文化资源与文化产品、文化产业

联合国教科文组织把文化产业定义为"按照工业标准生产、再生产、储存及分配文化产品和服务的一系列活动"❶，把文化产品定义为可传播思想、符号和生活方式的消费品，能够提供信息和娱乐，进而形成群体认同并影响文化行为。文化产品包括文化商品和文化服务，文化商品主要是那些能够带来感官体验、获得精神认同、广泛传播、带来社会效益和经济效益的商品，如书籍、杂志、电影、电视、唱片、游戏、多媒体产品、软件、录像、工艺和时尚设计等；文化服务指的是政府、个人、半公立机构或公司取得文化利益或满足文化需求的活动，主要侧重于演出、表演等服务大众文化生活的一系列活动。我国对"文化产业"的定义是："为社会公众提供文化产品和文化相关产品的生产活动的集合。"范围包括"以文化为核心内容，为直接满足人们的精神需要而进行的创作、制造、传播、展示等文化产品（包括货物和服务）的生产活动。具体包括新闻信息

---

❶ 江蓝生，谢绳武 . 2001—2002 年中国文化产业发展报告 [M]. 北京：社会科学文献出版社，2002：2.

服务、内容创作生产、创意设计服务、文化传播渠道、文化投资运营和文化娱乐休闲服务等活动"。❶ 因此，以纯粹实用为目的的生产工具、生活器具、能源资材等一般不包括在文化产业和文化产品之列。

由上述关于文化产业和文化产品的定义可见，文化资源与文化产品、文化产业之间存在着密不可分的联系。"文化资源是产业开发的基础，产业开发是文化资源的延伸，文化资源的产业开发形成现实的文化产业。"❷

第一，文化资源是开展文化产品生产、进行文化产业运作的基础和来源。文化产品的生产在本质上就是将人的创意注入文化资源中，将其转化为可以流通和消费的文化产品，从而实现文化产业的运转。因此，很大程度上而言，文化资源本身的文化品相、其所蕴含的文化内涵的丰富和充盈是文化产品是否优秀的重要前提。文化资源是基础，文化产业是结果。第二，文化产品生产是文化资源价值增值的具体手段和方法，整个文化产业运作体系则是文化资源价值增值实现的系统环境。第三，文化产品既是开发文化资源的结果，同时其自身也成为新的文化资源，从而实现全社会文化资源总量的增加。"文化资源作为一种可供产品化和产业化运作的素材，其运作的结果必然表现为一种产品形态。……文化产品被开发出来，其实也增加了社会文化资源的总量。换句话说，人类文化成果的不断积累和增长正是仰仗着文化产品的不断生产，而文化产品又不断积淀为一个社会的文化资源。"❸ 例如，传说和神话等非物质文化遗产可以被开发创作为小说，小说可以被改编为漫画或者动漫，也可以被改编为剧本，拍摄成电影、电视，电影电视又成为新的文化资源，可以改编为网络游戏等。

撇开次生文化资源，即已经是文化产品形态的文化资源❹，"原生"意义上文化资源与文化产品的区别在于：第一，原生文化资源的经济价值是潜在，它不是商品，不能直接进入市场转化成经济利润；而文化产品则是商品，可以直接在市场上进行交换转化为经济利润。因此，丰富的文化资源不等于发达的文化产业，必须把文化资源转化为文化产品，才能进入市场交易，才能实现经济价值。第二，原生文化资源的存在方式通常没

---

❶ 参见国家统计局于 2018 年 4 月 2 日发布的《文化及相关产业分类（2018）》。

❷ 吕庆华 . 文化资源的产业开发 [M]. 北京：经济日报出版社，2006：1.

❸ 胡郑丽 . 文化资源学 [M]. 北京：光明日报出版社，2016：28.

❹ 当文化产品作为资源被再度开发利用时，它是作为新的文化产品生产的文化资源存在的，在这个意义上，其不具有直接商品交换功能。

有经过媒介的加工；而文化产品通常经过媒介选择和加工，并以一些固有的媒介形态表现出来，如图书、报纸、杂志、广告、电影、电视、游戏等。

三、文化资源与文化资本

国外关于"文化资本"的论述不少，如约翰·霍金斯在其《创意经济》（2003）一书中把文化资本等同于"创意资本"，认为其是一种"闲置的创造力"❶。也有学者将文化资本看成依附于组织集体的价值观和信念等，有助于促进员工与客户和社会之间的关系。❷但总的来说，在文化资本概念和理论的论述上，最具原创和公认有影响力的为布迪厄与思罗斯比。但他们的文化资本概念和理论，有着各自的优点与不足。布迪厄的文化资本主要是以个体为主体的，诸如历史建筑等公共文化资源的文化价值没有被纳入其中；而思罗斯比的文化资本概念又对文化资本的个体累积、身体化的过程有所欠缺。因此，国内有学者综合了布迪厄和思罗斯比的文化资本概念，认为"文化资本是能够以财富的形式表现出来的作为人类劳动成果的文化价值的积累，是包括文化能力、文化习性、文化产品、文化制度在内的文化资源的总和，其丰裕程度是人类创造财富能力的重要影响因素之一"❸。在形式上，文化资本的构成大体可分为有形的和无形的两部分。其中，有形的文化资本包括思罗斯比所说固体的文化资本和产品的文化资本；无形的文化资本包括布迪厄所描述的身体化的文化资本和制度化的文化资本。

但这个概念对于文化资源和文化资本的区分还是不够的。当它把文化资本等同于不同形态文化资源的总和的时候，并没有在根本上对文化资源和文化资本进行区分。文化资本最关键的地方是其具有增值的功能。我们可以从"资本"一词原初内涵上来进一步探究文化资本的含义。赫尔南多·德·索脱指出，资本在中世纪的拉丁文中的最初潜在的含义是指牛或

---

❶ JOHN HOWKINS. 创意经济——好点子变成好生意 [M]. 李璞良，译. 台北：典藏艺术家庭股份有限公司，2003：323.

❷ RICHARD BARRETT. Cultural Capital: The New Frontier of Competitive Advantage[EB/OL]. [2019-09-15]. https://citeseerx.ist.psu.edu/viewdoc/download?doi=10.1.1.563.9374&rep=rep1&type=pdf

❸ 周云波，武鹏，高连水. 文化资本的内涵及其估计方案 [J]. 中央财经大学学报，2009（8）：92.

其他家畜。❶ 由于牛或者家畜本身具有繁殖的特点，因此"资本"一词从一开始便具有双重含义，即资产（家畜）的物质存在和它创造价值的潜力。奥地利经济学家庞巴维克对于"资本"一词进行了梳理，指出在经济学史中，资本可以表现为"财货"的资本和作为"生产手段"的资本。而庞巴维克本人在此基础上更是直接把资本视为可以"作为获得财货的手段的产品" ❷。诸如古典经济学家亚当·斯密和马克思等人著述中，也有资本是可以增加生产力、创造剩余价值的资产储备的意思，而不是单纯的存量概念，是作为"生产手段"的资本。因此，文化资本是"蕴藏在文化中能够用来再生产和增值的潜能和价值" ❸。正如徐明生所言，"文化资本是未来能带来收入的，以财富的具体形式表现出来的文化价值的积累，包括文化能力、文化产品、文化制度等方面，又可分为有形的和无形的两部分" ❹，而非上述简单的"文化资源的总和"。至此，可以得出文化资本与文化资源两个概念基本的区分。

第一，文化资源是文化资本的基础、前提和来源，文化资本则是文化资源实现产业化、市场化的结构和价值体现。❺ 因此，对于文化资源开发而言，拥有和占有优质的文化资源是前提。

第二，具有市场潜力且可以进入流通、生产、分配的文化资源才有可能转化为文化资本，否则只能是一种"僵化的文化资源"或"僵化的文化"。

第三，文化资源开发实则是文化资源资本化的过程。在这个过程中，需要加入人力资源、物质资源使之增值。文化产业的发展即意味着文化资源向文化资本的转化和积累。

★ **本章小结**

文化资源是人类社会发展过程中所创造、能用以从事文化生产和文

---

❶ 赫尔南多·索托.资本的秘密 [M].于海生，译.北京：华夏出版社，2007：28.

❷ 庞巴维克.资本实证论 [M].陈端，译.北京：商务印书馆，2017：65.

❸ 李义杰.符号创造价值：媒介空间与文化资源的资本转换 [M].杭州：浙江大学出版社，2016：26.

❹ 徐明生.我国文化资本与经济发展的协调性研究 [J].厦门大学学报（哲学社会科学版），2011（1）：31.

❺ 贾松.文化资源转变为文化资本的现实途径 [M] // 侯水平.四川文化产业发展报告（2006）.北京：社会科学文献出版社，2006：33.

化活动、具有文化商品开发价值或者潜在的文化商品开发价值的物质（技术）文化、制度（社群）文化、精神（表达）文化的总和。

文化资源具有文化性与无形性、绿色性与共享性、传承性与稳定性、动态性与发展性、持久性与递增性、无限性与稀缺性、多元性与集聚性的特征。

文化资源与文化遗产、非物质文化遗产，文化资源与文化产品、文化产业，文化资源与文化资本几个概念，相互之间有着密切的关联，又有各自的区别。

★ **思考与练习**

1. 什么是文化资源？它有什么特征？

2. 按照文化资源形态为标准，文化资源可以分为哪几类？

3. 文化资源与文化遗产之间的关系？举例说明。

4. 文化资源与文化产品之间的关系？举例说明。

5. 文化资源与文化资本之间的联系与区分？举例说明。

第三章　文化资源开发战略与原则

　　我国文化产业发展起步相比发达国家较晚，文化资源开发的经验尚不成熟，机制尚不完善，也存在许多明显的问题和不足。因此，要发挥我国文化资源大国的优势，促进我国文化产业全面健康发展，就需要了解当前我国文化资源发展中存在的问题，在宏观上制定我国文化资源发展的基本战略及相应的实施原则。

　　在文化资源开发战略上，姚伟钧、任晓飞提出了可持续战略、整合规划战略、市场化开发战略、文化创新推动战略、人才资源开发战略❶，较为完整地构架了文化资源开发的战略。本章将在此五个基本构架上，详细地阐述每个战略的内涵、内容、原因及实施所需坚持的原则。值得注意的是，本章在论述文化资源开发战略和原则的过程中，综合了文化资源保护、文化资源累积、文化资源配置、文化资源管理等多方面的内容❷，为后续文化资源开发的具体操作夯实了基础。

第一节　文化资源可持续发展战略及相关原则

一、文化资源可持续发展战略及动因

（一）文化资源可持续发展战略的内涵

　　可持续发展是联合国环境与发展委员会提出的一条全球发展战略，其

---

❶ 姚伟钧，任晓飞.论中国文化资源产业化发展方略 [J]. 湖北大学学报（哲学社会科学版），2010（4）.

❷ 这些内容在不少教材中分别作为单独章节列出。本书以"文化资源开发"为核心关键词，将文化资源保护、文化资源累积、文化资源配置、文化资源管理等内容删繁就简，汲取精华，浓缩在本章中进行论述，既兼顾了与文化资源相关的各个知识点，也避免了内容体系上的庞杂。

精要为"既要满足当代人的需要，又不对后代人满足其需要的能力构成危害的发展"，这也是社会、经济、环境和人口协调发展的必然选择。可持续发展理念已经成为人类发展的共识，文化资源的开发也一样要坚持可持续发展战略，即对文化资源的开发既要能满足当代人的需求，也要满足后代人的需求，强调社会、经济、环境和人的协调发展，坚持文化的多样性，使文化资源能永续利用。

（二）实施文化资源可持续发展战略的原因

文化产业作为 21 世纪的朝阳产业和绿色产业，一方面，是人类社会可持续发展战略的体现；另一方面，其自身的发展也需要坚持可持续发展的战略。相对于以能源消耗为基础的工业等传统产业，文化产业发展所依托的文化资源具有越用越有生命力、非消耗性等特征，这也使人们形成了文化资源可以"无限再生利用"的片面认识。事实上，无论从文化资源自身，还是从开发利用方式或者文化冲突、文化变迁等角度来看，文化资源的开发利用都具有"消耗性与非消耗性、可再生性与不可再生性辩证统一的特征"❶。

首先，从文化资源自身角度而言，文化资源的消耗性和不可再生性表现为物质形态和符号形态的文化资源本身所具有的消耗性和不可再生性，如各类文物古迹遗址损毁、脱落、霉变；也表现为非物质形态的文化资源在自身发展过程中因为自然灾害或后继乏人等原因而消失，如许多非物质文化遗产传承人出现断层而导致文化的失传和湮灭。

其次，从文化资源的开发利用途径而言，文化资源的消耗性和不可再生性表现为不当的开发利用所导致的文化资源内涵和意义的萎缩。过度地、泛滥地、不当地利用文化资源，会大大降低乃至耗竭文化资源的内在意义。正如杰伊·罗森所言，符号可以无限重复，但符号并不是不可耗竭。❷文化资源所蕴含的文化意义和内涵很可能会由于过度使用或滥用而萎缩。

再次，文化资源具有脆弱性。全球化背景下，"发达国家在经济上的支配性力量衍生出文化权势，这对发展中国家的文化资源所有权造成了冲

---

❶ 姚伟钧，任晓飞.论中国文化资源产业化发展方略 [J].湖北大学学报（哲学社会科学版），2010（4）：88.

❷ 波兹曼.技术垄断：文化向技术投降 [M].何道宽，译.北京：中信出版社，2019：184.

击。西方的'文化霸权'一方面体现在'文化殖民主义'，即将自己的文化大量输出到世界各地，对各国民族文化资源加以消解，或排挤和影响其他文化，使之逐渐消亡；另一方面表现在对民族文化资源的占用和改造，它们将其他国家的文化资源据为己有或擅自改造，夺取了这些国家对自身文化资源阐释的权力"❶。

最后，文化资源虽然具有自然生态意义上的"绿色性"特征，但不当开发可能会存在精神意义上的"污染性"。例如，在物质利益的驱动下，一些文化企业或个人为了牟取暴利，不惜铤而走险，生产或提供涉及"黄、赌、毒"的文化产品或文化服务，败坏社会风气，毒害身心健康，最终干扰了文化市场的健康发展，对文化产业的可持续发展带来了不利的影响。同时，围绕文化资源开发带来的大规模旅游等活动依然会给生态环境造成巨大压力和破坏。

因此，文化资源开发要在探索其客观规律基础上，注重文化资源的保护、积累和再造，避免走文化资源消耗型和环境污染型的开发之路，实现文化、经济、社会、环境的协调发展，为文化产业的发展和人类精神文化的延续作出有益贡献。

二、实施文化资源可持续发展战略的相关原则

（一）坚持文化资源保护和积累为基础原则

文化资源积累和保护是文化资源开发并可持续进行的基础。首先，需明确树立文化资源保护的理念，重视文化自觉意识的培养，使文化保护具有广泛群众基础，进而通过促进民众的"文化自觉"提升文化资源保护理念。例如，通过一些社区营造、文化资源开发项目运营，建立当地民众对于自己文化的认知，提升自我学习及文化的自我保护和发展的能力，从而发展出自觉的文化资源保护的认知、意愿、能力和行动。在面对非再生性历史文化资源时，尤其要强调"保护"的理念，这是一场文明和功利的较量，在追求经济发展面前，不是被动地、应急性地去抢救文化资源，而要积极主动、有序地管理和保护文化资源。

其次，要强调文化资源的积累，文化资源积累是文化资源保护的重要

---

❶ 高宏存.经济全球化中的文化产权问题研究[J].福建论坛（人文社会科学版），2010（6）：63.

体现。所谓文化资源的积累，是指采用科学的方法对历史和现有的文化资源进行搜集、整理、分类和保存，从而使文化资源在时间和空间上不至于流失。文化资源积累的前提是对各种文化和文化资源的认识与保护，进而促成文化资源科学、合理增长。文化积累不仅包括对历史和当下内生文化资源的积累，也包括在文化交流过程中积极吸收外来的文化资源成为新的文化资源，增加文化资源的总量。例如，琵琶、二胡是胡汉交融的产物，禅宗是印度佛教文化传到中国后逐渐本土化的文化。它们都通过自然或人为的积累，成为我国多元文化资源总体不可分割的组成部分。

（二）坚持文化资源保护和开发相结合原则

文化资源的保护和开发两者要并举，要有机结合，要在保护基础上落实开发，在开发中促进保护。许多文化资源之所以流失、中断、湮灭，原因就在于对其开发利用不足。"文化资源的保护与开发实际上是同一个过程的两个方面。所谓保护，实际上是开发性的保护，是动态的、创造性的保护；所谓开发，实际上是保护性的开发，是具有可持续发展潜力的开发。对于文化资源而言，其保护与开发应该是一个互相补充、互相促进、互相强化的关系。" ❶

要做到保护和开发相结合，就必须强调内涵式的开发，坚持"内容为王"，追求文化资源内涵的深度、高度和特色，避免因粗制滥造、简单加工、拙劣模仿、技术崇拜而导致的文化产品缺乏想象力和创造力，从而最终破坏文化资源自身的累积和发展。文化产品的核心"卖点"在于其所蕴含的独特的文化神韵，因此，在文化资源的开发中，要注意优质内容的提炼和升华，注重神形兼备。否则，只有形没有神的文化产品会成为文化垃圾，既没有卖点，也破坏了文化资源。例如，在国内一些民俗村或文化村中，将一些民俗文化或民族文化粗制滥造、机械性地移植和摹建，使文化失去了原有的内涵、韵味和神圣感。

因此，在文化资源的开发中，一定要避免单纯地跟风和模仿，要深入地对自己的文化资源进行挖掘、梳理和研究，选择能够反映本国、本民族文化内涵和精神的文化资源进行开发。反对急功近利、竭泽而渔的开发方式，要在开发中保护本国、本民族的文化资源，确保文化资源产业化开发

---

❶ 姚伟钧，任晓飞.论中国文化资源产业化发展方略 [J].湖北大学学报（哲学社会科学版），2010（4）：88-89.

的可持续发展。

（三）坚持经济效益与社会效益兼顾原则

通过文化资源的产业化开发，实现文化资源的经济价值是文化资源开发的目标所在。但文化资源的特殊性在于它具有传承文化、教化民众、强化认同和塑造国家和民族形象等社会功能，如单纯地把文化资源当作攫取经济利益的手段，不仅会导致文化资源开发中对文化资源的浪费和破坏，也会导致社会的"精神污染"。例如，一些作为世界文化遗产的文化资源，由于过度追求经济效益，导致遗产地文化韵味和民俗民风低俗化；个别影视作品在对传统文化资源的开发利用中过度渲染血腥暴力和色情，受到批评和抵制。

文化资源不仅是实现社会经济价值的基础，也是社会价值观整体转型的引导和支撑。对文化资源的开发，必然要求社会效益和经济效益兼顾和并举的原则，避免简单地把文化资源看成摇钱树，对其进行简单化、片面化、粗放、过度的开发和经营。只有经济效益和社会效益兼顾，才能使文化资源的价值得以全面体现、功用得以全面发挥，更好促进可持续发展。

（四）坚持文化多样性和文化自觉原则

我国是多民族国家，每一个民族都创造了自己独特的文化，坚持文化多样性原则，才能百花齐放，才能保持文化的丰富和繁荣，才能为文化产业发展提供多元的文化资源，保持文化资源产业化的可持续开发。

与此同时，国家和民族在发展文化产业的时候还需要有"文化自觉"意识，即对本国和本民族的文化有深刻的认识、觉悟和觉醒，正确把握本国本民族文化资源特色、内涵，以主人翁的态度主动担当本国本民族文化发展的历史责任。尤其是在面临当今世界文化发展不平衡、强大的国家拥有更强的文化渗透力，因而可能会使本国本民族原有的文化生态被破坏的情况下，越发需要"以一种开放的胸怀和平等的姿态参与到与其他文化的对话与沟通中去，要以一种'文化自觉'意识来推动文化产业的发展，并始终贯穿于文化生产、文化产品和文化传播这三个重要环节中"❶。如此才能更好地推动文化资源可持续发展战略。

---

❶ 范周，储钰琦.试论以"文化自觉"意识推动文化产发展 [J].福建论坛，2011（4）：43.

"文化自觉"是人类学家、社会学家费孝通提出的，他针对文化资源开发表达的观点是："一定要注意民族问题，要发扬各民族优秀的传统文化……应该以平等态度对待各个民族、各个国家的文化。西部曾一度是中国文化的中心，但后来其经济落后了，其文化地位也跌落下去了。但其实不是它的文化从此落后了，而是我们对它后来的文化认识不够了，主要是我们认为它不是主流的文化，就不再去认识它。而我们现在搞的人文资源的开发，就是要重新去认识它、理解它、发掘它。"❶

第二节　文化资源市场化开发战略及相关原则

一、文化资源市场化开发战略及动因

（一）文化资源市场化开发战略的内涵

文化资源市场化开发战略，是指国家和社会建立和营造公平、健康、有序的文化市场和文化环境，使文化资源在向文化产品和文化资本的转化过程中，其主体行动、资金来源、资源配置及消费实现方式主要通过市场机制来形成、推动和完成的一套开发战略。

（二）实施文化资源市场化开发战略的原因

文化资源的丰富并不等同于文化产业的丰富，我国是一个文化资源丰富的大国，但却不是一个文化产业大国，其原因之一就在于长期以来我国缺少一个健康有序的文化市场和文化环境，使文化资源不能有效地通过产业化和市场化的运作转化文化产品和文化资本。中华人民共和国成立之初，我国实行计划经济体制，在文化领域取消了非公有制的文化主体，国家是主要乃至唯一的文化生产主体，开发什么样的文化资源、生产什么样的文化产品都被纳入计划经济统一模式中。人民群众的文化需求不能通过市场价格机制得到反映，非公有制企业不能成为文化生产主体，没有形成多元的投资融资机制，有意于文化产业发展的外资、社会资金都处于蓄存

---

❶ 费孝通. 西部开发中的文化资源问题 [J]. 文艺研究，2001（4）：8.

状态。文化资源的配置按照计划和行政途径展开，市场无法在其中发挥基础性作用。

总之，文化资源开发要发挥中国特色社会主义的优势，充分、合理地利用市场相对灵活的机制，使文化资源得到更加深入的挖掘、更有效的配置和更广泛的开发；使文化馆、戏院、博物馆、电视台等文化设施的利用率进一步提高；更好地调动社会力量和个体来参与文化资源的开发，生产出数量多、品质优、题材丰的文化产品。

（三）文化资源市场化开发战略的主要内容

当前，必须实施文化资源市场化开发战略，建立公平健康的文化市场和环境，释放公众的文化需求，解放社会的文化生产力，使各类资本进入文化资源开发领域，也使文化资源能够通过市场的价格、供求、竞争、风险等机制流向具有实力和创新能力的文化区域和文化企业，实现文化资源经济效益的最大化。该战略的主要内容包括以下四个方面。

第一，总体上需要进一步完善文化产业体制改革，通过文化立法等方式，建设健康的文化市场和文化环境，形成一个资本、产权、版权、人才、技术、信息等方面都成熟完善的文化生态。

第二，培育文化市场主体，形成以公有制为主体、多种所有制共同发展的文化产业格局，使文化经营主体从政府行政部门的附属地位脱离出来，成为具有独立法人地位的文化市场竞争主体。

第三，建立以市场配置为基础的文化资源（及相关资本、人才和技术）配置方式，鼓励打破地区、部门分割和垄断，使价格机制、供求机制和竞争机制在文化资源（及相关资本、人才和技术）配置中充分发挥作用，建立统一、开放、竞争、有序的现代文化市场体系。

第四，建立多元的文化投融资机制，拓展文化产业投融资主体。除了原有的国有资本，还要科学合理地引入外资、民间资本进入文化产业领域，各类资本可以以独资、合资、参股、联合、合作及特许经营、金融资本、基金会等方式参与文化生产领域。

二、实施文化资源市场化开发战略的相关原则

（一）坚持文化资源市场配置为主、宏观调控为辅的原则

市场可以通过价格、供求和竞争等机制，在微观上优化文化资源的配

置，拓宽资源配置的渠道，促进经营者的改革与创新，激励制定资源配置最优化的决策。但是，市场配置具有以下几点不足之处：第一，主体行为趋利性，难以调节公共文化产品和服务的生产，致使文化生产短期化、文化产品结构片面化、文化环境受污染；第二，作用机制微观性，对由行政垄断、市场垄断造成的壁垒无力调节；第三，价格调节滞后性，资源的投入与价格反映的需求之间有时间差，使文化投资盲目化。因此，纯粹由文化市场自发调节配置文化资源，必然会使文化资源的产业化发展存在风险，从而不利于文化资源的深度、内涵式开发。

因此，需要以市场配置为基础，辅以宏观调控，实现文化资源配置的合理化。建立在市场配置基础上的宏观调控，不是政府直接介入文化产业生产过程，不是政府"办文化"，而是政府通过法律手段、经济政策手段、信息机制和激励机制调控和完善文化市场秩序，协调和平衡文化资源的配置，培育和引导文化产业的良性发展。政府可以根据文化企业体量不同、发展阶段不同，采取贷款贴息、奖励、补助、投资入股等多种灵活方式，发挥引导资金的最大杠杆作用，针对性地培育和激励各类文化企业。

（二）坚持文化资源导向与市场导向并重原则

从市场导向角度而言，市场主体在价值规律和竞争机制的作用下，往往会呈现单向度的趋利行为，市场需要什么就生产什么，什么是热点就生产什么，导致过度使用文化资源、滥用文化资源，忽视产业的健康发展。相反，一些优秀的文化资源因为市场价值不大而无人问津。因此，在进行文化资源开发的过程中，无论是政府宏观导向，还是文化企业微观生产，应该市场导向和资源导向并重，平衡好利益和资源之间的关系，在生产出有市场的文化产品的同时，将一些优秀的无人问津的文化资源以合适的方式开发出来，从而盘活这些优秀文化资源。

（三）坚持文化资源功能与开发形式相适的原则

在面向市场化的文化资源开发中，需要适当考虑文化资源功能与开发形式之间的相适性。一个民族的文化有多个层面，有些文化具有神圣性，不宜随意开发。

（四）坚持精品化和品牌化原则

文化资源市场化战略不仅要面向国内市场，也要面向国际市场。坚持精品化和品牌化的原则，才能使文化资源得到充分的开发和利用。文化品牌是富有文化品质保证或者文化含量的符号，标志文化产品的质量和美誉度，具有动员消费者认同的功能。我国拥有众多的文化资源，但缺乏具有全球认同度的文化精品或文化品牌。有的文化资源虽然已经得到开发，但是存在缺乏系统性品牌建构、核心文化产品与周边文化产品分离等问题，因此文化资源的创意开发需建立文化品牌，并在此基础上系统地形成核心和周边文化产品体系。

第三节　文化资源开发整合规划战略及相关原则

一、文化资源整合规划战略及动因

（一）文化资源整合规划战略的内涵

文化资源的整合规划即政府通过行政、法律、经济的方式，对文化资源进行联系、互补、渗透和重组，使国家和区域的文化资源产业化开发形成一个合理的结构，实现整体优化协调发展，以达到效能的最优化。

（二）实施文化资源整合规划战略的原因

其一，原有计划经济体制下政府"办文化"有其弊端，而纯粹市场化的文化资源产业开发也有其短处，因此，要实现我国文化资源开发的可持续发展，需要政府科学合理地"管文化"。

其二，我国幅员辽阔，地区之间的文化资源丰富程度不同，类型有差异，各地经济基础也不同。因此，需要国家和地方政府统领全局，因地制宜地制定文化资源产业化发展规划，如有长期规划、短期规划，突出开发重点和保障等。❶

其三，中国文化创意产业发展迅速，但也存在产业资源和产业布局过于分散的问题，需要在产业培育成长中适度集聚整合，发挥产业资源整合

---

❶ 唐月民. 可持续发展视角下的中国文化产业发展路径探析 [J]. 文化产业研究，2011：103.

的优势，提升产业、企业竞争力。❶

其四，文化资源因行政区、历史变迁等原因呈现"散落化、隐形化、基因化的特征"❷，不能够展现某一类资源背后的文化信息全貌。因此，需要通过规划整合形成跨学科、跨区域的规划协作，把某一类文化资源的整体历史文脉和信息挖掘整理，形成规模效应，避免零散、浅层符号表达。

其五，对文化资源开发进行整合管理和规划，有利于开展前期文化资源的调研，从而有利于对文化资源总体情况和资源禀赋的把握，并在此基础上进行论证和开发方案的设计，使资源的整体优势、核心优势得到很好的发挥和利用，避免盲目和草率开发带来的弊端。

总之，文化规划既要考虑文化资源和文化活动的合理空间布局，也要考虑管理体制、法律支撑、政策保障、资金来源及技术支持等支撑条件，如此才能使文化资源整合管理和规划顺利实施。❸

（三）文化资源整合规划战略主要内容

首先，从国家层面自上而下开展科学有效的文化资源挖掘、梳理、归类，建立和完善文化资源的分级分类保护制度，并对其开发价值进行评估。

其次，合理规划我国文化资源产业化发展的空间布局，突出优先规划、优先资源。促进文化产业与文化企业的集中化运动，实现文化生产力的集约发展，提高文化资源有效配置和创新转化率。

最后，推动文化产业集群建设❹，包括重点文化产业带建设，如《国家"十一五"时期文化发展规划纲要》所要求的以文化创意产业中心城市为

---

❶ 任春华，隋顺天. 文化创意产业发展中的集聚整合 [J]. 学术交流，2013（8）：204.

❷ 肖怀德. 从文化资源走向文化叙事 [N]. 中国文化报，2018-12-29.

❸ 黄鹤. 文化规划：基于文化资源的城市整体发展策略 [M]. 北京：中国建筑工业出版社，2010.

❹ 产业集群是指具有竞争与合作关系，且在地理上集中，由相互关联的企业、专业化供应商、服务供应商、金融机构、相关产业的厂商及其他相关机构等组成的群体。通过这种区域集聚形成有效的市场竞争，构建专业化生产要素优化集聚洼地，使企业共享区域公共设施、市场环境和外部经济，降低信息交流和物流成本，形成区域集聚效应、规模效应、外部效应和区域竞争力。参见：黄永林. 从资源到产业的文化创意——中国文化产业发展现状评述 [M]. 武汉：华中师范大学出版社，2012：104.

核心形成长江三角洲、珠江三角洲和环渤海地区三大文化产业带；加快文化产业园区和基地建设。

我国文化积淀深厚，文化资源丰富，文化分布广泛，文化种类繁多，与此同时各个地区的文化产业发展水平存在差异，因此必须通过统一的科学的整合规划战略，整合不同文化企业或文化产品，组成一定的产业链和产业集群，提高文化资源产业化聚合开发的能力。

二、实施文化资源开发整合规划战略的相关原则

（一）聚集与分散均衡原则

实施文化资源开发整合规划战略要坚持聚集与分散均衡的原则，也就是在进行文化资源产业化发展空间布局的时候，除了通过政府宏观调控和市场调节相博弈促进文化产业与文化企业的聚集化发展，形成全产业链的行业业态，提高文化资源配置和转化效率之外，还要确保文化产业和文化企业的合理分散，实现文化空间经济的均衡发展，避免文化资源盲目趋同开发建设和恶性竞争，以及由此造成的资源浪费、投资环境的破坏及文化资本的流失，进而导致整个文化产业发展的停滞和衰败。

（二）整体协调性原则

实施文化资源开发整合规划战略还需要坚持整体协调性原则。所谓整体协调性原则，即无论是国家层面还是区域层面的文化资源开发整合规划，都要综合考虑各种因素组合，从整体和宏观上进行布局、把握，协调人文地产景多种要素进行整体规划。例如，作为文化资源的建筑遗产的开发，要考虑它所在城市的街道和居住区所形成的整体格局，还要考虑它所在的特定自然背景，包括河、湖、山、丘，古木花草等，最后还要考虑它所在区域的社会活动，包括传统民俗、宗教活动、文艺歌舞等。

整体协调性也要考虑与地方经济社会文化水平的相互协调。换言之，在规划文化资源开发项目的时候，该项目应该与当地社会经济发展水平、民众认知水平、区位和市场条件相协调。如果当地的经济文化水平不足，盲目上规划和一些文化项目，会导致资源的极大浪费。

（三）名实一致原则

实施文化资源整合规划所形成的文化聚集区，尤其是各类文化产业园

区，是文化资源开发整合集聚的重要载体和途径，它们的建设和发展需要遵守名实一致原则。也就是说，聚集区或园区内部以各类真正发展和运营文化产业的企业为主体，是真正聚集创意人才、技术、资金及进行长期文化产业管理、发展、探索、创新的区域，避免出现名不符实的情况。❶ 例如，以文化产业之名行房地产之实，非文化产业主体（如餐饮）比例过度居高等。

（四）特色化原则

由于我国各个地区文化资源禀赋和经济发展水平都存在巨大差异，在进行文化产业整合规划时，要依据不同区域文化资源禀赋及自身区位优势，突出区域特色进行资源整合规划。例如，少数民族地区在进行自身文化资源整合规划的时候，应培育民族特色文化产业的集聚、成长与发展，以确保文化资源长期均衡开发。目前，有不少少数民族地区在文化资源的各类产业化开发中，一方面缺少整体规划，处于随意发展状态；另一方面缺乏鲜明的民族特色❷，没有达到以特色化原则来进行文化资源整合规划。

第四节　文化资源开发创新推动战略及相关原则

一、文化资源开发创新推动战略及动因

（一）文化资源开发创新推动战略的内涵和实施原因

所谓文化资源开发创新战略，即以创新来推动文化资源向文化产品、文化资本的转化，从而实现文化产业的成功发展。创新是文化产业的灵魂，也是充分挖掘利用文化资源、实现文化产业快速发展的必由之路。❸ 在文化产业领域，越是有形的东西越处于产业链的下游，越是无形的东西越是处于产业链的上游。创新便是整个文化产业链中最无形却也是最核心、最上游的东西。文化产业要先从抽象做起，再做到具体。❹ 我国是文化资源

---

❶ 高宏存.论文化产业园区的"名"与"实"[J].学习与探索，2013（7）：96-99.

❷ 王雅荣，张璞.少数民族的地区文化产业特色推进发展[J].技术经济与管理研究，2011（9）：106.

❸ 王永章.如何将文化资源转化为产业资源[J].人民论坛，2008（9）：14.

❹ 陈少峰.文化产业贵在创新与资源整合[N].中国文化报，2012-02-01.

大国，却不是文化产业大国，这是推动文化资源创新战略的原因所在。只有通过创新促进文化资源向文化资本转化，才能使文化产业蓬勃发展。

（二）文化资源开发创新推动战略的主要内容

文化资源开发创新推动战略包括：以文化理念创新为先导，逐步确立文化资源可以创造永久性财富的理念；不断丰富我国的文化积淀，使文化资源和文化创意转化为更多财富；以文化体制创新为支撑，建构适应社会主义市场经济发展的新型文化管理体制，推动文化资源产业化进程；以科技创新为核心，文化资源储备转化为产业资本和产品成果，转换传播方式和手段，推动文化业态更新；以培育文化创意群体和内容提供商为重点、以推动文化企业成为文化创新主体为手段；以知识产权保护为保障，进一步提高文化领域知识产权保护水平。❶

二、文化资源开发创新推动战略的原则

（一）创新和继承相结合原则

文化资源开发必然要创新，要根据时代和市场需求对文化的内容进行新的阐释，对形式进行新的变更，要以一种开放的、与时俱新的观念对文化资源进行创新性开发。但是，文化资源的创新性开发，并不等于无本之木、无源之水的创新，而是在继承文化传统和历史基础上的创新。在进行文化资源创新开发过程中，切忌主观地用所谓的其他民族和国家的"先进文化"或"先进技术"来完全取代本土和传统的文化与技术；切忌受经济利益驱动，以创新开发为名，盲目求新、求变，使民族文化丧失传统精华，遭到破坏性开发。❷以 2019 年一部本土原创并取得票房成功的动漫作品《哪吒之魔童降世》为例，它之所以成功，原因之一是对《封神演义》和《哪吒闹海》等传统小说和动漫的继承，同时又根据时代的需求，在人物塑造、剧情设置、动漫技术等方面进行了创新，是创新和继承相结合的成功案例。

所以，文化资源的创新性开发要扎根于深厚的文化历史和传统的土壤中，善于从中挖掘和提炼文化资源进行文化生产。与此同时，要结合时代

---

❶ 姚伟钧，任晓飞.论中国文化资源产业化发展方略 [J]. 湖北大学学报（哲学社会科学版），2010（4）：90–91.

❷ 黄永林.从资源到产业的文化创意——中国文化产业发展现状评述 [M]. 武汉：华中师范大学出版社，2012：93.

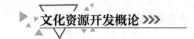

特征、社会需求对文化资源进行创新性转化和开发，实现文化资源永续利用和发展。

（二）本土化与在地化相结合原则

全球化时代，各个国家和地区之间的政治、经济、文化高度接触、碰撞、交流、互动，从而对各自的社会文化产生影响。文化资源的创新开发亦离不开全球化背景下多元文化交流的大背景，其创新必然与不同文化的交流互动有着密不可分的联系。在此过程中，文化资源的创新性开发需要坚守本土化和在地化的原则。

所谓本土化，是指本土文化在面临外来文化冲击时，以自身文化为主体，主动诠释和吸收外来文化，使之成为本土文化的新内容和组成部分，其行为主体为"自我"。例如，佛教文化从印度传入中国后，中国知识精英们以儒家、道家的文化对之进行诠释和吸收，在唐代形成了禅宗，在宋明时期形成了新儒家，都是佛教文化在中国本土化发展的产物，并成为中国文化的重要组成部分。所谓在地化，是外来主体在其文化资源产业化开发过程中，主动地尊重、理解、融入当地文化，因地制宜地结合当地文化资源、社会环境，进行文化资源的产业化开发，尽可能地弱化外来的、不协调的因素，降低推进过程中的不利因素，以融入当地社会，这里的行为主体为"他者"。例如，2006年第6座杜莎夫人蜡像馆成功落地上海，它是一种外来的新型的文化产业形式，其内容是"名人资源"，并随着时代的变化不断增加馆内的中国名人蜡像。

当然，如果不强调主体的差异性，本土化和在地化很多时候是难以区分的，它们都是在全球化的文化交流碰撞背景下的必然结果，最终也在文化多样性这条路上殊途同归。

（三）文化本体和艺术本体原则

在更为具体的处理上，文化资源的创新开发还需要遵循文化本体和艺术本体原则。❶ 所谓文化本体原则，即在文化资源创新开发过程中，重视文化资源本身蕴含的价值逻辑，重视其所具有的传承性、教育性等社会功能。例如，有的游戏产业在开发历史资源中的人物设定与历史事实相去甚

---

❶ 郑焕钊，孟繁泽.文化资源创意开发的价值原则及其误区 [J]. 杭州师范大学学报，2018（1）：109.

远。虽然此设定有着游戏文化专属的语境，但是鉴于游戏受众主要是知识观念尚未形成的中小学生，通过虚拟游戏向其传达错误和虚假的历史和文化，将产生负面作用。因此，在利用中国传统历史名人文化资源的时候，不能脱离文化本体，要构建出一套合理清晰的价值符号系统。

所谓艺术本体原则，就是文化资源创新开发过程中，要坚持艺术叙事的规律，立足该文化的核心故事及其世界观和情境本身，以创造出系统性、整体性的文化产品。这样的创意才是独特的，内容输出才是有力的，基于此的人物处境和命运才是有价值的，而这种独特的价值才会让观众产生真正的情感共鸣。例如，由美国皮克斯出品的《寻梦环游记》，就是对墨西哥死亡文化资源进行人类亲情叙事极为成功的案例。在整个故事叙述中，墨西哥独有的文化符号与故事高度融合，如菊花瓣铺就的"亡灵桥"、墨西哥剪纸、玛雅建筑、墨西哥无毛犬，这些文化元素统一为一个整体的世界观和体系，将墨西哥人心系逝者的美好愿望完美地表达出来，深化了"亲情"的核心主题。

因此，在我国文化资源的创新开发战略中，应该坚持文化本体和艺术本体原则，避免对各类文化资源简单粗暴的滥用，以维护文化资源健康、持续、增益性开发和发展，促成真正体现中华美学精神和中国文化智慧的文化产品的生产和输出。

（四）原真性与仿真性的辩证原则

面向市场的文化资源创新性开发，一方面要溯源文化资源的真实性，另一方面是迎合市场所生产的商品，因此一度面临文化资源开发原真性[1]与仿真性[2]之争，或者原生性与商品化之争。事实上，仿真性与原真性不完全对立，"原真"与"仿真"存在辩证关系。在此，需要辩证地看待两者，在文化资源的创新性开发中坚持原真性和仿真性的辩证原则。

---

[1] 原真性（Authenticity）一词来自希腊和拉丁语的"权威的"和"起源的"两词。1964 年的《威尼斯宪章》将其用于文化遗产的保护中，即"将文化遗产真实地、完整地传下去"。直至 21 世纪初，国内学术界才逐渐对遗产原真性进行研究。原真性的观念在中国早已有之，中国文物古迹保护长期遵循的"不改变文物原状"的法律原则就与之一脉相承。但是，中国对原真性的理解更偏于追求完整"原状"的真实，而不是体现历史延续和变迁的真实"原状"。

[2] 仿真也叫副本，是对真实的模仿，因而"仿真性"是指模仿具有真实性的事物而具备其部分真实性的特点，仿真物并非纯粹的造假。

以文化资源旅游开发为例，文化旅游景区开发中的"原真"与"仿真"并不是绝对对立的两个方面，可以有绝对的"原真"，但没有绝对的"仿真"。对于那些还未被现代手段利用开发的"旅游景点"来说，它们是历史文化的遗产，保留着传承至今的历史文化信息和人们的生活方式，可以说是"原真性"。而运用现代古建筑古文物修复手段和复原技术创造的部分景观，属于不具备历史价值的现代产物，是一种对于"原真"的模仿，被认为是一种"仿真"。一方面，在文化资源的开发过程中我们要尊重保持固有的"原真性"为首的原则；另一方面，"原真"由于种种原因无法保持"完整性"的传承，而为了满足游客对于"原真"的向往，往往需要利用"仿真"来实现对"原真"的弥补和发展，而"原真"为"仿真"提供了依据和模型，是"仿真"最终演变成"原真"的前提和基础。利用"原真"与"仿真"的相互作用，得到的才是完整的"原真"与真实的"仿真"。

原真性的文化本身不是商品，它是一个民族经过漫长的历史沉淀下来的物质和精神财富。作为以原生性或本真性文化为基础，经过包装改造而形成的文化商品，它必须遵循价值规律的制约，自觉接受市场的调节才能获益。作为商品的文化在市场交换中根据市场需求调节文化商品的生产，它并不必然危及原真文化，但一定反作用于原真文化。在仿真过程中产生的新的文化产品，它们可以成为新的文化资源被用于文化生产。这个结果会导致"拟真"❶的超现实的出现，但在历史的过程中，无论是仿真还是拟真，它们都可能沉淀为文化传统，成为历史的"原真"。

第五节 文化资源开发人才战略及相关原则

一、文化资源开发人才战略及动因

（一）文化资源开发人才战略内涵

所谓"文化资源开发人才战略"，是指通过政府规划整合、制度支持、

---

❶ 鲍德里亚后来进一步提出了拟真（或拟像）的概念，用于指涉对非存有的模拟，是从模型中产生真实的"超真实"，如迪士尼主题乐园核心部分的景观是对迪士尼动漫的模拟形成的。在后现代语境中，"超真实"是对原有"真"与"假"的界限的否定。

市场配置、教育培养等途径建立起具有高文化素质、强专业能力的文化资源创意开发人才队伍。它是宏观的文化产业人才战略的核心组成部分。一般而言，文化产业人才包括文化产业管理人才、文化创意人才、文化产业经营人才、文化产业技术人才、艺术设计人才、文艺编导人才、文艺表演人才、出版业人才、会展业人才、新媒体人才、文化产业教育和研究人才等，其中文化创意人才、艺术设计人才、文艺编导人才构成了文化资源开发才的核心，也是文化产业人才的核心部分。

文化资源的资本化和产业化发展是人类创意和智慧的体现，创意和智力人才是决定其成败最关键和最重要的因素。之所以文化资源大国不等于文化产业大国，其关键的原因在于文化资源开发人才的稀缺。按照我国2005 开始实施的《文化及相关产业指标体系框架》，居于文化产业体系核心层的是电影、电视、出版、文艺表演等"文本"生产和制作行业，是直接把文化资源转化为文化产品的领域，其核心原动力即"创意"。换言之，"在这一产业逻辑中，人才的原创力作为核心（即创意），支撑整个产业外围的扩展，当文化的创造力所能支撑的外围产业达到极限，整个产业的规模、产值及就业拉动也将达上限，产业会内生转型需求，而转型的核心和方向必然是人才发展" ❶。由此可见，人才战略是文化资源产业化开发，也是文化产业开发最基本、最重要、最关键的要素。

（二）人才发展存在的问题

我国当前文化产业人才发展存在诸多问题，其中包括文化资源开发人才战略的问题。在表层上表现为缺乏文化创意的高端人才，缺乏既懂文化又懂产业的复合型的经营管理人才，缺乏文化产业研发的高级技术人才，缺乏具有国际化视野的文化交流传播人才；缺乏把丰富的文化资源转化为文化产业的推广、转化与传播人才；缺乏既懂文化又懂产业的文化产业企业家；缺乏各类文化产业专项技术人才。❷总之，存在文化产业人才总量不足、精英不多、专业性不够、结构不平衡、分布不均匀等问题。

在制度上表现为旧有的人才体制束缚尚未完全打破，人才的市场配置

---

❶ 段莉 . 我国文化产业就业与人才问题研究 [J]. 华中师范大学学报（人文社会科学版），2017（3）：87.

❷ 薛永武，徐文明 . 文化产业人才资源开发 [M]. 北京：北京大学出版社，2016：7-8.

机制尚未有效形成，不利于人才整合流动；知识产权建设和实施的不足，未能发挥人才激励机制作用；❶在文化产业人才培养上存在学校教育和市场需求基本不适应、理论教学和专业实践基本不适应、师资队伍与人才培养基本不适应、科学研究与人才教育基本不相适应等问题❷，它们造成了我国文化产业人才供给的不足。

在社会和观念层面上，尚未形成文化产业人才生态，也就是在社会层面和大众观念上，尚未形成文化、经济、社会综合维度的文化人才评价和认知机制。❸

（三）人才战略内容

要加强政府对文化产业发展的规划与指导，强化文化产业人才核心意识。改革文化产业人事管理制度，制定合理的文化人才法规和政策，完善相应的社会保障，搭建有效的文化人才培育平台，完善知识产权保护工作，发挥市场在人才资源配置中的基础性作用，促进人才合理有序地流动，引导优秀人才集聚到文化建设中来。此外，不仅要强调引进人才，更要积极培育人才、激励人才，培育文化产业人才生态，做到能培养人，能吸引人，能留住人。

加强高校和职业院校文化创意产业的人才培养，开发现有人才资源和培育后备人才资源。确立人才培养目标，即以培养复合型、实践型、创新型和国际型文化产业人才为己任；完善人才培养过程，在专业设置、课程设置和教学实施的过程中，立足实际，紧跟文化产业发展前沿，培养社会和市场所需人才；创新人才培养机制，如通过文化产业项目、校企合作（如一些文学网站和动漫公司在各大高校开展人才"定制"模式）、中外合作等方式提高人才素质和能力。

---

❶ 陈霞.论知识产权与文化产业的发展.[J].首都师范大学学报（社会科学版），2012（6）：68–74.

❷ 黄永林.从资源到产业的文化创意——中国文化产业发展现状评述[M].武汉：华中师范大学出版社，2012：141–143.

❸ 段莉《我国文化产业就业与人才问题研究》（华中师范大学学报，2017年第3期）一文对文化、经济、社会三个维度评价指标的内容进行了界定：文化性指标侧重分析从业人口的创造能力；经济性指标主要评价个体和社会的创意价值变现能力，包括产业人均增加值、就业稳定性、增长率、工资水平等；社会性指标可以分析职业的社会可辨识度、美誉度、影响力等。

二、推动文化资源人才战略的原则

（一）人才开发整体性原则

文化资源人才开发要遵循人才开发的整体性原则，包括三个层面：微观层面家庭和学校的教育性开发，中观层面工作岗位的实践性开发，宏观层面国家人才人事制度的政策性开发。[1]因此，文化资源人才战略的整体性原则，即在宏观层面由国家制定科学合理的文化产业人才政策，在中观层面需文化企业的岗位性实践锻炼和提升，在微观层面需要家庭和学校的良好教育，也需要个人对文化产业具有浓厚的兴趣，具有自我认知、自我定位、自我约束、自我管理和自我激励的能力。[2]简言之，文化资源人才战略的推动，需要政府、学校、企业、社会等多个主体同心协力，吸引、培养和激励优秀文化产业人才，并孕育和激发文化资源创意转化人才。

（二）政府和市场推动机制互补性原则

政府和市场在推动文化资源人才战略方面有各自的特点，应该形成互补。一方面，政府在推动文化资源人才战略上起着主导性作用；另一方面，要区分政府推动人才战略的作用方式，避免过多地以行政方式干涉市场作用机制。政府在人才战略上，注重的是科学的顶层设计，不干涉市场机制直接作用的领域，把精力用在市场调节作用不够或者作用失灵的地方，也就是文化产业环节的"前段和后端"。[3]"前端"即有关文化人才发展的政策、法律保障体系建构、人才质量评估体系等社会环境营造；"后端"即对文化产业人才市场行为的监管，如对"双创"和网络环境文化创作实践的企业和个体行为主体的监管和保障。

地方在进行文化建设和传统文化资源活化时，要遵循文化产业人才市场的规律吸引创意人才。文化产业的特点是轻资产、轻实物、重版权、重数字流动，单单有文化产业园区等实体，而没有轻松的制度和文化创意软性环境和条件，很难吸引人才和培养人才。

---

[1] 王通讯.王通讯人才论集：第 4 卷 [M]. 北京：中国社会科学出版社，2001：16–17.

[2] 薛永武，徐文明.文化产业人才资源开发 [M]. 北京：北京大学出版社，2016：2.

[3] 段莉.我国文化产业就业与人才问题研究 [J]. 华中师范大学学报（人文社会科学版），2017（3）：88.

（三）"宽口径、厚基础"复合型原则

各个类别文化产业人才的目标要求虽各有侧重点，但总体上是一种"宽口径、厚基础"的复合型人才标准，想在文化、管理、艺术、技术等方面都具备专业知识和技能的人才，是"集文化型、产业型、研究型和技术型等多种特质于一体的复合型人才"❶。文化资源创意转化环节，尤其要求从业者在文化、艺术、技术三个核心方面有深厚的功力，才能成为优秀的文化产业人才。因此，需要现行制度、教育和社会环境，有利于提高公民整体的文化、艺术水平，并能激发和调动人们对创意的热爱和兴趣，进而能够运用技术把它们转化为优秀的文化产品。

"宽口径、厚基础"，意味着对文化人才培养是一个长期的过程，除了政府、教育系统提供的人才培养环境和条件之外，尤其重要的是从事文化资源创意开发的主体主动地从文化、艺术和技术等多方面对自己进行投资，使自己能成为一个优秀的复合型人才。

★ 本章小结

文化资源开发有五大基本战略：可持续发展战略、文化资源市场化开发战略、文化资源开发整合规划战略、文化资源开发创新推动战略和文化资源开发人才战略。

实施每个战略，需要坚持相应的原则。实施文化资源开发可持续发展战略，需要坚持坚持文化资源保护和积累为基础原则、文化资源保护和开发相结合原则、经济效益与社会效益兼顾原则、文化多样性和文化自觉原则。

实施文化资源市场化开发战略需要坚持文化资源市场配置为主、宏观调控为辅的原则、文化资源导向与市场导向并重原则、文化资源功能与开发形式相适应原则、文化资源功能与开发形式相适应原则、精品化和品牌化原则。

实施文化资源开发整合规划战略需要坚持聚集与分散均衡原则、整体协调性原则、名实一致原则、特色化原则。

实施文化资源开发创新推动战略需要坚持创新和继承相结合原则、本土化与在地化相结合原则、文化本体和艺术本体原则、原真性与仿真性的辩证原则。

---

❶ 刘慧.新型文化产业人才的培育路径 [J].人民论坛，2011（11）：226.

实施文化资源开发人才战略及相关原则需要坚持人才开发整体性原则、政府和市场推动机制互补性原则、"宽口径、厚基础"复合型原则。

★ 思考与练习

1. 要实现文化资源的合理开发需要哪些方面的战略考虑？

2. 什么是文化资源开发的可持续发展战略？实施此战略的原因及坚持原则有哪些？

3. 什么是文化资源开发市场化开发战略？实施此战略的原因及坚持原则有哪些？

4. 什么是文化资源开发整体规划战略？实施此战略的原因及坚持原则有哪些？

5. 什么是文化资源开发创新推动战略？实施此战略的原因及坚持原则有哪些？

6. 什么是文化资源开发人才战略？实施此战略的原因及坚持原则有哪些？

第四章　文化资源开发评估

把握文化资源开发战略和原则是进行文化资源开发的前提，而要具体开展义化资源开发，还需要对文化资源开发进行评估。成功的文化资源开发取决于科学合理的文化资源开发评估。只有对文化资源进行充分的考察，开展科学的评估，才能相应地给出文化资源开发的具体方案。

文化资源开发评估，涉及对文化资源价值的进一步认知，也涉及综合性、科学性的文化资源价值评估体系的构建。本章节将在对文化资源价值内涵、特征进行分析的基础上，对文化资源价值评估的原则、评估体系和具体操作方法进行详解的介绍，并结合案例加以分析。

需要指出的是，文化资源开发评估是一个综合程度很高、带有一定主观性的系统工程，很难给出一个完全统一、客观的标准。本书主要介绍的是文化资源开发多指标评估方法。

第一节　文化资源价值及其特征

一、文化资源价值内涵

价值是指客体的存在、作用及变化对于主体某种需要的满足，价值与功能相联系。文化资源作为一种内含社会文化意义、能用以从事文化生产和文化活动，具有商品开发价值的物质、符号、活动及纯精神性的存在，其功能和价值是多方面的，包括生态价值、科学价值、艺术价值、经济价值及社会文化价值等。文化资源所具有满足人们各个方面需求的价值，是开展文化资源开发的基础。

经济价值。文化资源的经济价值是指通过对文化资源开发利用所取得的经济效益。它可以分为直接或显性经济价值和间接或隐性的经济价值。前者是通过文化资源开发利用直接产生的经济效益，如历史文化资源的旅游收入、某一传说故事拍摄的电影票房收入等；后者是在文化资源开发利用中间接产生的经济效益，如一部电影拍摄地或者某个地方举办的音乐节间接带动该地区的旅游业从而产生经济效益。

历史价值。文化资源的历史价值主要指蕴含其中的各种经由历史累积下来的政治、经济、科技、军事、文化及民俗习惯等历史信息，可以从时间和空间的维度传递和展现人类文明进程的印迹。诸如文物古迹类的文化资源通常包含着大量的、重要的历史信息，从而具有高度的历史价值。对于一个国家和民族而言，这类文化资源的历史价值往往是无价的；但这种"无价"在特定的情况下可以以价格形式表现出来，如处于拍卖行等交易场所的历史文物。

科学价值。文化资源的科学价值主要指文化资源本身所具有的科学研究价值及其蕴含的用以指导现实社会的科学理论价值。具体而言，文化资源自身蕴含着人类的文明和智慧，是认知现代文明和社会的根源，因而其本身具有高度的科学研究价值；无论是物质形态的文化资源、符号形态的文化资源还是社会活动形态的文化资源，都是人类文化多样性的组成部分，是社会学、人类学、民俗学、历史学乃至文学、哲学的重要研究对象，对理解和指导人类社会的文化形貌和发展规律具有重要的意义。

艺术价值。文化资源的艺术价值是指其所给予人们审美的、欣赏的、陶冶的、愉悦的功能。诸如雕塑、建筑、绘画、书法等文化资源本身就是属于不同类别的艺术；社会活动形态中的仪式、念诵、舞蹈，有的直接表现为艺术形式，有的以一定的艺术规制而创造。

精神价值。文化资源的精神价值则指其所蕴含着一个国家、民族或族群特有的文化心理、价值观念，它们能够凝聚一个国家和民族内部的认同，构筑强大的精神支柱，从而在面对他者或者外来压迫、威胁的时候，起到激励、号召、自尊、自强的作用。

社会价值。文化资源的社会价值主要是指其为社会进步和发展提供的效用。一般而言，一个国家和民族或者区域社会，在进行文化资源开发过程中，都会继承、吸收自身优秀的文化，同时吸收外来优秀的文化，弘扬民族精神，增强国家的文化软实力，促进社会有效、良性、可持续进步和发展。

生态价值。主要从自然生态和环境角度阐释文化资源具有的生态价值，即从事文化资源开发对于自然生态环境改善的功能。

上述文化资源价值从统计学角度来看，又可以分为可度量和不可度量价值。可度量的文化资源价值包括文化资源的经济价值、科学价值和生态价值，我们通常通过市场价格或某些相对客观的统计数据来表示其价值大小。而艺术价值、精神价值、社会价值则相对不可度量，因为这些价值属性是无形的、审美的、精神的、心理的，很难有统一的标准。例如，一项文化遗产的经济价值可以由它带动的地区或者国家的旅游统计数据来呈现，如游客人数、门票收入、酒店和宾馆入住率、景点的消费额等，但实物所承载的历史、文化与事件所引发的人们的情感体验，是文字记载不能代替的。换言之，文化资源"所蕴含的社会文化价值、民族身份认同等象征意义"是很难度量和计算的。❶ 文化资源价值的这两重属性，使文化资源开发评估需要采取科学量化评估和质性评估综合的方法，对可度量的文化资源采取相对科学量化的考察，对不可度量的文化资源价值运用质性的评估方法，最后得出文化资源的总体开发评估情况。

二、文化资源价值的特征

由于文化资源自身形成、构成及功能方式的多样性和复杂性，同时文化资源又与精神和意识高度相关，因此上述文化资源价值呈现潜在性、滞后性、整体性❷、不确定性、差异性、相对性等特征。文化资源价值的特殊性使对文化资源开发进行合理评估十分必要，也使文化资源开发评估变得相对困难。

（一）文化资源价值的潜在性

文化资源价值的潜在性与文化资源本身的文化性和无形性相关。诸如杯子、大米、电脑等具体的对象化的物质产品，比较容易计算其价值。而文化资源，无论是物质形态、符号形态、社会活动形态，其核心价值都是内部承载的文化内涵和要素，其价值是很难直接具体化的。即便诸如绘画、音乐、诗歌、小说等文化产品的经济价值可以通过版权或市场交易确定，但是它们所具有的升华思想、醇化道德、陶冶情操、凝聚人心的审美价值、社会文化价值，却是潜在和无法量化的。

---

❶ 刘庆余，李娟，张立明，等. 遗产资源价值评估的社会文化视角 [J]. 人文地理，2007（2）：99.

❷ 潜在性、滞后性、整体性为胡兆量所概括的文化资源价值特征，参见：胡兆量. 文化资源价值的三个特性 [J]. 北京联合大学学报（人文社会科学版），2004（3）：49.

（二）文化资源价值的滞后性

文化资源价值是在历史过程中积淀形成的，其价值的释放、被认知与肯定，又往往需要更长的时间，因而具有滞后性特征。文化资源价值的滞后性和供需规律与古董效应、人们的认识过程、消费高层次化三方面有关系。❶ 所谓"供需规律与古董效应"，即文化资源价值需要经过长时间的积淀，往往具有物以稀为贵的特点，形成"古董效应"，供不应求，其价值不是按照普通商品的价值规律来表现，而以"价值连城"或者"无价之宝"来形容。例如，绘画、雕塑、建筑等文化资源的原真品是独一无二的，具有不可再生性，经历一定时间的沉淀后，会变成"古董"，价值通常会成倍增长。

这种价值的实现还需要人们认识角度的转化和认识深度的深化。所谓"白鹭立雪，愚者看鹭，聪者观雪，智者见白"❷，反映的是人们看待事物的角度和深度的不同使事物呈现的面貌和价值有差异。文化资源价值的实现同样受制于此。巴赫、梵高的等艺术大师所创作的作品身前都不被世人认可，他们自身在世时穷困潦倒，但随着时间的流逝及人们对音乐和绘画认识水平的提高，他们创作的宝贵的作品价值逐渐被发现。人们感叹"音乐欠巴赫一大笔债务"（罗伯特·舒曼），封其为超越时空最具创造性和伟大的作曲家之一；而对于梵高，人们感叹其艺术"是献给将来的"，并确认他为西方艺术史上"表现主义"的艺术先导，其作品在他逝世近100年后成为世人天价竞购的对象。

文化资源价值的实现还需要人们消费层次的提高。人们只有在解决了基本的温饱和安全需求后，才能发展出对文化艺术等高层次消费的需求，由此文化才能成为产业意义上的文化资源，被用来开展文化生产。古语所谓"仓廪足而知礼节"，说明了文化资源价值实现属于高层次的精神需求，要在物质需求满足的基础上才能实现。❸

---

❶ 胡兆量.文化资源价值的三个特性[J].北京联合大学学报（人文社会科学版）.2004（3）：50–51.

❷ 林清玄.白鹭立雪[J].文苑，2015（32）：8.

❸ 心理学家马斯洛夫提出了需求层次概念，将人们的需求分成7个层次。生理、安全、归属、尊重、认知、审美、自我实现。低层次是物质需求，高层次是精神需求。一般情况下，只有在低层次需求满足后才会发展出高层次的需求，所谓"仓廪实而知礼节"。

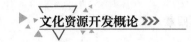
（三）文化资源价值的整体性

绝大多数的文化资源都是与环境、社会及相关文化联系在一起的。文化资源价值往往通过整体性的关联才能实现。单一的文化资源价值会大打折扣。例如，一些知名的历史街区之所以被人们赋予很高的价值，不仅在于这个街区建筑本身的完好性，还在于这个街区建筑的整体格局、自然环境乃至所处社会文化环境的良好，只有整体性强的文化资源，其价值才能彰显。

（四）文化资源价值的不确定性

文化资源价值的不确定性特征，主要指同一文化资源在不同的历史阶段，由于政治、经济等因素，表现出不同的社会属性，从而造成其价值的不确定性。以山西芮城的永乐宫为例，它是我国现存少有的元代建筑。元代崇尚道教，因此道教建筑具有一定的代表性。之后的明清时代，甚至佛教的影响远远超过道教。因此，永乐宫作为道教建筑，在明清时代其价值具有相当大的不确定性。

（五）文化资源价值的差异性

文化资源价值的差异性特征，是指不同地区的文化资源具有很大的差异性，适应某个地区文化资源价值评估的指标和体系未必适应另一个地区文化资源的价值评估，从而给文化资源价值评估带来了难度。例如，我国云南、贵州、新疆、西藏、广西等少数民族聚居的地区既有丰富的文化资源，又有着巨大差异。对于评估人员而言，他们很难在不同的民族文化资源之间做出精确的价值度量。

（六）文化资源价值的相对性

文化资源价值的相对性特征与文化的相对主义直接相关。美国人类学家博厄斯从种族平等的立场出发，主张每个民族的文化都是其具体历史发展的产物，都有其独特的存在价值和意义，对其进行评价是没有意义的。❶换言之，对某一人群有价值的文化或文化资源，对另一人群也许没有价值。例如，在云南少数民族地区流行的阿诗玛的传说对于东部地区就是"别人"的故事。文化资源价值的相对性特征，需要我们在开展文化资源评估的时候关注文化资源所属人群的效用差异。

---

❶ 博厄斯. 人类学与现代生活 [M]. 刘莎，等，译. 北京：华夏出版社，1999：163.

（七）文化资源价值的相类可比性

同一类型或相近类型的文化资源价值具有可比性特征。例如，宫殿建筑遗产与傣族泼水节作为文化资源，其价值难以比较，但是北京故宫和沈阳故宫就具有可比性，它们都属于历史建筑类的物质文化资源，甚至细分层面上都是明清宫殿建筑，因此是可以相互参照的文化资源，在对一方开展评估时，另一方可以成为评估参照体。

文化资源所蕴含的这些价值是进行文化资源开发的基础和必要条件，但并非充分条件。要使文化资源所蕴含的这些价值转化为文化资本，产生更广泛的社会经济效益，还要具备其他相应的开发条件。因此，要对文化资源开发进行全方位的评估：不仅是对文化资源本身的评估，还是对相应的开发条件、开发潜力和效益预期等方面的评估。

第二节　文化资源开发评估的具体内容

一、文化资源开发评估的概念、范围和对象

（一）文化资源开发评估概念

文化资源开发评估 [1]，是指通过建立科学合理的评估指标体系，运用合理的评估方法和过程，对区域范围内的特定文化资源现状、文化资源价值、开发条件、开发潜力和开发效益进行评估，从而为文化资源的开发利用提供依据。

换言之，文化资源要实现其价值，不仅要对文化资源价值本身进行评估，还要对开发条件、开发潜力及可能产生的各种效益进行评估。只有开发条件具备、开发潜力充分、预期效益良好，文化资源所蕴含的价值才能转化为现实的生产力。

（二）文化资源开发评估的范围和对象

在目前已经出版和发表的各类文化资源开发评估的相关研究成果中，

---

[1] 相关研究都用"文化资源价值评估"来概括，为了区分狭义的文化资源价值评估，本书以"文化资源开发评估"来概括，它不仅包含了对文化资源和文化资源价值本身的评估，还包含了对文化资源开发条件、开发潜力和效益预期等方面的评估内容。

无论是总体性文化资源开发评估，还是类别性文化资源开发评估，大多以一定区域作为评估范围。这个区域可以是省域范围，也可以是市域范围，还可以是县域范围，甚至可以是村落范围或某一景区，当然也可以是国家范围。本书所针对的评估范围，主要是市域和县域级别的。

就具体的评估对象而言，有几种情况。第一种是对某一区域范围内所拥有的全部文化资源进行综合性评估，以确立区域文化资源的整合开发。这种评估通常是针对文化资源比较丰富但分散，未进行文化资源整合开发或开发不足的区域。第二种是对某区域范围内的某一单项文化资源或文化资源组合进行开发评估，如某一名人、某一手工艺品、某一传说故事、某一建筑遗产、某一文化遗产或它们的组合。这种单项或组合的评估通常是针对文化资源相对稀缺的区域，以帮助其建立以某一文化资源为主的文化产业链或者文化品牌。第三种是直接对已经是文化品牌的风景名胜区、文化名城、艺术名乡、文化名村或者各级政府确定的重点文物保护单位进行评估。这种评估通常是为了掌握和解决已有文化资源开发中存在的问题，以引导该区域更好地进行文化资源的开发、运营和发展。

二、文化资源开发评估的原则和意义

（一）文化资源开发评估的原则

由于文化资源本身具有物质和精神的双重属性，文化资源价值也具有可度量和不可度量的属性，同时还受到开发条件和开发预期的限制和影响，因此对文化资源开发进行评估，需要遵循以下几个原则。❶

第一，客观性原则。客观性原则是文化资源价值开发评估的首要原

---

❶ 在文化资源开发评估原则上，有如下几种主要的论述："云南县域文化资源评估指标研究"课题组概括为"规范性与特殊性相结合、现实性与前瞻性相结合、全面评估与重点评估相结合、定性评估与定量评估相结合、社会效益与经济效益相结合"（江蓝生，谢绳武. 2003 年：中国文化产业发展报告 [M]. 北京：社会科学文献出版社，2003：354）；张金磊概括为"客观性、规范性和特殊性相结合、现实性和前瞻性相结合、全面评估和重点评估相结合、定性评估和定量评估相结合、社会效益和经济效益相结合"（张金磊. 文化资源的价值评估：以多伦诺尔县文化资源为例 [D]. 呼和浩特：内蒙古师范大学，2014：20–21）；王广振等概括为"客观性原则、地方性原则、定性与定量相结合的原则、全面整体原则"（王广振，曹晋彰. 文化资源的概念界定与价值评估 [J]. 人文天下，2017（7）：27–32）。笔者在此基础上，对文化资源开发评估原则进行进一步的综合概括和论述。

则。一方面，文化资源价值本身具有相对性、差异性、不确定性等特征，使文化资源开发评估无法做到完全的客观；另一方面，评估主体本身受到自身思维模式、情感偏好和价值取向的限制，多少会影响文化资源价值开发评估的客观性。因此，在进行文化资源开发评估的时候，尽量利用客观化、科学统计的方法，改善评估方法，设计客观的评价指标、指标体系，通过科学地抽样获取样本和数据，提高评估数据的科学性和客观性。

第二，定性和定量评估相结合原则。由于文化资源价值内涵不同，呈现出可度量和不可度量的双重属性，决定了评估方法定量和定性相结合的评估原则。对于能够直接量化评估的价值，尽量采用定量方法；对于相对不可度量的价值，采用定性基础上的量化处理，以获取评估数值。具体来说，"指标体系的设计应在定性分析的基础上，再进行量化处理。对于缺乏统计数据的定性指标，建议采用'评分法'，最大限度地使其接近或达到量化标准。只有通过进一步量化，才能较为准确地揭示文化资源的价值分布形式" ❶。

第三，普遍性和地方性相结合原则。文化资源的产业化开发具有一般性的规律，因此对于文化资源开发评估也有一套相对普遍使用的规范、指标和体系。但是各个地区和民族的文化资源又往往具有独特性，同时区域文化资源评估的一个重要任务"就是考察当地文化脉络中的主流成分的传承能力"❷，因此，对区域文化资源进行评估还应该充分注意其地方特色文化资源和优势文化资源。在评估指标的设计和选择上，应该对其有深入和全面的考虑，充分评估其在区域社会经济文化发展中的地位和影响，同时还要考虑区域开发条件。以浙江龙泉为例，龙泉拥有众多文化资源，但最具特色的和优势的文化资源是龙泉青瓷和龙泉宝剑。在地理位置上，龙泉处于长三角地区，各种开发条件相对便利，因此用于文化资源开发评估的许多指标便不适合交通不便的民族地区。与此同时，普遍性和地方性相结合的原则，也意味着整体性和重点性评估相结合。对于一种区域文化资源而言，一方面，要用普遍性原则对区域文化资源进行全面、整体性评

---

❶ 任玉平. 文化资源开发效益评价的指标体系研究 [J]. 太原大学学报，2008（2）：6.

❷ 王广振，曹晋彰. 文化资源的概念界定与价值评估 [J]. 人文天下，2017（7）：30.

估，掌握该区域文化资源与地方社会政治、经济文化发展关系的总体面貌；另一方面，要用地方性原则对区域内特色和优势文化资源进行重点评估。

第四，经济效益和社会文化效益相结合原则。由于文化资源开发不仅会产生经济效益，也会在文化传承传播、民族认同、社会教化等方面产生效益，因此，在对文化资源开发进行评估的时候，"一方面要对其预期产生的经济效益进行预测评估，另一方面也要对其可能产生的社会效益进行相应评估" ❶。

第五，现实性和趋势性相结合原则。文化资源是在人类历史发展过程中积淀形成的，具有现实性，但文化资源价值也具有潜在性、滞后性和不确定性，其价值的实现需要一定内在和外在的条件，具有动态性。因此，在进行文化资源价值开发评估的时候，其指标的设定既要注重文化资源的现实状况，如文化资源数量和品质等，又要注重该区域文化资源价值实现趋势预测的评估，如当地文化资源开发条件。

（二）文化资源开发评估的意义

文化资源开发评估是文化资源开发的前提和基础，对于区域文化资源开发具有重要意义。

第一，通过文化资源开发评估，掌握区域现有文化资源总体状况，明确区域特色文化资源和优势文化资源，了解濒危文化资源，明确文化资源开发的相关条件，从而厘清优先和重点开发与保护的文化资源。

第二，通过文化资源开发评估，为文化资源开发方案的制定提供决策依据，明确产业开发的目标、重点和方向，促进区域文化资源科学合理开发，促进区域文化产业品牌效应的形成，从而带动区域社会经济文化的发展。

第三，通过文化资源价值评估，对外吸引文化产业投资和市场，对内提升对文化资源的认知和信心，增强文化行动力和创造力，从而为区域文化产业发展奠定内生力和外生力，促进其可持续、可循环发展，形成有资源、有资金、有市场、有人才的完善的健康的区域文化产业发展

---

❶ 张金磊. 文化资源的价值评估：以多伦诺尔县文化资源为例 [D]. 呼和浩特：内蒙古师范大学，2014：21.

模块。

三、文化资源开发评估的程序、指标及方法

（一）文化资源开发评估基本程序

（1）区域性资源调查。对文化资源进行分类，确定资源类别及数量，并作出定性的描述，同时编号便于统计。

（2）依据资源现状确定相应的评估对象。

（3）针对评估对象选择适宜的评估指标、评估类别和方法。

（4）根据评估指标和方法设定评分等级标准。可用百分制，也可用10分或5分的等级制。

（5）按照设定等级标准得出相应分值。需考虑资源特殊吸引力（如名誉称号、区域品牌等）、附加值。所得分值可划分为若干级。例如，把资源分为：＞100分，特级；99~80分，一级；79~60分，二级；59~40分，三级；39~20分，四级；＜20分，五级。

（6）加权处置。根据资源类别及其特色，对于不同指标确定相应权重系数，得出单项评估结果。

（7）建立数学模型演算出多重评估综合结果。

（8）评估结果的处理。可建立文化资源信息系统数据库。以评估结果为根据作出结论，为文化资源的保护或开发的方式及规模提供科学依据。❶

（二）文化资源开发评估指标

无论是采用何种方法进行评估，都要先明确评估的指标和要素。国内已有的文化资源开发评估指标主要包括文化资源品质、文化资源开发条件、文化资源开发预期三个一级指标，并在它们之下分别设置二级指标、三级指标、四级指标，以形成区域文化资源价值开发评价指标的总体框架（表4-1）。

---

❶ 施惟达，窦志萍，郑海，等.云南县域文化资源的评估体系指标研究[M]//江蓝生，谢绳武.2003年：中国文化产业发展报告.北京：社会科学文献出版社，2003：349–359.

表 4-1　文化资源开发评估指标框架

一级指标	二级指标	三级指标	四级指标
资源品质	文化资源品相	独特性	稀有度；传承度；珍奇度；再生度
		稳定性	适应度；抗击度；变异度
		完整性	外观状态；原真度；存量；濒危程度
		规模性	丰厚度；密度；广度；频度
		知名度	知晓度；辐射力；感召力
	文化资源价值	历史价值	时间久远度；保护等级
		审美价值	观赏性；品味性；协调性；新奇度
		文化价值	内涵深度；传承范围
		社会价值	凝聚力；认同度；教化；
		科学价值	学术意义；保存价值；普及程度
		生态价值	自然生态保护度；人文生态保护度
开发条件	基础条件	区位状况	地理区位；经济区位；文化区位；邻近中心城市
		经济状况	经济发展水平；财政收支状况；居民收入水平；居民消费水平；文化产业占比；文化产业消费占比
		交通状况	航空交通；铁路交通；公路交通，水路交通
		相关设施	基础设施；文化设施
	资源条件	人力资源	当地劳动力；文化产业从业者
		政策资源	各个级别文化政策；不同领域文化政策
		产业资源	旅游业；休闲业；娱乐业；商业；手工业；相关产品供应
		资金条件	政府资金投入；社会资金参与；外来资金引进
		社会资源	民众认可度；民众参与度
开发预期	市场预期	现有市场	市场区位；市场规模；市场份额；消费人群
		潜在市场	市场区位；市场规模；市场份额；消费人群
	效益预期	社会效益	民众素质提高；区域形象塑造；娱乐性
		经济效益	效益回收期；效益回报率；经济贡献度
		文化效益	文化安全；文化传承；文化保护；文化传播；文化发展
		环境效益	人文环境保护度；自然环境保护度；环境可持续发展

1. 资源品质评估指标

该指标主要是针对文化资源本身的品质和其中所蕴含的各种可开发利用的价值进行定性定量综合性评估。资源品质一级指标由文化资源品相和文化资源价值两个二级指标构成。文化资源品相是指文化资源的主要特征和基本属性，包括文化资源独特性、稳定性、完整性、规模性、知名度五项三级指标，它们各自还可以发展四级、五级指标。文化资源价值包括历史价值、审美价值、文化价值、社会价值、科学价值、生态价值，通过对这些价值的评估来预测该文化资源产业开发可能带来的经济价值。它们各自还可以发展四级、五级指标。

2. 开发条件评估指标

该指标主要是针对文化资源的所在地进行文化资源开发所能提供的各类支持条件的评估，一般由基础条件和资源条件两个二级指标构成。基础条件是该地区开展文化资源开发的基础性条件，包括区位状况、经济状况、交通状况、相关设施等三级指标，它们各自根据实际情况发展四级、五级指标。资源条件是该区域进行文化资源开发的必要条件，包括人力资源、政策资源、产业资源、资金条件、社会资源，它们也可以根据实际情况发展四级、五级指标。

3. 开发预期评估指标

预期评估指标是对文化资源开发后各种预期的分析，一般包括市场预期和效益预期。市场预期包括对现有市场和潜在市场的预期两个三级指标，它们可以发展出市场区位、市场规模、市场份额、消费人群四级指标；效益预期包括社会效益、经济效益、文化效益、环境效益四个三级指标，它们也可以发展出四级、五级指标。

（三）文化资源开发评估实施方法

建立上述评估指标后，需要选择合适的评估方法来收集资料，实施评估。评估的方法按照不同的标准可分为许多种类。

按照评估资料获取的基础性与专项性可分统计报表评估和问卷调查法评估。统计报表评估，即对文化资源的基础资料进行收集和整理，是开展文化资源价值评估的基础，能获得翔实的第一手资料，适用于了解文化资源的数量、种类、分布等品质方面数据的评估。根据已有研究，统计报表评估体系包括文化资源统计台账、文化资源定期异动报表、文化资源存量报表、文化资源普查表四个方面。

按照主观性的强弱可将其分为定性评估方法和定量评估方法。❶

按照评估主体分为专家系统评价（其中常见的是德尔菲法）❷和 PRA（参与式评估）❸方法。前者主要是由专家按照一定的程序对各项指标进行评估；后者主要是由调查人员深入当地，由当地民众按照一定的程序对各项指标进行评估。

按评估对象适合度主要有体验性评估和技术性评估。❹体验性评估主要是选择专家、当地人和外来消费者，根据自身体验对相关指标进行评估打分，最后对不同人群评估数据结果进行加权平均，得出评估结论。此种评估类别比较适用范围比较广及文化资源品质方面指标评估。技术性评估运用"专业的、相对较强技术性评估程序的操作进行评估"❺，比较适合开发条件、开发预期方面的评估。

此外，还有一种多指标综合评估法，它是将多个描述被评估对象不同方面的量纲、定性和定量指标，转化为无量纲的评估值，并综合这些评估值以得出对该评估对象的一个整体结论。❻需要指出的是，"在具体的文化资源价值评估实践中，文化资源价值评估体系的不同指标因子往往需要不同的评估类型，同一指标因子有时也需要多种评估类型的组合运用。而

---

❶ 刘焕庆，王慧玲，温艳玲 . 文化与民俗旅游开发理论与实践 [M]. 北京：科学出版社，2012：67.

❷ 所谓"专家系统"，是一个系统论的基本概念，即通过对多名专家的意见征询，经过科学合理的总结评审，最后作出评价。其通常用的方法是德尔菲法。

❸ PRA 是 Participatory Rural Appraisal 的简称，中文为参与式农村评估方法，是一套通过动员当地群众快速搜集村庄资源、发展状况、民众意愿并评估其发展途径的田野调查方式。原来主要是世界银行组织、发达国家在开展第三世界国家发展项目的时候使用，现在被越来越多地应用到各种与社区发展相关的调查中。有兴趣的读者可进一步查阅这方面的专门书籍阅读学习。

❹ 施惟达，窦志萍，郑海，等 . 云南县域文化资源的评估体系指标研究 [M] // 江蓝生，谢绳武 . 中国文化产业发展报告 2003. 北京：社会科学文献出版社，2003.

❺ 张金磊 . 文化资源的价值评估——以多伦诺尔县文化资源为例 [D]. 呼和浩特：内蒙古大学，2014：22.

❻ 牛淑萍 . 文化资源学 [M]. 福州：福建人民出版社，2012：105.

每一种评估类别或选择单一的方法，或选择组合的方法，视其实际情况而定"❶。例如，对单一对象的单项评估可以选择问卷或体验等单一的方法进行评估，对于一个区域内部多对象文化资源的评估则需要多种方法的组合。上述多指标综合评估方法，是一种比较综合、适应度比较大的文化资源开发评估方法，也是目前使用得最为普遍的文化资源开发评估方法。

第三节 文化资源开发多指标评估案例分析
——以衢州孔庙为例 ❷

一、衢州及文化资源概况

衢州市位于浙江省西部、钱塘江源头、浙闽赣皖四省边际，市域面积8844 平方千米，辖柯城、衢江 2 个区，龙游、常山、开化 3 个县和江山市，人口 257 万人。❸其中市区人口 80 万人，下辖柯城区、衢江区、江山市、龙游县、常山县和开化县。衢州是国家历史文化名城，自东汉初平三年（公元192 年）设新安县，至今已有 1800 多年的建城历史，目前拥有 2 个中国优秀旅游城市（衢州、江山），2 个旅游经济强县（龙游、江山），6 个旅游强镇，17 个旅游特色村；有省级以上旅游度假区 1 家；全市拥有星级饭店 39家，其中四星级 8 家；旅行社 77 家；1 处世界自然遗产地（江郎山）；1 处国家级风景名胜区（江郎山）；2 处全国工农业旅游示范点；22 处 A 级旅游区，其中 4A 级旅游区 7 处（江郎山、龙游石窟、廿八都、根博园、清漾、药王山、天脊龙门）。

二、衢州文化资源开发总体条件

衢州交通区位优越，特色优势鲜明，是极具后发优势的发展中地区，有着独特的文化资源开发背景。

---

❶ 张金磊.文化资源的价值评估——以多伦诺尔县文化资源为例 [D]. 呼和浩特：内蒙古大学，2014：22.

❷ 本案例由浙江师范大学文化创意与传播学院文化产业管理专业 111 级叶梦婷提供。笔者引用时，进行了修改补充。

❸ 数据参见衢州市人民政府官方网站。

衢州是浙闽赣皖四省边际交通枢纽，素有"四省通衢、浙西门户"之称，民航、铁路、公路、水运交通网络齐全。浙赣铁路横贯全境，杭金衢高速公路和高铁都已经开通。作为长三角区域南部联结闽南三角洲、珠江三角洲和中西部地区的一大节点城市，衢州既具有长江三角洲地区的先发优势，又直接面向中西部的广大市场，发展腹地广阔，发展潜力无限。

衢州山川秀美，地貌多姿，景点丰富，形成了以"圣、神、奇、秀、谜、源"为特色的旅游资源，是生态休闲度假胜地，代表性的景点有南宗孔氏家庙、烂柯山、龙游石窟、江郎山（江郎山风景名胜是国家重点风景名胜区、国家 4A 级景区，也是世界自然遗产地）、钱江源等。衢州有 160 多万农民和城镇劳动力，人力资源素质较高，拥有各类专业技术人才 10.6 万人；拥有包括造纸、建材、化工等各类中等专业学校 40 所、职业高中 34 所，每年为社会输送各类职业技术人才 1.2 万人。

衢州是浙江省重要的生态屏障，森林覆盖率达 70.9%，是林业部两个国家级林业示范基地之一、全国 9 个生态良好地区之一，境内大气环境质量全年达到二级标准。2002 年，衢州成为国家生态示范区建设试点城市，2003 年又在浙江全省率先启动生态市创建工作。良好的生态已成为衢州参与区域竞争最宝贵的资源。

衢州工业基础较好，是全国最大的氟化工基地，有"中国氟都"之称；是浙江省重要的建材基地、特种纸基地和精密轴承生产出口基地；矿山风动机械的市场占有率位居全国前列；单晶硅、有机硅、超细钙等新型材料位居全国同行业前列；市场占有率位居全国第一的工业产品有 40 多个。衢州是农业大市和浙江省最大的绿色农产品基地，是浙江省的商品粮、商品猪、用材林基地和重点柑橘产区，开化的龙顶茶，常山的胡柚、食用菌，江山的蜂产品、猕猴桃，衢江、柯城的椪柑，龙游的食用笋竹等特产闻名遐迩。全市无公害特色、绿色农产品基地达 100 多万亩，享有 17 个中国特产之乡的美誉，有 162 个农产品被评为省、市级绿色农产品。第三产业发展较快。衢州是中国优秀旅游城市，商贸、物流等第三产业发展势头强劲。

三、衢州孔庙文化资源开发评估

限于篇幅，本书以衢州孔庙一处作为对象，对其文化资源开发评估指标体系及方法进行说明。

衢州孔庙，即衢州南宗孔氏家庙，是全国仅有的两座孔氏家庙之一。其位于衢州市区府山街道新桥街，是全国仅存的两个孔氏家庙之一，素称"南宗"，为全国重点文物保护单位。据史料记载，公元1128年孔子第48代嫡孙孔端友，负着孔子和孔子夫人的楷木像，离开山东曲阜，随宋高宗南渡。后敕建孔氏家庙于衢州，比拟山东曲阜而建造，占地约20亩。整个古建筑群肃穆凝重，拥有完整的家庙建筑、南孔家庙文物、南孔家庙历史。因为这座孔庙，衢州也享有"南孔圣地"之称。

（一）评估指标体系设计

参照前述文化资源开发评估指标体系，对衢州孔庙文化资源指标进行设计，大致包括资源品相、资源价值、资源效用、发展预期、传承能力五个一级指标。资源品相侧重于资源的基本属性，资源价值侧重文化资源产业化开发的价值，资源效用侧重于文化资源所带来的效用，发展预期侧重于产业化开发的条件和能力，传承能力侧重于文化资源产业化开发的可持续能力。❶指标体系的设计遵循树形设计的原则，从综合评价的角度，给定模拟分值，总分值设计为800分（表4–2）。

分值的分配主要考虑的是资源指标权重的问题。例如，对旅游资源的评价，资源品相和资源价值就会高一些；而对于文物古迹来说，发展预期分值就会高一些。这与资源的种类及评价的标准存在高度关联。

表4–2 衢州文化资源评估指标体系

一级指标	二级指标	具体内容	标准得分	总分值	权重
资源品相	文化特色	地域性、历史性、差异性	50	200	25%
	保存状态	保存数量、质量	30		
	知名度	媒体提及率，公众提及率，辐射范围	40		
	独特性、稀缺性	强、较强、一般、差	60		
	分布范围	国际、国内、省内、市区	20		

---

❶ 黄雪英.闽西文化资源评估与文化资源开发[J].闽西职业技术学院学报，2008（4）：2-3.

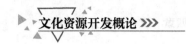

续表

一级指标	二级指标	具体内容	标准得分	总分值	权重
资源价值	文化价值	内涵深度、传承范围、启发教育、保存意义	30	200	25%
	时间价值	历史久远性、稀缺性	30		
	消费价值	旅游价值、教育价值、科学价值、审美价值	40		
	遗产保护等级	世界级、国家级、省级、市级	40		
	资源开发价值	强、较强、一般、差	60		
资源效用	社会效用	区域形象塑造，文化资源传承、民众素质提高	30	160	20%
	经济效用	好、较好、一般、差	20		
	公众道德	好、较好、一般、差	20		
	民间风俗礼仪	强、较强、一般、差	20		
	资源消费人群	国际、国内、省内、市内	40		
	资源市场规模	国际、国内、省内、市内	30		
发展预期	资源属地的经济发展水平	地区生产总值、财政收入，人均国民收入、居民消费水平	40	80	10%
	交通运输便利程度	距中心城市距离，公路等级、交通工具、资源内部密集度	20		
	生活服务能力	二星、三星、四星、五星	10		
	商务服务能力	好、较好、一般、差	10		
传承能力	资源规模	1、2、3、4、5、6、7、8、9、10	40	160	20%
	资源综合竞争力	强大、较强、相同、较弱、很弱	40		
	资源成熟度	非常成熟、不太成熟、成长中、幼稚	40		
	资源环境	很好、较好、一般、较差、很差	40		

（二）评价步骤方法

（1）明确评价对象。

（2）建立评价指标体系。

（3）定性与定量指标评价值的确定。评价体系中，基础指标评价值分为定性指标评价值和定量指标评价值。指标取值范围规定为0~100，对于定性指标采取模糊数学方法处理。

（4）确定评价指标权系数，采用统计均值法。

（5）确定指标间合成关系，采用加法合成，求综合评价值。❶

（6）根据评价过程得到的信息，进行系统分析和决策。❶

（三）开展评估及结果 ❷

1. 资源品相指标的评估

衢州孔庙文化特色评估见表4-3。

表4-3　衢州孔庙文化特色评估

文化特色	标准得分	本案得分
地域性	15	12
历史性	20	16
差异性	15	11

评估依据：衢州孔氏家庙，具有700多年的历史，始建于南宋，历经三迁三建。宋宝祐元年（1253年）始建，明正德十五年（1520年）迁于现址。2000年5月，衢州市人民政府主持复建的家庙西轴线与孔府竣工。它区别于官方和民间设立的祭祀孔子的庙宇。

---

❶ 黄雪英 . 闽西文化资源评估与文化资源开发 [J]. 闽西职业技术学院学报，2008（4）：2-3.

❷ 本评估依据笔者和学生搜集、调查的各种资料，模拟专家组进行文化资源开发评估课程实践，目的是为学习者进行课堂模拟评估提供一个参照。由于篇幅所限，本书不对具体的评估过程进行呈现，只呈现评估结果及大致的评估依据。另外，衢州孔庙属于名人文化资源，其直接评估参照对象是同为孔子家庙的山东曲阜孔庙。

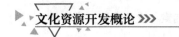

衢州孔庙保存状态评估见表4-4。

表4-4　衢州孔庙保存状态评估

保存状态	标准得分	本案得分
保存数量	15	15
保存质量	15	10

评估依据：南方唯一的孔子家庙。家庙思鲁阁正殿的孔子及亓官夫人楷木像确定为汉代以前的文物，是孔府最珍贵的祖传瑰宝。正品在南宗家庙度过860多年后，曾于1960年国庆11周年时被借给北宗曲阜孔氏家庙落脚。现在衢州孔氏家庙思鲁阁神龛中的孔子及亓官夫人楷木像是北宗奉送的复制品。

衢州孔庙知名度评估见表4-5。

表4-5　衢州孔庙知名度评估

知名度	标准得分	本案得分
媒介提及率	15	9
公众提及率	15	9
辐射范围	10	4

评估依据：相较北宗曲阜孔氏家庙，南宗衢州孔庙的媒介、公众提及率都比较低。

衢州孔庙独特性评估见表4-6。

表4-6　衢州孔庙独特性评估

独特性	标准得分	本案得分
强	60	60
较强	40	
一般	30	
差	20	

评估依据：其是全国也是全世界现存两座孔子家庙之一，即孔子后裔奉祀孔子等列祖列宗的地方，有明确的历史记录。建筑殿阁雄伟完整，有佾台、大成殿、东西两庑、崇圣祠、圣泽楼、报功祠等。大殿内有孔子座像，其子伯鱼像和孙子思立像，东西两庑祀十二哲、中兴祖孔仁玉及孔传、孔端友。另外，有包括康熙皇帝撰写的"万世师表"匾额在内的十余块历代皇帝御书匾额等。

衢州孔庙资源辐射范围评估见表4-7。

表4-7　衢州孔庙资源辐射范围评估

辐射范围	标准得分	本案得分
国际	20	
国内	15	15
省内	10	
市内	7	

2. 资源价值指标评估

衢州孔庙文化价值评估见表4-8。

表4-8　衢州孔庙文化价值评估

文化价值	标准得分	本案得分
传承范围	7	4
内涵深度	6	4
启发教育	8	8
保存意义	9	9

衢州孔庙时间价值评估见表4-9。

表4-9　衢州孔庙时间价值评估

时间价值	标准得分	本案得分
历史久远性	10	8
稀缺性	20	18

衢州孔庙消费价值评估见表4-10。

表4-10　衢州孔庙消费价值评估

消费价值	标准得分	本案得分
旅游价值	15	12
教育价值	5	5
科学价值	5	3
审美价值	15	12

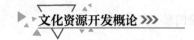

衢州孔庙遗产保护等级评估见表4-11。

表4-11　衢州孔庙遗产保护等级评估

遗产保护等级	标准得分	本案得分
世界级	40	
国家级	30	30
省级	20	
市级	10	

衢州孔庙资源开发价值评估见表4-12。

表4-12　衢州孔庙资源开发价值评估

资源开发价值	标准得分	本案得分
强	60	60
较强	40	
一般	30	
差	20	

3. 资源效用指标评估

衢州孔庙效用价值评估见表4-13。

表4-13　衢州孔庙效用价值评估

二级指标	评价标准	标准得分	本案得分
社会效用	区域形象塑造，文化资源传承、民众素质提高	30	20
经济效用	好、较好、一般、差	20	15
公众道德	好、较好、一般、差	20	20
民间风俗礼仪	强、较强、一般、差	20	10
资源消费人群	国际、国内、省内、市区	40	30
资源市场规模	国际、国内、省内、市区	30	20

4. 发展预期指标评估

衢州孔庙预期价值评估见表 4-14。

表 4-14 衢州孔庙发展预期评估

二级指标	评价标准	标准得分	本案得分
资源属地的经济发展水平	地区生产总值、财政收入，人均国民收入、居民消费水平	40	30
交通运输便利程度	距中心城市距离，公路等级、交通工具、资源内部密集度	20	20
生活服务能力	二星、三星、四星、五星	10	5
商务服务能力	好、较好、一般、差	10	8

5. 传承能力指标评估

衢州孔庙传承能力评估见表 4-15。

表 4-15 衢州孔庙传承能力评估

二级指标	评价标准	标准得分	本案得分
资源规模	1、2、3、4、5、6、7、8、9、10	40	20
资源综合竞争力	强大、较强、相同、较弱、很弱	40	20
资源成熟度	非常成熟、较成熟、成长中、不成熟	40	20
资源环境	很好、较好、一般、较差、很差	40	30

6. 评估结论

根据上述评估，衢州孔庙文化资源开发价值评估如下：

（1）资源品相测量（表 4-3~ 表 4-7）：资源品相总分 =161

（2）资源价值测量（表 4-8~ 表 4-12）：资源价值总分 =173

（3）资源效用测量（表 4-13）：资源效用总分 =115

（4）资源预期测量（表 4-14）：资源预期总分 =63

（5）资源传承测量（表 4-15）：资源传承总分 =90

总分为 602 分（满分 800 分），处于 B 级 ❶ 水平。

---

❶ 700~800 分为 A 级（优秀），600~699 为 B 级（良好），500~599 为 C 级（一般），400~499 分为 D 级（较差），400 分以下为 E 级（差）。

总体而言，衢州孔庙独特的历史性、稀缺性和文化性等，使其资源品相和价值较高。同时，衢州作为国家级历史文化名城，不仅自身具有深厚的文化底蕴，而且还具有全国优质的自然生态环境及区位交通等基础服务系统，"城市即旅游，旅游即城市"的全域旅游发展战略为衢州孔庙的开发提供了基础条件。

★ 本章小结

文化资源具有满足人们各个方面需求的价值，包括经济价值、历史价值、科学价值、艺术价值、精神价值、生态价值、社会价值等，是文化资源开发的基础。

文化资源开发评估，是指通过建立科学合理的评估指标体系，运用合理的评估方法和过程，对区域范围内的特定文化资源现状、文化资源价值、开发条件、开发潜力和开发效益进行评估，从而为文化资源的开发利用提供依据。开发过程中，要遵循客观性原则、定性和定量相结合的原则、普遍性和地方性相结合的原则、经济效益和社会文化效益相结合原则、现实性和趋势性相结合的原则。

按照上述原则确立文化资源开发评估的程序、指标及方法。其中，多指标开发评估方法是比较常用的方法。

★ 思考与练习

1. 文化资源价值的特殊性在哪里？
2. 文化价值评估的原则是什么？
3. 运用多指标评估方法，对家乡的文化资源进行评估。

第五章　文化资源产业化形态

文化资源为文化产业发展提供了资源供给和保障，但是各地文化资源不同，区域之间的经济发展水平、自然环境和社会环境不同，需要各个地方根据各自的特点采取适合的开发利用形态。如果不能正确认识和划分文化资源的价值，处理好文化资源的开发利用和文化资源本身的关系，那么文化资源的流失将是不可避免的。历史文化资源、地理文化资源、民俗文化资源等不同的资源具有不同价值。有的文化资源只具有单一的产业价值，而有的文化资源则具有多重文化价值。只有科学地界定文化资源的产业价值，才能在进行产业化开发时，统筹规划，联动开发。文化资源开发和利用的产业众多，不同的产业需要不同的文化资源，对文化资源的价值进行分层和分行业界定能更好地把握和发掘它的价值，减少文化资源的浪费。

关于文化资源产业开发形态，学界并没有统一的标准，本书主要借鉴高宏存 ❶ 的分类标准，将文化资源产业化开发形态分为制造型产业形态、服务型产业形态、版权和创意型产业形态。每一种大的形态下都可再细分小的形式。不同的开发形态和形式有着各自不同特点和路径，适合不同的文化资源；同时，每一种文化资源可选择一种形式进行开发，也可选择多种形式进行综合开发。总之，"各个地区的资源优势并不是天然地转化为产业优势，只有根据资源特点选择适当的开发模式，转化为适宜的文化产品或者服务形式，通过挖掘文化资源蕴含的经济价值，以产业化开发为出发点和着眼点，实现从资源到产品的转化，包括文化实物产品、文化服务产品及其各种衍生形态的经济资源，才能最大限度地发挥其经济效益和社会效益" ❷。

---

❶ 高宏存 . 文化资源产业化研究 [M]. 北京：国家行政学院出版社，2010：75.

❷ 同 ❶ 75.

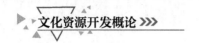

第一节　文化资源制造型产业形态开发

一、内涵、必要性和基本思路

（一）内涵

文化资源制造型开发主要指对文化资源进行物质文化产品（包括各种工艺品、文化用品、娱乐用品、收藏品等）的生产制造及销售活动。制造型产业形态是最主要也是最普遍的一种产业形态，受时代发展与消费者需求的影响，其开发与利用需与文化相结合，赋予产品文化内涵，进行工艺创新，让产品不仅具有实用功能，还具有审美功能、历史功能与文化功能。

（二）必要性

制造型产业形态的开发之所以是文化资源开发利用的重要形态和增值环节，原因有三。

第一，我国传统制造业困境重重。首先，制造业是我国的主要产业，有着比较完善的基础设施、齐全的配套产业、相对成熟的产业体系，在国民经济中起着举足轻重的作用。但是，长期以来，我国制造业一直处于全球产业价值链的中低端，表现为要素投入与产品低端锁定、产业竞争力弱、技术文化附加值较低的粗放型发展模式，在全球分工格局中劣势日益凸显。❶其次，后工业化国家出现"再工业化"浪潮，它们纷纷调整产业政策，促进制造业升级与转型，全球制造业分工格局面临调整和重组。❷许多由中国承接的制造业纷纷回到本国，中国制造业发展遭到严重打击。再次，高能耗、高投入、高排放的粗放型发展模式使我国制造业面临环境与资源的挑战。最后，依靠我国人口红利的优势，随着人口老龄化，劳动

---

❶ 顾江，李苏南. 文化产业视角下我国制造业升级的新路径 [J]. 江海学刊，2017（5）：71.

❷ 蔡旺春，李光明. 中国制造业升级路径的新视角：文化产业与制造业融合 [J]. 商业经济与管理，2011（2）：58.

力在低附加值的产业环节渐渐失去优势，许多劳动密集型制造业已经向东南亚等国家转移。总之，制造业的困境也是文化制造业的困境，折射出文化资源制造型开发的窘境。

第二，文化是制造业增值的必然环节，文化资源制造型产业开发有着新的机遇。一方面，机器化大生产虽然使传统器具的许多实用功能逐渐被取代，但是其审美功能却逐渐凸显，它们以收藏品、礼品和旅游纪念品的形式重新出现在人们的生活、审美乃至收藏需求中。另一方面，现代技术促进产业融合，推动制造业向"文化＋制造业"转型升级，主要体现在产品前端设计阶段对不同文化元素的运用，如在产品外形、结构、功能、材料、工艺等方面进行文化创意设计或者文化资源开发，使其具有自己的文化特色。

第三，随着经济社会的发展及人们物质生活水平的不断提高，消费者的消费层次也得以不断提升，人们对消费品的需求不再停留在仅满足基本需求的阶段，而是向高层次的精神需求迈进，包括文化底蕴、审美情趣、外观、创意等元素。鲜明的文化特色已经成为传统产业必备的杀手锏。[1]随着体验经济的兴起及消费需求的上游化、脱物化，人们在注重产品本身功能性价值的同时，也更加关注产品的文化价值。因此，文化的变革与文化产业的快速发展必将成为继技术创新之后产业融合的又一个强大助推剂。[2]

（三）基本思路

第一，赋予已有产品新的文化内涵。通过对文化资源的开发，将文化元素植入、融合、渗透到制造业中，在产品中加入文化元素或者创意设计，提升产品附加值，使其焕发新的生命力，增强其综合竞争力。现代流行文化元素及传统文化元素融都可融入传统制造业。

第二，转化或优化产品原有的功能。传统手工制品的使用功能已经被许多方便、廉价的工业产品取代，只有对其工艺进行创新和改造，实现其功能的转化、优化和提升，才能带来新生。例如，传统草柳编技艺产品原来主要是农户自产自用，形式单一，用于农村日常生活，后来进行了多样化的改造和优化，不仅融入城市生活用品，还用来创造卡通动物、人型饰

---

[1] 严荔.文化资源产业化开发的区域实现机制研究 [J].四川大学学报（哲学社会科学版），2013（2）：134.

[2] 蔡旺春，李光明.中国制造业升级路径的新视角：文化产业与制造业融合 [J].商业经济与管理，2011（2）：59.

物、包包、挂件、鸣虫笼等。

第三，实现文化、艺术与科技、实用的统一。例如，皮影制作技艺用于耳环等时尚饰品设计中。女建筑师贝纳德塔·塔格利亚布甚至把藤条技艺运用到大型建筑上，设计出被世人称赞的"大花篮"，用于 2010 年上海世博会西班牙国家馆。上海剪纸技艺大师李守白设计制作的"剪纸创意"，打破剪纸需用"纸"来做的概念，将剪纸的造型和纹理处理在实木家具、商店装饰上，将传统的剪纸技艺进行创新使用，使"生活艺术化"成为现实。

总之，从内涵、功能、技艺运用等不同层面融合传统文化，使文化资源制造型产业形态得到开发和利用，不仅保留和创新了传统手工技艺，还使传统手工艺重绽光彩，提高了器物的文化品质，满足了人们生活仪式化、艺术化、审美化的品质需求。

二、制造型产业形态开发的类别

（一）传统工艺品的开发

传统工艺品的市场逐渐从实用转变为礼品、收藏品市场，这一转变就需要生产者从讲究物品的使用功能转向造型与装饰的美感传达，以公众的审美水平为主要考虑因素，才能有更大的利润空间。同时，也可以将传统工艺所体现的文化内容和表达的文化符号，借助新的媒介和工艺，嫁接到其他领域，形成新的活力，创造新的文化产品类型。❶ 以甘肃庆阳香包为例，香包原来只是自产自用、表达情意的互赠礼品，没有成为产业。2002年开始，庆阳市提出了以"民间民俗文化为切入点，全力打造庆阳市文化品牌，走特色产业的发展路子，实现小香包、大产业、大效益"的全新发展思路，充分挖掘庆阳香包的文化内涵，将庆阳香包发展成为文化商品。宋代双石塔挖掘出土的"千岁香包"为其增添了历史价值，香包绣工上蕴藏的"龙、蛇、虎、鹿"等原始文化，以及石榴、葫芦、金瓜、葡萄寓意多子等民俗文化，使香包文化演化成独具优势的特色文化产业。

（二）文创产品的开发

文化创意产品的核心是以一定的物质载体来承载和表达文化与创意。

---

❶ 高宏存．文化资源产业化研究 [M]．北京：国家行政学院出版社，2010：77．

从一定意义上而言，它是现代社会的一种新型制造业。有学者认为，文创产品取材于文化，将具有文化内涵的物质或非物质进行再创造、再设计，最终形成的具有现代意义的产品，方可称为文化创意产品。❶ 例如，由故宫文化服务中心授权北京尚潮创意纪念品公司运营"故宫淘宝"所开发的故宫文创产品，"从趣味性、实用性角度出发，通过创意让皇家文化'接地气'"❷。"故宫淘宝"开发的文创产品，都带着故宫文化元素，如与纸胶带结合在一起的历代皇帝的书法字迹、千里江山图呈现在书签上、卡通版小皇帝形状的红包袋、锦衣卫倒挂的钥匙扣等。每一个故宫文创产品也通过淘宝、微信公众号对其进行诙谐趣味又不失历史真实的故事解读，让文创产品与故宫文化紧密联系，走入百姓生活日常。

此外，伴随着非物质文化遗产保护和开发的兴起，非物质文化遗产也成为文化创意产业的重要创意源泉，"非物质文化遗产创意产品"的概念被提到议事日程，它是非物质文化遗产与文化创意产品的结合，其文创开发设计的资源一方面来自无形的、精神性的非物质文化遗产；另一方面来自有形之物，包括将非遗的文化概念进行物化的产品、和非遗相关的文化空间、以制作技艺形成的工艺美术品等。在此过程中，可探索非遗元素、内涵、思维三层次的文创转化。"元素转化层次在于只取非物质文化遗产的表层元素；内涵转化层次在于设计开发的时候考虑更多的是如何通过有形之表来表达某种文化意蕴；而思维转化层次则在于设计师与非遗传承人的结合，在于非物质文化遗产的发展与文化创意产品的开发此两者的交融。"❸

（三）文化产业衍生品的开发

电影、电视、动漫等核心文化产业衍生品的开发，是制造业形态资源开发利用形式之一。传统的影视产业链条为"开发—前制—拍摄—后制—发行—放映"，而在产业链延伸的情况下，电影、电视、动漫等产业链可延长为"开发—前制—拍摄—后制—发行—放映—衍生产品开发"。衍生产品开发环节的增设，不仅改变了影视产业收益来源的组成方式，也促成

---

❶ 魏鹏举. 文化创意产品属性与特征 [J]. 文化月刊，2010（8）：51.

❷ 单霁翔. 甲午集 [M]. 北京：紫禁城出版社，2015：499.

❸ 杨振盛. 元素·内涵·思维：非遗文创转化的三层次探究 [D]. 金华：浙江师范大学，2019：13.

了衍生产品制造业的发展。在电影工业发达的美国，从近年的数据可以看到，其电影票房收入只占整个产业的 30% 以下，而衍生产业占 70% 以上。❶ 衍生产品市场极为广阔，涉及旅游、教育、食品、服饰、文具、玩具等行业，这几种制造业形态占据了半壁江山。

（四）旅游纪念品的开发

旅游纪念品指以旅游景点的文化古迹或自然风光为题材，利用当地特有原料制作的带有纪念性的工艺品，如旅游纪念章、旅游纪念图片和带有地方特色的各种器皿、玩具、雕塑及各种印刷品。旅游纪念品是游客在旅游地购买的有地域文化特色并具有纪念价值的产品，是旅游地旅游资源的重要组成部分，对于旅游地形象的提升和传播，以及增加旅游收入都有重要的意义。❷ 旅游纪念品在旅游购物中占有十分重要的地位，是旅游业十分重要的收入来源。精美的旅游纪念品，能唤起旅游者对旅游经历的美好回忆，能让更多的人分享他们的愉快感受，如以出土文物为原型制作的西安兵马俑的缩小版复制品、铜车马等。兴起于 20 世纪 90 年代的丽江旅游，带动了丽江纳西族旅游纪念品制造开发。他们开发了东巴文化工艺品，如东巴木雕系列产品使"东巴木雕"一度成为"丽江工艺品"的代名词。

需要说明的是，上述几种分类法主要是按照产品来源角度的不同进行分类，在实际生活中，彼此并没有如此泾渭分明。非遗产品也可以成为旅游纪念品，如西安许多旅游景点设置了非遗项目观赏，增加了旅游项目，延长了游客的停留时间，带动了旅游纪念品的开发与销售。小雁塔的雁园皮影戏就是一例。西安小雁塔雁园的皮影表演，让几位非遗传承人表演皮影戏和木偶戏，游客在观看完表演后可以去后台和老人进行交流，亲自感受皮影的魅力。而在游客兴趣被激起后，可以去纪念品店里购买皮影戏手工艺品，从而在推动经济发展的同时，保障了传统手工艺人的收入。与此同时，旅游纪念品也可以加入文创的要素，兵马俑纪念品馆的纪念品不再是单一兵马俑的复制品，而是加入了文创元素的纪念品，如 Q 版的兵马俑钥匙扣，这些形象都是在其原有的文化基础上作出的创新，其版权受到保

---

❶ 文交联合 . 电影衍生品产业大有可为，或可超越电影票房收入 [EB/OL].（2019-10-08）[2020-12-20]. https://www.sohu.com/a/345576878_656655.

❷ 杨从锋，姚新根 . 旅游纪念品开发思路探析 [J]. 江南大学学报（人文社会科学报），2004（2）：117-119.

护。这也启示了非旅游纪念品制造业在开发文化资源的同时还应该融入自己的创作，获得版权。

总的来说，在生活和生产中所需要的物质形态的产品，如果能够融合文化资源的要素进行开发，都可以成为广义上的文化资源制造业形态的开发，是"文化＋制造"的体现。

三、制造型产业形态开发要点和建议

在当代，文化资源制造型产业形态的开发和利用形式越来越广泛，发展越来越快，但并不是发展速度快了就一定发展好了，在这个发展过程中，我们需要不断总结经验，促进其健康有序发展。

首先，注重产品特色。尤其是旅游纪念品的开发，要避免千品一面的情况，着重开发具有本区域文化资源独特优势的特色文化产品。每一个地区都拥有各自独特的文化资源，应该尽量将这些独特文化资源开发制造成区域特色产品。例如，庆阳香包、蔚县剪纸、博兴的草柳编，当地对这些文化资源进行特色开发，打造出了特色和品牌，走出地方，走出国门。

其次，要注重适当创新的问题。纪念品开发除了植根于当地的文化土壤，挖掘文化特色之外，还需要根据时代和环境的变化，进行一定的创新。否则，完全固守传统，也容易被淘汰。故宫博物院原来的文创产品多为馆藏复制品，如书画、瓷器、铜器等，虽带有很强的文化元素与历史厚重感，但多属于纪念品、装饰品范畴，实用性并不强，且价格偏高，不易携带，不能为普通消费者所接受。后来经过对市场环境的考察，重新挖掘故宫文物的元素和故事，进行创新性开发，才形成故宫文创产品蓬勃发展的新局面。

再次，必须注意产品质量，包括物质的和文化的质量。如果一个产品物质形态是劣质的，即使再有特色和文化内涵，也无法得到消费者的认可。反过来，一个文化产品的文化品质、文化内涵不足，也无法称为文化产品，容易被淘汰。劣质和造假造成消费者的信任缺失，破坏了当地的口碑，给当地文化蒙上了阴影，不仅严重地损害了消费者的利益，同时也影响了当地旅游业的发展，甚至对文化的保护和传承造成巨大冲击。

最后，注重产品营销策略，使开发出的产品更好地走向消费者。好的产品要使消费者接受和喜爱，具备好的营销策略是必不可少的。在产品的营销中，要着力打造产品品牌，提高产品的口碑。除了利用现代媒体技术进行宣传推广外，还可以将产品带去参赛、参展，以此来提高产品的知名度。

第二节　文化资源服务型产业形态开发

文化资源服务型产业形态开发主要是指以各种文化服务为主的开发、生产和销售活动（包括表演艺术、主题公园、节庆、博物馆、旅游业等）。这些文化服务活动主要以一定的人和物为平台，用于展现各类与人物、传说、故事相关的文化资源或文化设施，为消费者提供具有娱乐性、观赏性、知识性的各类文化服务，以满足人们的各种精神生活需求。

本节将以经典案例的形式，逐一介绍和分析表演艺术、主题公园、节庆、博物馆等形式的文化资源服务型产业形态的开发。

一、表演艺术形式开发

（一）内涵

表演艺术是通过人的演唱、演奏或人体动作、表情来塑造形象、传达情绪和情感，从而表现生活的艺术。表演艺术通常包括舞蹈、音乐、话剧、曲艺、杂技、魔术等，其中代表性的门类是音乐和舞蹈。表演艺术最直接的传播媒介就是人，也就是演员。很多优秀的艺术表演者自己也是创造者，能利用各种文化资源进行艺术的编排和再创造，创造出大众喜闻乐见的文化产品，同时也收获了经济、社会和文化效益。表演艺术可以在城市剧院或者农村舞台上展现，也可以成为旅游景区文化服务的组成部分。不管是以什么形式展现，表演艺术作为精神文明建设的重要领域，作为文化产业、文化市场发展的重要组成部分，取得了令人瞩目的经济效益和社会效益。

文化资源的表演艺术开发主要是针对表演内容而言的，即主创者从各地的文化中寻找合适的文化进行改编和创作，如每个地方的民族习俗、历史、传说、神话、故事、名人、服饰、器物、文物等，最后以艺术的形式将各地的文脉生动形象地表现出来，给观众带来精神和感官的双重体验。

由于表演形式是一种现场体验，对于观众而言更具直观的娱乐性、参与性、文化性，因此成为各地文化资源开发的重要形式。成功的表演艺术既可以吸引当地居民，提升城市文化品质，也可以成为旅游地的旅游项目，吸引外来的旅游者，在为游客提供审美感受与认知启迪的同时，获得旅游效益，促进文化传播和区域经济发展。

（二）案例探讨

国内一些优秀的表演艺术节目都是在对地区或民族优秀文化资源进行充分挖掘和利用的基础上展现的，不仅传承和发展了当地的文化，也带来了经济和社会效益的丰收。

大型山水实景演出《印象·刘三姐》是广西桂林在 2004 年国庆节推出的一台实景演出的表演节目。它是对广西刘三姐文化资源深度开发的标志性事件，被描述为"世界上最大的山水实景剧场，全球最具魅力的导演，传唱最久远的民族山歌，史无前例的桂林漓江风情巨献"。它以"天人合一"的人文观念为创作理念，立足于广西"歌仙"刘三姐和壮歌等文化资源，依托世界级旅游名胜漓江山水，以 12 座著名山峰为背景，由 67 位中外著名艺术家加盟创作，历经 109 次修改演出方案，历经 5 年多磨炼而成的文艺精品。其之所以成功，在于结合了广西桂林漓江山水的地脉，深入挖掘了刘三姐和壮歌文化资源的文脉，将山野炊烟、漓江浣衣、渔舟唱晚、樵夫放排、顽童牧归等故事元素进行创新组合。整个演出，歌声辽远、山峰隐现、水镜倒影、烟雨点缀，给人宽广的视野和超然的感受，展现了歌舞山水的和谐之美。《印象·刘三姐》荣获了"世界旅游组织目的地会议最佳休闲度假推荐项目""国家首批文化产业示范基地""中国十大演出盛世奖"等荣誉。《印象·刘三姐》的演出在短时间内形成了"票房销售—带动旅游—拉动就业—居民增收—品牌效应—吸引投资—股份升值"的产业链条，有效地推进了桂林阳朔地区经济、社会、文化效益的全面发展。

全国首部大型原生态歌舞集《云南映象》是另外一个对少数民族的文化资源进行表演艺术形态开发利用的成功典范。它是由我国著名舞蹈艺术家杨丽萍出任艺术总监和总编导，并领衔主演、倾情打造的艺术精品。杨丽萍以原生态歌舞传承少数民族文化作为创作理念，展现了云南独特的魅力。为了保护和传承云南各个少数民族的文化，杨丽萍深入云南各个民族地区采风，挖掘了 1095 个云南少数民族舞蹈品种，62 面鼓的鼓风、鼓韵，120 个具有民族特色的面具，以及其他一系列文化、故事、传说、音乐、民间乐器等，并对它们进行创新创作，打造了一套经典的文化精品。《云南映像》获奖无数，包括舞蹈诗作品金奖、最佳编导奖、最佳女主角奖、最佳服装设计奖、优秀表演打鼓设计奖等，已经成为云南文化的金名片。

此外，国内优秀原创音乐剧《蝶》以"梁祝"为蓝本改编而成，借用民间传说的符号重塑了一个崭新的爱情故事，在对文化资源进行再创作的同时，丰富了文化内涵，增强了文化的生命力。音乐剧《金沙》以成都金沙遗址的历史文化资源为基础和背景。国家一级越剧演员茅威涛对陆游、孔乙己等历史和文学人物进行挖掘，创作了《陆游与唐婉》《孔雀东南飞》《孔乙己》新越剧，这些都是文化资源表演艺术形式开发利用的成功案例，值得借鉴和学习。

（三）建议

在文化资源表演艺术形式开发中，要坚持走精品化、品牌化、市场化的道路，才能促进演出市场的持续繁荣。除了坚持特色化、本土化等文化资源开发原则外，还应该注重主旋律作品的开发，即表演作品与当下主流文化的结合。要立足观众，立足市场，结合区域文化特点，在表演形式多样化的同时保证质量的不断提高。

二、主题公园形式开发

（一）内涵

主题公园是围绕某一个或几个相关主题而建立的人造公园。它利用现代科学技术和人工设施进行多层次的景观设计和活动设置，以文化复制、文化移植、文化陈列的方式，结合高新技术等手段，将虚拟环境与实体景观相融合，并以主题情节贯穿整个游乐、休闲活动过程，以满足人们好奇心，为人们提供娱乐、休闲和体验服务。一般而言，主题公园具有强烈的个性和普遍的适宜性，占地规模大、投入高，同时门票价格和园内其他消费水平也较高。

根据主题内容的差异，可以将主题公园分为纯游乐型、自然科技型、文化型。纯游乐型的主题公园以提供纯粹的娱乐刺激为主；自然型的主题公园主要是各式各样的水族馆、野生动物公园、科技馆等；文化型的主题公园在内容设置上主要是以各类不同文化资源为主，如各种民族风俗、历史文化、影视主题、卡通人物、人文景观等。

（二）案例探讨

1955 年 7 月 17 日，华特·迪士尼创办了世界上第一个现代大型主题公园——迪士尼乐园，在美国加利福尼亚州正式开幕。迪士尼乐园将迪士尼电影场景和动画结合电子机械设备，给游客带来前所未有的体验。

美国迪士尼主题乐园是到目前为止世界上最成功的主题公园之一，在经济和文化效益上都获得了极大的成功。经济效益上，它是一种"魔幻消费"，通过提供一种"仿真"的超现实的魔幻消费景观，为人们提供娱乐体验。洛杉矶迪士尼乐园开张一年，游客突破 1000 万人次；到了 1965 年，游客人数突破了 5000 万人次；10 年里，收入 1.95 亿美元。几十年来，接待游客 10 多亿人次，平均每天的门票收入近百万美元。而园内的主题产品、饮料、食品、酒店的收入占了大部分，达到 70%。文化效益上，美国迪士尼可以说是一种强势文化景观。它用各种高科技手段打造的景观，向人们展示了美国个人英雄主义者的形象，高度崇尚个人价值，全面肯定人的各种欲望需求，宣扬个人奋斗，主张自由、民主、和平，崇尚理性和科学精神。

杭州宋城主题公园是中国较为成功的文化主题乐园之一。它以"建筑为形，文化为魂"为经营管理理念，依托杭州南宋古都的历史文化资源，打造宋式建筑，推出宋代的民俗及老作坊表演，并逐步形成"演艺宋城""文化宋城""游乐宋城"和"科技宋城"几个模块，受到大众的好评。

（三）建议

要成功开展文化资源主题公园形式的开发，至少要做到以下五点。

第一，做好市场分析调查。

第二，选择合适的主题。主题是主题公园的灵魂，应该为大众喜闻乐见，没有主题就没有目标市场。在主题选择上要周密策划，充分挖掘特色文化资源，寓教于乐。

第三，运营要与时俱进。主题公园有明显的生命周期，如果内容静态，设施不变，互动参与少，运营简单，3~5 年后便会衰落。只有在保持自身特点基础上，不断自我更新，提升吸引力，提高重游率，才能有效延长主题公园的生命周期，保持可持续运营。

第四，IP 先行。迪士尼之所以成功，就是因为迪士尼集团拥有众多知名的卡通和影视 IP，米老鼠、白雪公主、印第安纳·琼斯等卡通和影视人物早已深入人心，在这些 IP 基础上再提供实体主题公园体验，便可水到渠成。

第五，开发主题产业衍生产品。国外实践经验证明，主题公园发展商与媒体影视企业、玩具商、成衣商合作开发、销售有关主题人物的系列产品，包括主题玩具、主题服饰等，不仅可以给主题公园开发商带来更多的利润回报，也可以提高主题公园的重游率。

研究表明，我国辐射单个城市的小型主题公园会在未来一段时间大量崛起，同时输出特定文化价值的主题公园会更受欢迎。[1]因此，面对一些已经成熟的诸如迪士尼或欢乐谷类主题公园，定位好自己的市场，对文化资源进行精耕细作，形成"小而美""小而特"的主题公园，是文化资源主题公园开发的一个很好的方向。

三、节庆形式开发

（一）内涵

节庆活动是在固定或不固定的日期内，以特定主题活动方式开展的、约定俗成的、世代相传的一种社会活动，不仅是对日常生活的延续，也是人们重要的情感寄托和精神信仰方式。[2]按照不同的标准，节庆可以有不同的分类：从性质上，可分为单一性和综合性节庆；从内容上，可分为祭祀节庆、纪念节庆、庆贺节庆、社交游乐节庆等；从时间上，可以分为传统节庆和现代节庆。

值得注意的是，节庆活动并非固定不变，而是随着时代的变迁处于不断发展和变化之中，有些传统节庆可能因为不合时宜而逐渐消失，有些传统节庆被赋予新的内容和内涵，还有一些消失的节庆活动会恢复，一些新的节庆活动会产生。在文化产业大发展的背景下，一方面，许多传统的节庆活动原有的政治教化、情感娱乐、社会管理、族群联系等功能相对弱化，产业经济功能逐步突出；另一方面，新兴的各种节庆不断被创造出来。因此，无论是传统节庆还是现代创新节庆，或多或少具有"现代"意

---

[1] 2019 中国主题公园行业发展现状及发展趋势分析 [EB/OL].（2019–07–08）[2020–09–01]. www.askci.com.

[2] 范建华 . 论节庆文化与节庆产业 [J]. 学术探索，2011（2）.

味，即"以文化资源为核心、以创意创新为特征、以文化消费为目的、以身心愉悦为目标、以公共参与为形式、以现代旅游为载体"❶。

文化资源节庆形式开发所动员的资源不仅包括传统的节庆活动，如广州小榄菊花会、洛阳牡丹节、中国晋中社火节，也包括地方特产、自然景观、历史文化、名人文化、民族文化、特色活动等，如青岛国际啤酒节、东阳木雕节、钱塘江观潮节等。现代节庆产业在资源动员上，并不局限于文化资源，但它是文化资源开发产业化开发利用的一个非常重要的方式。通过节庆形式的开发，把各个地方的历史文化资源和现代文化资源进行展现，促进旅游商贸休闲等活动，提升地方知名度，发展地方特色经济，带动本地社会发展。

（二）案例探讨

西塘汉服节，也叫西塘汉服文化周，是由当代词作家方文山于2013年发起的文化活动。每年10月底到11月在浙江省嘉兴市嘉善县西塘古镇举办。其通过创新创意将传统服饰和传统礼仪文化进行大规模呈现，主要活动内容包括朝代嘉年华、汉服好声音、水上T台秀、汉服之夜、水上传统婚礼、汉服相亲大会、汉服发展高峰论坛、国学好好玩、西塘杯传统射箭邀请赛、草船借箭、中国风集市等，吸引了全国乃至世界各地喜欢汉服和汉文化的人参加。在汉服文化周期间，所有人都穿着各式汉服进行形式多样的礼仪展示、交流、体验，形成参与性、生活性、情境性体验最佳效果。

自创办以来，每一届汉服文化周在汉民族传统礼仪仪式上都会进行更新，也会增添不同项目设置。如第一届为乡饮酒礼，从全国各地赶来的370多名汉服文化爱好者，在著名词人方文山的主持下，共同举杯完成了传统的乡饮酒礼仪式，创下了参加人数最多的乡饮酒礼的吉尼斯纪录。第二届为射礼仪式，以明代"乡射礼"为蓝本，各地社团招募的礼仪人员统一穿着传统汉服，再现宏大射礼场景。第四届增添了花式箭阵、集体婚礼、水上T台秀、文山剧场、汉服好声音、汉服文创大赛、铠甲展示、霹雳布袋戏等项目，为每一年汉服文化周活动的创新赋予现代释义。❷第五

---

❶ 范建华. 中国特色文化与特色文化产业论纲 [J]. 学术探索，2017（12）：116.

❷ 郑剑瑾. 西塘汉服文化周——一场与众不同的朝代嘉年华 [EB/OL].（2016–11–01）[2018–03–14]. http://cs.zjol.com.cn/system/2016/11/01/021351147.shtml.

届又增加了中华武备展演、"西塘杯"古诗词大赛、全民汉服 K 歌、美少女雅集等多个内容和环节。第七届大气磅礴的朝代嘉年华在规格上又进行了提升。汉服文化周的参与人数从第一届的几百人到现在的几万人，已经成为大家认同的一个现代创新节庆活动，获得 2017 中国旅游总评榜颁奖典礼"年度最具影响力节庆活动"和"浙江省十佳社科普及项目"等殊荣。

西塘汉服文化周成功地把历代汉族服饰和礼仪等中国传统文化资源进行了现代节庆开发，并借用了嘉善西塘古镇这个平台，使"春秋的水、唐宋的镇、明清的建筑、古老的服饰、现代的人"在一个时间和空间中交相辉映，彰显了中华传统服饰之美、中华礼教文化之雅，不仅继承、弘扬了传统文化，而且强化了民族自信心，增强了海内外华人对传统文化的认同与回归。同时，对于西塘而言，它凭借对汉服和礼仪文化资源的独特节庆形式的开发，成为一个独具特色的古镇旅游景点，提高了西塘古镇作为景区的品牌影响力，也促进了其文化产业、旅游经济的发展。❶

（三）建议

经过近 40 年的发展，我国的节庆产业从无到有、从小到大，发展迅猛，涌现出一批诸如青岛国际啤酒节、南宁民歌节、宁波国际服装节、浏阳国际花炮节等优秀节庆品牌。但我国节庆产业在迅猛发展的同时，还存在不少问题。总体上，节庆数量持续增长，质量参差不齐，大多数规模小、档次低，尚未形成完整的产业链，无法可持续发展，具有国际影响力的品牌节庆屈指可数。在管理上，市场化不够，社会参与不足。

要更好地进行文化资源节庆形式的开发，有以下四点建议。

第一，转变政府角色，推进节庆市场化。节庆产业经济要坚持政府主导、社会参与、市场运作的模式，政府要增强其"裁判员"的执法角色，为节庆产业发展营造有利于竞争的环境，借助产业政策来调整节庆产业的发展。同时，加强宏观强调控，规范行业管理，建立专门的节庆审批部门；大力推进节庆市场化，开放办节，吸引企业和群众踊跃参与；摒弃"政府主导、企业参与""旅游搭台、经贸唱戏"等陈腐思路，只有通过政

---

❶ 近几年，西塘品牌形象不断提升，获得"首批中国十大历史文化名镇""世界遗产保护杰出成就奖""国家 4A 级旅游景区""中国十佳古镇"等称号和荣誉。2018年春节，西塘古镇游客总数与门票收入均创历史新高，其中游客总数达 42.27 万人次，同比增长 5.91%，门票收入达 1064.73 万元，同比增长 11.46%。

府主导、企业营销、民众参与，进行有独创性的策划，节庆活动才能真正得到市民和市场的认同，城市也才能挖掘出自身的个性，树立自身的城市形象。

第二，挖掘文化内涵，注重品牌培育。一般而言，节庆活动最想要传达的就是当地人的精神世界和价值观，巴西的狂欢节、西班牙的斗牛节、德国的啤酒节之所以能闻名世界，为所在城市带来巨大的经济效益，就是因为这些节庆活动深深植根于当地社会文化及拥有广泛的群众基础。因此，节庆活动要从本地需求与特色着眼，不搞急功近利，扎扎实实地以服务当地社区、丰富当地社区生活、提高当地社区精神文明建设为出发点，把节庆活动与当地的历史文化、民俗风情、产业特征和自然风光结合起来，以真实的本土文化为基础，满足大众精神文化生活的需要。与此同时，要注重节庆产业的品牌培育，通过完整的节庆评价体系筛选出比较有潜力的节庆项目；重视节庆活动文化内涵的挖掘与保持，通过扩大节庆的知名度来扩大品牌的影响力；通过良好的服务塑造旅游者对节庆品牌的忠诚度，增强品牌的美誉度和效益度。

第三，创新运作模式，实现可持续发展。节庆产业活动要实现可持续发展，创新是关键。节庆活动的创新是一个系统工程，包括主题创新、机制创新、内容创新、形式创新等多个方面。只有紧跟时代，不断创新，才会有旺盛的生命力。

第四，加强人才培养，提高整体素质。目前，节庆产业发展现状是懂理论又富有实践经验的专业人才过少，专业化队伍薄弱。为了尽快提高各项节庆活动的水平和层次，提高活动自身的运作能力，应大力培养、引进专业人才，提高专业经营机构和从业人员的整体素质。

四、博物馆形式开发

（一）内涵

我国《博物馆条例》规定，博物馆是指以教育、研究和欣赏为目的，收藏、保护并向公众展示人类活动和自然环境的见证物，经登记管理机关依法登记的非营利组织。博物馆包括国有博物馆和非国有博物馆。

博物馆具有多种社会功能。除了一般意义上所说为公众提供知识、教育和欣赏服务之外，博物馆也是一个城市乃至国家的文化载体和文化符号，可以"表达和建构民族的、同质的和固有的身份认同"●。通过展示原始社会或其他异域文化，博物馆可以表达"野蛮人"的深邃智慧和高超技艺，让现代文明产生敬畏之心。博物馆还具有开发功能，博物馆的藏品具有历史、艺术、科技等价值，是提供深层次、高品位旅游产品的基础。拥有对文物和文化深入的研究是博物馆开发文化休闲旅游产品得天独厚的优势。

按照博物馆建馆方式的不同，现有的博物馆可以分为传统博物馆、天然博物馆、特殊战地遗产（Battlefield Heritage）博物馆、生态博物馆。● 不同博物馆内部的文化资源有着比较大的差异，也对其产业化开发和利用产生了一定的影响。传统博物馆在特定的建筑空间内，将一些具有历史和地方特色的物质文化聚集，按照一定的规则陈列展览出来，供游客参观学习，如上海博物馆、浙江博物馆等。天然博物馆是在有纪念价值的人类遗址上建立一个建筑物，以尽量保持遗址原本面貌，如国内著名的西安秦代兵马俑博物馆、浙江的仰韶文化历史博物馆、四川的金沙博物馆。这些天然博物馆内最重要的文化资源就是考古出土的文物。战地遗产是一种特殊的博物馆，其特点是在值得纪念和曾发生重要历史事件的地方以保持自然原貌的方式建立的"博物馆"。它可以是一块空地、一个旷野，或一个村庄，那块空地曾发生过重要的历史事件，游客可以在此凭吊历史，保存社会集体记忆。生态博物馆源自20世纪70年代欧洲一场非常有名的运动，它是"现代文明人类生态意识觉醒的产物"，其基本观点是"文化遗产应原状地、动态地保护和保存在其所属社区和环境中"●。生态博物馆几乎是完全开放性的博物馆，是将当地的自然环境、历史文化遗产和村民的生产生活方式一体化地、整体互动地展示给游客，借此保护乡村的自然和历史人文景观。

文化资源博物馆形式开发包含两个层面的内涵：第一个层面是政府、企业或个人按照合法程序通过建立博物馆的方式把一定的文化资源进行收藏、保护和展示；第二个层面是博物馆主体对其所拥有的文化进行产业化

● 沙伦·麦克唐纳. 博物馆：民族、后民族和跨文化认同 [J]. 马克思主义美学研究，2011（2）：72.

● 彭兆荣. 旅游人类学 [M]. 北京：民族出版社，2004：347–349.

● 吴伟峰. 从民族生态博物馆看广西民族文化的保护与传承 [J]. 广西民族研究，2007（2）：199.

开发。换言之，博物馆是文化资源保护的方式，也因此具备了文化资源开发的基础。

博物馆具有公益性，拥有丰富的历史性、科学性、艺术性的文化资源。对其进行开发利用，一方面可以"活化"博物馆的文化资源，另一方面也可以提高博物馆提高运营效益，一定程度上缓解博物馆的生存压力。

（二）案例探讨 ❶

建川博物馆，全称"建川博物馆聚落"，位于中国博物馆小镇——四川省成都市大邑县安仁古镇。其由民营企业家樊建川创建，于 2005 年 8 月 15 日正式向公众开发。博物馆占地 500 亩，建筑面积近 10 万平方米，拥有藏品 1000 余万件，其中国家一级文物 329 件。博物馆以"为了和平，收藏战争；为了未来，收藏教训；为了安宁，收藏灾难；为了传承，收藏民俗"为主题，建有抗战、民俗、红色年代、抗震救灾四大系列 30 余座分馆，已建成开放 25 座场馆，是目前国内民间资本投入最多、建设规模和展览面积最大、收藏内容最丰富的民间博物馆。

建川博物馆建馆至今，获得了"国家文化产业示范基地""全国爱国主义教育基地""中国十大民间博物馆"等荣誉称号，2018 年 9 月被确定为国家二级博物馆。建川博物馆成功之处包括以下方面。

第一，独特的主题和藏品。抗日战争、红色革命、自然灾难作为收藏主题，是中国当代历史的见证物。其收藏跳出了传统的收藏圈子，延伸到对具有社会见证价值的一切实物收藏。小到笔筒、烟盒、扇子、水壶、图片、报纸，大到飞机、坦克，内容极其丰富。不仅题材特殊，其数量之大也令人称奇。与众不同的收藏方式和内容，吸引了不少游客。在建川博物馆聚落中，抗日战争馆对观众的吸引力是最大的，占到游客总量的 48.87%。❷

第二，因地制宜，地方特色突出。安仁镇的人文环境与博物馆一脉相承，安仁馆群的民国建筑与百年收藏吻合；大邑是抗战之镇，与抗战主题吻合，刘文彩地主的庄园是"文革"之镇，与"文革"系列主题吻合；四川是汶川大地震发生之地，与抗震救灾主题呼应。这种因地制宜、突出地方特色的开发对游客具有更大的吸引力。

---

❶ 本案例由浙江师范大学文化创意与传播学院文化产业管理专业 161 级林思雨、李津提供。笔者引用时，进行了修改和调整。

❷ 翟琦瑛 . 建川博物馆聚落观众研究 [D]. 北京：中央美术学院，2013：44.

第三，聚落式建设，突破单纯"博物馆"的概念。建川博物馆突破了传统意义上单纯的"博物馆"的概念，第一次将多达 30 余座博物馆汇集在一起，四个系列的 20 多个馆分散在聚落之内，有规律地穿插组合，同时配合周边各种商业休闲设施，使游客长时间保持新鲜感，给游客带来了良好的游览体验，每个单体博物馆的功效达到 1 + 1 > 2 的效果。

第四，产业化发展。樊建川构思建川博物馆之时就将配套的产业发展纳入其中，希望通过产业化的经营带动博物馆的发展。建川博物馆的配套产业涵盖了住宿、餐饮、休闲、影视等多个方面，将展示交流、休闲娱乐等多种功能集合于一身，最大限度地实现了资源的有效整合。此外，建川博物馆还开发了纪念品和文创产品，包括具有战争年代感的背包、帽子、水壶、创意 T 恤衫及一些馆内收藏品的纪念品。事实证明，这种拉长产业链的做法，确实取得了很好的效果。从 2006 年建馆到 2009 年实现收支平衡，建川博物馆只用了 3 年的时间。

第五，其他服务的拓展，包括建馆服务、策展方案服务、地产开发等。凭借着丰富的建馆经验和庞大的文物储备，以及制作策展方面的经验，建川博物馆先后为多地策划并建造了博物馆，其宣传标语就是"为您多快好省地建设博物馆"。

第六，个人风采和建筑设计的吸引力。建川博物馆聚落创建人樊建川，插过队，当过兵，教过书，个人经历丰富。为了支撑自己对历史收藏的爱好，他建起了国内最大的战争和灾难主题博物馆。他精彩的人生经历及他对珍藏国家特殊历史的热情和执着，本身就是一个超级 IP，吸引着很多人前去参观。此外，所有场馆和主题广场均由国内外知名建筑大师、雕塑大师担纲设计。他们有意识地结合藏品的时代背景，对博物馆建筑进行设计，呈现近百年的近现代建筑史风貌，不仅增添了建川博物馆本身的品质，也吸引了一大批建筑行业相关人士慕名前往。

总之，建川博物馆不仅打破了传统意义上的"博物馆"概念，将众多文化资源进行优势整合，而且还进一步将各种配套商业汇集在一起，实现自我造血，为文化资源博物馆形式（尤其是民办博物馆）的开发提供了很好的经验。

（三）建议

就文化资源的博物馆开发而言，行业特色、地域特征和个性特色不够突出，博物馆文化资源的产业化创新发展远远不够。一是文化资源挖掘不够，很多博物馆局限于历史文物。二是博物馆文创产品创意不足、花样太少。三是体验性、沉浸性、互动性不足。四是品牌化不足，授权开发过少。针对文化资源的博物馆开发，相关建议如下。

第一，拓展博物馆实物形态展示的限制，把各类活态的文化资源纳入陈列范畴，如各类神话、谚语、音乐、舞蹈、戏曲、曲艺、风俗、民居、服饰、器皿、民族体育活动等非物质文化遗产。

第二，从文物衍生品向更为多元的博物馆文创产品拓展。每个博物馆拥有独特的文化资源，应当根据博物馆的特色进行文化衍生产品的开发。通过对博物馆文化资源的提炼及文化产品定位，树立文化品牌、提高品牌定位，开展创新性的产品制作等，对博物馆文化资源进行"活化"利用。

第三，通过将文化与创意充分地融合并合理地运用于博物馆，拉近物与人之间的距离，由传统图文陈列的场所向注重寓教于乐的互动体验式空间转变，以更好地提供沉浸性、互动性的体验，提高馆藏文化资源的利用效率。

第四，积极开展博物馆文物艺术品授权开发。

五、旅游业形式开发

（一）内涵

"旅游在根本上是一种主要以获得心理快感为目的的审美过程和自娱过程，它发生在人们的余暇时间，也发生在有别于人们日常生活所在的空间"[1]，其具有异地性、暂时性、休闲性的特征。通常人们进行旅游的目的有：休闲娱乐，情绪放松，健康身心，游览名胜，享受美食；满足好奇心，开阔视野，丰富知识，自我实现，自我教育；加深友谊，增进情感等。因此，人们对旅游目的地的选择带有强烈的主观性、经验性、人情依赖性、文化倾向性和精神神圣性。

在众多的旅游资源中，人文景观和民俗活动等文化资源是最核心的，它们是旅游业发展的精神动力和支撑。因此，文化资源的旅游业开发是重要的产业形式，旅游业也叫文化旅游业。同时，文化旅游业以旅游资源为核心，以旅游经济、旅游食宿和旅游交通等为外围产业向外不断辐射的综

---

[1] 谢彦君. 基础旅游学 [M]. 3 版. 北京：中国旅游出版社，2011：54

合性产业，为社会带来就业机会和生产总值，人们又将文化旅游产业看作21世纪的朝阳产业。

需要指出的是，很多旅游景点都将表演艺术作为旅游项目之一；或者通过举办节庆来带动旅游业的发展。这是由文化产业、旅游业本身具有的联动发展的规律和特征决定的，它们彼此之间天然具有"越界—扩散—渗透—联动"❶的特质。节庆、表演、博物、主题公园等文化产业从这个意义上而言，是延伸了旅游的产业链，为每个地方旅游业的发展提供更多的文化内容和文化附加值。

（二）案例探讨

金华市位于浙江省中部地区，辖2个市辖区、4个县级市和3个县，至今已有2200多年的历史，在田野乡间散布着195个古村落，数量列居浙江省第二，其中国家级历史文化名村7个，省级历史文化名村18个，中国传统村落24个，省、市级历史文化村落122个。在这些古村镇中，共有历史文化遗存5159处，其中古民宅3100幢，古祠堂240幢，古寺庙83处，在古村落中还分布着大量的古戏台、牌坊、古桥、街巷，等等。

这些古村落大都有着悠久的历史，留存着丰富的历史文化遗产（包括物质文化遗产和非物质文化遗产），承载着璀璨的传统文化。这一庞大的珍贵"古村落遗产"仅部分得到关注、保护和开发，还有相当一部分面临被破坏的境遇。同时，伴随人口城市化和老龄化，许多古村落陷入破败荒废的边缘，成为"空壳村"。

基于对古村落保护的需要和促进地方社会经济发展的考虑，同时为了提高金华在国内和国际的知名度，金华市外侨办牵头的一项名为"海外学子走进金华古村落"的项目于2014年年末开始筹备并实施，到2016年已经完成了琐园村、寺平村、俞源村、芝堰村四期活动。项目引发了以"Jinhuahomestay""金华古村落旅游"为关键词的高频率搜索及相关报道和讨论。其中一篇名为《金华以"五＋"打造"中"色旅游新形象》的报道，将该项目概括为：旅游＋外事，延伸"中"色旅游的文化传播新功能；土气＋洋气，激发"中"色旅游的多元融合新内涵；生活＋生产，探索"中"色旅游的富农惠农新手段；传承＋创新，开辟"中"色旅游的保护利用新路径；线上＋线下，拓展"中"色旅游的宣传营销新方式。

---

❶ 花建. 论文化产业与旅游联动发展的五大模式 [J]. 东岳论丛，2011（4）：98.

"海外学子走进金华古村落"项目是在全球化、城市化、信息化时代，运用创新和创意的方式，将原来日渐衰败的"古村落"作为资源来开展现代旅游的一种方式。通过对项目的具体内容和过程的分析，可以看到运用新型的旅游方式动员和开发文化资源，可以带动地方的社会、经济、文化的传播、交流、传承和发展。❶

（三）建议

文化资源旅游业形式的开发，是文化资源开发最重要的形式之一。其存在的问题也具有普遍性，如重开发、轻保护；缺乏科学论证，盲目上马；缺少文化内涵，同质化严重。因此，在对应的建议上，可以参照前述的建议，以提高文化资源旅游开发的总体水平和成效。

第三节　文化资源的版权与创意产业形态开发

版权和创意型形态文化资源的开发利用，涉及文化资源形态的区分。一般而言，文化资源版权形式开发涉及的文化资源是具有版权的以符号形态存在的文化产品——次生文化资源，它们可以通过授权的方式得到进一步的开发和利用。创意型形态的文化资源开发利用所涉及的主要是指以精神形态存在的文化资源，它们通过创意的方式得到开发利用。

一、文化资源的授权开发

文化资源是人类共同的文化财富，但是在以文化为经济和产业的时代，对于文化资源的开发利用涉及文化产权和文化授权。文化资源有两种形态，即原生文化资源和次生文化资源，前者指未经过现代加工的历史文化资源，后者是指经由现代创意加工开发为各类符号形态的文化资源，其以小说、电影、动漫等文化产品形式呈现，并可以进一步作为文化资源进行再开发利用。以产品形态存在的文化资源往往自身具有版权，可以直接通过授权方式进行开发利用；而原生文化资源，往往需要转化成文化产品

---

❶ 林敏霞，谢周宏. 旅游人类学视域下的创意型古村旅游探讨——基于"海外学子走进金华古村落"项目的田野作业 [J]. 徐州工程学院学报（社会科学版），2018（1）：13–19.

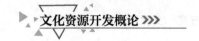

才能具备版权，从而进行授权开发。

（一）授权开发的概念

授权开发基于现代知识产权。知识产权是一种法权，它是民事主体在科学、技术、文化、艺术领域对其智力创造成果依法享有的专有权利。我国2021年1月1日起施行的《中华人民共和国民法典》规定知识产权是权利人依法就下列客体享有的专有的权利：作品；发明、实用新型、外观设计；商标；地理标志；商业秘密；集成电路布图设计；植物新品种；法律规定的其他客体。其中，对作品享有的权利表现为著作权，也被称为版权，是指文学、艺术、科学作品的作者对其作品享有的权利，"是法律上规定的某一单位或个人对某项著作权享有印刷出版和销售的权利"，"其实质是把人类的智力成果作为财产来看待"，"是文学、艺术、科学技术作品的原创作者、依法对其作品所享有的一种民事权利"。❶版权包括财产权、著作人格权，著作财产权可以直接转让、继承；著作人格权通过授权的方式可以商用。

所谓授权开发，即版权拥有者通过授权的方式，赋予被授权商复制、公开展示、改写、出租作品的权利。在中国，著作权的保护年限是作者终生及其死亡50年。也就是说，在保护期内只能通过拥有者的授权才能用于版权开发。此后，作品变成公共财产，大家都可以使用。

通过授权经营而形成的版权业，是文化产业的重心，也是文化资源开发的重要形式。传统文化产业所经营的是出版物的财产权，也就是文化产品的销售，而授权经营既涉及财产权又涉及著作人格权，即前述对作品复制、公开展示、改作、出租的权利。如此形成的规范化的市场和规模化的产业链条和产业形态，被称为版权产业。广义上的版权产业一般是指生存和发展以版权保护为条件的一个产业群。

（二）授权开发的运营模式 ❷

授权开发以版权内容的可复制性为基础。适合授权方式开发的是产品形式的文化资源，因为它们本身在形成的时候便通过注册获得版权。版权

---

❶ 中国版权协会. 版权的力量 [M]. 北京：北京大学出版社，2015：62-63.

❷ 本部分由浙江师范大学文化创意与传播学院文化产业管理专业161级李玲提供。笔者引用时，进行了修改和调整。

的可复制性通过授权的方式而产生极大的经济价值。世界各地的授权运营模式各有不同，大致介绍如下。

1. 美国全版权运营模式

举世闻名的迪士尼，拥有无数为人熟知的卡通形象，其米老鼠更被业界誉为版权价值链延伸的鼻祖与经典。迪士尼授权运营的消费品看似种类繁多，但都坚守一个重要原则，那就是与源头起点的影视作品有紧密的关联，保证影视角色形象能顺利地渗透进这些品类之中。可以说迪士尼对衍生消费品有着系统的规划性与前瞻性，在设计电影故事之时，就已经开始规划相应的衍生品了。经过多年版权授权运作，迪士尼形成了自己多版权或全版权的运作模式。

一部电影的发行，首先在影院上映，然后授权零售商出售 DVD 碟片，授权电视或在线点播平台；在电影上映 2~3 年后，一次性授权给某个机构，收取一次性授权费用；也会根据电影的火爆程度对某电影 IP 进行 IP运营，以实现版权运营价值的最大化。

此外，迪士尼还通过品牌授权给其他公司，延伸了产品链条，建立了综合的授权体系。迪士尼形成了一个分类型、分产品、分品牌的立体授权架构。在中国，针对不同类型的合作者，迪士尼发放三种授权牌照，一是纯代工生产牌照；二是批发商牌照，批发商从代工厂拿货；三是零售渠道牌照。在产品品类上，授权商按照自己所处的行业申请不同的授权，如玩具制造商申请玩具类授权，水杯制造商申请水杯类授权。此外，迪士尼针对不同的卡通形象进行不同的授权，如果一家厂商只取得米老鼠形象的授权，就不能在商品上印有小熊维尼。❶

品牌授权已成为迪士尼利润的重要来源。迪士尼品牌授权的成功为中国包括动画在内的诸多产业的发展提供了可借鉴的经验。迪士尼对授权商有着严格的筛选标准，至少要同时满足两个条件：其一，在制造、经销或零售方面至少拥有 5 年经验；其二，在相关专业产品方面具有 5 年或以上行业经验。授权商与迪士尼的合作要经历一个很长的过程，审批程序非常严格。每年会对授权商的工厂进行 1~2 次验证。此外，还要了解企业销售

❶ 袁学伦.迪斯尼财富生产链：循环的轮次收入模式 [J]. 经济导刊，2012（9）：58–59.

平台和渠道，如果达不到要求也会取消资格。❶科学的体系，严格的标准，保证着迪士尼授权产品的质量，巩固着迪士尼的品牌形象。

2. 日本分版权运营模式

日本是分版权运营，即一部作品版权的不同部分掌握在不同公司手里，这些公司共同出资组成制作委员会，作为一个统一的窗口对外接洽各种事宜，作品的收益一般按照出资比例分配。这种模式（图5-1）的优点是风险小，同时每个专业公司拥有配套版权，可实现利益的最大化。

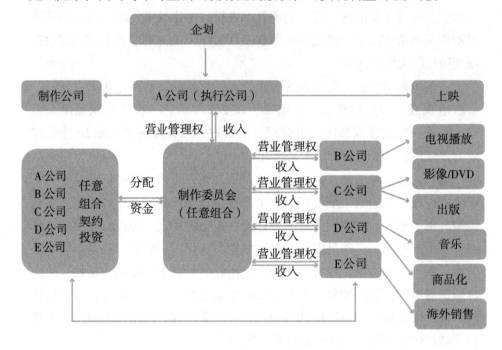

图5-1　日本分版权运营模式 ❷

3. 中国授权经营模式

结合全版权运营模式，可以总结出网络文学版权运营流程模式（图5-2），按照产业运营的流程将此模式划分为内容孵化、平台运营和粉丝变现三个阶段。

网络文学向漫画作品的转化是版权运营的内容孵化阶段，该阶段将一

---

❶ 袁学伦. 迪斯尼财富生产链：循环的轮次收入模式 [J]. 经济导刊，2012（9）：58-59.

❷ 王一鸣. 国外文学 IP 开发的经验 [J]. 现代企业，2018（11）；陈洁. 网络文学版权价值研究 [D]. 济南：山东大学，2017.

维的文字赋予二维的形象，使作品的传播速度提高、传播信息增加、受众广度扩大，积累了一定的粉丝量。当粉丝数量足够多时，就可以进入作品运营阶段，首先是漫画动起来，吸引了更多二次元受众，初探市场反应后再进行影视改编，将二维形象转变为可寄托的现实立体画面和真人阐述，以再次扩大知名度和影响力。如果作品得到市场的热切反响，就进一步把版权运营推进到最后的粉丝变现阶段。变现途径包括游戏和衍生品开发。游戏在消费作品内容时还能拓展支线，丰富原作内容，同时其商业变现能力也十分突出。

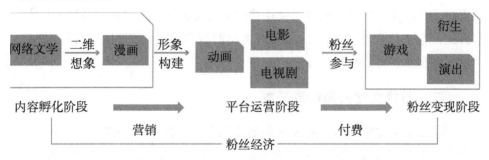

图 5-2　网络文学版权运营流程模式 ❶

同样，木雕、石雕等创新性作品，也可以申请专利、获取版权，进行版权授权形式的开发。从上述不同国家和不同类型的版权授权开发运营模式可以看到，版权其实是文化产业的核心，是文化资源进一步开发利用的重中之重。如果没有版权，文化市场混乱，作者创造欲被打压，文化产业不能得到良性的发展，文化资源也得不到充分的开发利用。

（三）关于文化产权的探讨

文化产权包括知识产权，但比知识产权更宽泛。文化产权是人们智力劳动创造的精神成果的所有权。其是以知识产权为核心，包括与文化有关的资产性、资源性和企业性产权，经法律上确认的权利人使用并获得利益的权利，是一定的所有制关系在法律上的表现，也就是法律上确认的经济主体对自身所拥有的文化产品、文化服务或文化企业的权利。❷

---

❶ 陈洁 . 网络文学版权价值研究 [D]. 济南：山东大学，2017.

❷ 廖继胜 . 文化产权交易市场发展研究 [M]. 南昌：江西人民出版社，2017：22.

与文化有关的资源性产权与广义上的文化资源有一定的相关性。如前所述，未经过现代加工的包括出土文物在内的历史文化资源，或者超过版权保护时限成为公共文化资源的作品，缺乏相应版权制度的保护，因此需要从文化产权方面进行探讨。历史文化资源，从本质上来说属于人类共同的财富，具有共享性。但一个国家或民族的文化资源尤其是传统文化资源又是本国或本民族人们辛勤劳动的结晶，因此有学者指出，在文化经济时代，"其他国家或地区在利用这些资源时应该尊重和保护它们的主权。一个国家对其他国家民族文化的开发和利用不应该是无偿和随意的，而是应当获得其授权，向其支付许可使用费用并尊重和保护其民族文化资源" ❶。因此，在文化资源开发上，加强对文化产权和制度的探讨及建设十分重要，需要更多的研究和实践。

二、智性文化资源创意开发

本书将文化资源分为物质形态的文化资源、符号形态的文化资源、社会活动形态的文化资源和精神形态的文化资源，前三者都是外显可见的，最后一个是隐性的、不可见的，存在于人脑中的思想、观念、信念、传说、创意或人们内在的价值观念、思维方式、审美趣味、道德情操——它们可以直接或间接转化为人们的创意或思想，这是一种智性的文化资源。换言之，精神形式的文化资源是一种尚未成为现实层面的文化资源，可以通过创意的形式把前三种文化资源进行开发利用，生成新的文化资源或文化产品，同时也可以直接进行创意转化而生成新的文化资源或文化产品。总之，作为一种精神形态的文化资源，它一方面是文化资源存在的形态，另一方面也是资源开发利用的智性力量。❷ 国内也有学者把这种智性文化资源的创意开发称为内隐文化资源的创意型开发。❸

大体而言，智性文化资源的创意开发，可以通过动漫、影音（电视、广播、电影）、网络、游戏、广告、各类艺术设计等形式体现。

---

❶ 高宏存.经济全球化中的文化产权问题研究 [J]. 福建论坛（人文社会科学版），2010（6）：63.

❷ 前面三种文化资源也可以内化和升华为精神形式的文化资源。

❸ 吕庆华.文化资源的产业开发 [M]. 北京：经济日报出版社，2006：87-95.

（一）动漫和影音形式

中华民族五千年文明历史，为影音动漫的创作提供了丰富多彩的文化资源。然而，我们不仅要对中国历史文化资源进行直接利用，还应根据时代的变迁、技术的发展对其进行适当的创新开发。

以中国四大名著之《西游记》为例，它一直处于影音动漫创新开发热点中。从 1987 版电视剧《西游记》到 1995 年周星驰主演电影《大话西游》，再到 2015 年田晓鹏导演的动漫电影《西游记之大圣归来》，其成功之处不仅在于运用新的技术对小说《西游记》进行开发，更重要的是进行了创新开发。电影《大话西游》对吴承恩的《西游记》进行了创意开发，借用跨越时空的貌似诙谐无稽的爱情故事，探讨了《西游记》中大爱与小爱、无明与觉悟等深刻的内涵。《西游记之大圣归来》也在《西游记》精神内核基础上，进行创新演绎和开发，丰富了西游记 IP。同时，作为一部中国传统题材的动漫电影，其还成功地利用了各类中国传统文化作为视觉要素和听觉要素。客栈、皮影戏、布偶、剪纸、古诗词等文化要素恰到好处地运用。影片中的音乐采用了多种中国古典乐器，如古筝、月琴、硬弦和板胡等，不仅展示了中国传统文化艺术的多姿多彩，也是对《西游记》创新性开发的成功实践。应该说，《西游记之大圣归来》运用现代动漫技术，通过对《西游记》的创新开发，为中国动漫的重新崛起树立了标杆，为随后的《哪吒之魔童降世》等中国动漫的更大成功打下了群众基础。

（二）网络游戏形式

网络游戏，又称"在线游戏"，简称"网游"，指以互联网为传输媒介，以游戏运营商服务器和用户计算机为处理终端，以游戏客户端软件为信息交互窗口的旨在实现娱乐、休闲、交流和取得虚拟成就的具有可持续性的个体性多人在线游戏，如《仙剑奇侠传》《真·三国无双》《梦三国》等，每一款游戏都对特有的文化资源进行了游戏创意开发，具有自己的风格和特色，并在市场上占据一席之地。网络游戏资源的开发和利用已经相对完善、成熟，并且处于快速发展中，网络游戏市场有着良好的开发前景。

（三）艺术设计形式

艺术设计，就是将艺术应用于日常生活中，使之不但具有审美功能，还具有实用功能。换句话说，艺术设计首先是为人服务的（大到空间环境，小到衣食住行），是人类社会发展过程中物质功能与精神功能的完美结合，是现代化社会发展进程中的必然产物。广告设计是艺术设计的一个分支，其以创意为出发点，进行创新或者对原有的一些意向进行再创造。

以2008年奥运吉祥物"福娃"为例。奥运吉祥物福娃的诞生，其灵感来自中国的传统文化，它融入了中国传统五行观念和"福"的理念，具有浓厚的民族文化内涵。福娃将中国新石器时代的鱼纹图案、中国宋代瓷器艺术造型、中国敦煌壁画艺术造型、中国新疆地区的民族装饰艺术和中国民间风筝图案等优秀的传统文化艺术造型和象征寓意集合在一起，与奥林匹克精神相结合，体现了传统文化和现代文化的碰撞和交融。❶

此外，广告是文化资源进行创意开发的又一重要面向。早在20世纪90年代初，杜康酒的品牌名称及广告就巧妙地利用了曹操"何以解忧，唯有杜康"的诗句。可见，从传统文化中挖掘符号资源成为我国广告创意的重要手段。

（四）其他形式的创意开发

音乐创作、建筑设计、手工制作、各类装帧设计都可以进行智性文化资源的创意开发。我国著名的小提琴协奏曲《梁祝》从越剧《梁山伯与祝英台》中吸取音乐创作元素进行创新开发。

此外，诸如书籍、唱片等文化产品的物质载体，其装帧设计也涉及文化资源创意开发。不仅利用书籍或唱片本身的内容作为文化资源，还会涉及其他文化元素的运用，这些都是文化资源得以充分利用开发的重要方面。

总之，运用人的智力，开发智力形态的文化资源，或者对外在的文化资源进行创新，形成各种不同形式的文化产品，是文化资源创新开发的源泉所在。这里涉及经验型文化技能和创新型文化能力两个方面。经验型文化技能包括写作、绘画、演奏、编程和设计等方面的程序和技巧。创新型文化能力是文化人在获得知识和操作技能的基础上，突破前人模式形成的独创性思维和实践能力，体现为创造型的构思、创意、主题、灵感、方案

---

❶ 刘少牛. 从"大阿福"到"福娃"——民间美术在现代文化建设中的意义 [J]. 南京艺术学院学报（美术与设计版），2008（4）：125.

和决策等。❶因此，要想进行智性文化资源的创意开发，需要人们在经验性文化技能和创新型文化能力上都有累积和发展，如此才能通过创新形成新的文化产品，并且通过授权的方式拓宽和延长开发经营的链条和体系，使智性文化资源的创意开发可持续进行。

★ 本章小结

文化资源产业形态的开发利用可以分为制造型产业形态、服务型产业形态及版权和创意型产业形态三种。不同的产业形态又可以细分为不同的形式。制造业形态开发包括传统工艺品的开发、文创产品的开发、文化产业衍生品的开发、旅游纪念品的开发等；服务型产业形态开发包括表演艺术形式开发、主题公园形式开发、节庆形式开发、博物馆形式开发、旅游业形式开发等；版权和创意形态开发主要指文化资源的授权开发和智性文化资源创意开发，前者在不同的国家有不同的授权运营模式，后者主要体现在动漫、影音（电视、广播、电影）、网络游戏、广告、各类艺术设计等方面。

★ 思考与练习

1. 通过典型的制造型产业形态文化资源开发个案，分析其文化资源开发利用的思路和理念。

2. 搜集典型的文化资源节庆开发或博物馆产业化开发、表演艺术开发、主题公园形式开发、旅游开发的案例，结合实地调查，对其开发过程、状况、经验得失进行介绍和分析。

3. 搜集你认为比较好的、成功的动漫、影音（电视、广播、电影）、网络游戏、广告、各类艺术设计等案例，进行分析。

4. 搜集文化资源授权经营开发的典型案例并进行分析。

---

❶ 吕庆华. 文化智能资源的版权业及创意业开发分析 [J]. 现代传播，2006（4）：115–116.

第六章 文化资源符号化模式

文化资源产业化开发归根结底是一个将文化资源符号化开发利用的过程。人类是制造意义、寻求意义的动物，符号是用来制造和表达意义的工具，而意义的获得则需通过对符号的解码来获得。文化资源的产业化过程也是符号编码和符号解码的过程。不管是物质形态的文化资源开发、服务形态的文化资源开发，抑或文化产业核心文本形态的文化资源开发，都是将文化资源进一步转化成文化符号的过程。成功的文化资源符号化是一个复杂而系统的过程，不仅包括合理的编码，还要有适当的解码，达成文化意义的传输或者消费。一方面，生产者按照一定的符码或规则对文化资源进行编码；另一方面，消费者也能够按照一套约定俗成的符码或规则对文化产品进行解码，并能获得快感和意义。

在文化资源开发中，符号编码的过程通常由文化资源的景观化、故事化和情境化组成。景观、故事和情境构成了文化资源的符号载体，其中，景观和故事所表达的内涵是文化资源的符号所指，即意义所在，情境是符号意义传达和接收的特定场合和渠道。景观、故事和情境本身又是相互关联的，一个资源的故事化是需要用景观来表现的，在景观的构造中营造出故事化所展现的情境，同时也构建出诸多的价值符号进行故事传达；景观要使消费者留下较长久的记忆就需要有一定的意义，意义是以故事来赋予和传播的。总而言之，景观、故事、情境三者相互依存，相互体现，不可分离。

本章将通过对文化资源景观化、故事化和情境化及三者之间存在的内在关系的分析，探讨文化资源符号化模式的一般过程。

第一节　文化资源符号化概述

一、符号理论概述

（一）符号定义与构成

从符号的英文 Sign 及围绕它所衍生的相关词汇（Signify 意指 / 符指 / 指示 / 指向 / 指代，Signification 意指动作或过程，Significance 意指意义 / 重要性）来看，符号是与意义相关的东西。关于符号的定义，国内著名符号学家赵毅衡先生给出了一个与词根意义非常契合的定义："符号是携带意义的感知：意义必须用符号才能表达，符号的用途是表达意义。反过来，没有意义可以不用符号表达，也没有不表达意义的符号。"[1] 用更加具象一点的表达是："符号，即发送者用一个可感知的物质刺激，使接受的对方（对方可以是人、生物，甚至具有分辨认知能力的机器）能约定性地了解关于某种不在场或未出现的某事物的一些情况。"[2] 在这个符号定义中，完整的符号包含了发送者、能指、所指、接收者。需要指出的是，人们会在狭义上使用符号这个词，即把能指（符号的载体）称为符号。

西方现代意义上的符号学有好几个传统，其中最主要的是索绪尔的符号学和皮尔斯的符号学。索绪尔的符号学是语言符号学，他从语言入手分析了符号的基本二元模式，认为符号是有意义的实体，是由能指（Signifier）和所指（Signified）构成的符号体系与意指过程。索绪尔的能指是"声音—形象"，是符号的可感知部分，由物质、行为或表象载体等具体形式充当对符号意义的指称或指向；索绪尔的所指是符号的意义层面或符号的内容，是社会性的"集体概念"，所指则是符号的"意义"，是通过符号载体来提示、显示和表达的。

从语言学角度出发，索绪尔指出了符号的第一原理或首要真理是"语

---

[1] 赵毅衡 . 符号学原理与推演 [M]. 南京：南京大学出版社，2011：1.

[2] 赵毅衡 . 文学符号学 [M]. 北京：中国文联出版公司，1990：5.

言符号是任意的"❶。正因为语言符号是任意的，所以才需要某种进一步的原则把任意的东西结构化、系统化，才能使符号能够指述、表达、传达意义。在索绪尔看来，这种把符号的能指和所指加以联系的社会规约是武断的、任意的。符号与其意义的结合方式是无理据性的，无须论证。换言之，符号是客观事物在人类精神世界的反映，符号的"能指"指其显而易见的外形，是一种意义的承载形式；符号的"所指"是指符号形式所指代和表示的意义，这种意义往往是社会性和文化性的，要按照一定社会文化规则的编码和解码才能形成和被认知。

和索绪尔不同，皮尔斯的符号学研究不是以语言学为模式，因而不仅认为符号具有多种理据性（如像拟符号和指示符号），而且符号阐释也是三分式的，认为符号始终处于符号本身（Sign）、符号对象（Object）及符号解释（Interpretant）三元关系中。在这个三元关系中，符号 Sign 是再现体（Representamen），符号的可感知部分相当于索绪尔的"能指"；索绪尔的"所指"在皮尔斯这里分成了两个部分：对象（Object），即指示物（Designatum）；阐释项（Interpretant），即符号所引发的思想。❷换言之，符号能指指向两个不同的东西，一个是对象，另一个是解释项。在皮尔斯三分式的符号定义中，解释项是"指涉同一对象的另一个表现形式"，也就是说，解释项要用另一个符号才能表达，这个新的符号表意又会产生另一个解释项，如此绵延以至无穷，因此我们永远无法穷尽一个符号的意义。由此，皮尔斯提出了所指的复杂构成，解释项成为进一步表意的起点，形成无限衍义，打破了索绪尔的二元封闭结构。❸

在符号学的发展历史中，皮尔斯的符号学由于其开放性、超语言性，到 20 世纪 70 年代后逐渐成为当代最重要符号学模式。在对本书的"文化资源符号化模式开发"的阐释中，皮尔斯的符号学模式无论是其理据性角度还是无限衍义的角度，都更具有解释力。

---

❶ 索绪尔. 索绪尔第三次普通语言学教程 [M]. 屠友祥，译. 上海：上海人民出版社，2007：86.

❷ 皮尔斯，李斯卡. 皮尔斯：论符号 [M]. 赵星植，译. 成都：四川大学出版社，2014：141-171.

❸ 赵毅衡. 符号学：原理与推演 [M]. 南京：南京大学出版社，2011：130-131.

（二）符号过程与文化

前述赵毅衡先生关于"符号被认为是携带着意义而接受的感知"[1]的定义，在相当大的程度上是基于皮尔斯的符号学，并且也内涵了一个完整的符号过程。用赵毅衡自己的话来说，"一个意义的发出（表达）与接收（解释）两个环节都必须用符号才能完成，而发出的符号在被接收并且得到解释时，必须被代之以另一个符号。因此，解释就是另一个符号过程的起点，它只能暂时结束前一个符号过程，而不可能终结意义延展本身"[2]。该过程可以以图6-1[3]表示。

发送者──→能指──→所指──→接收者

编码　　信息　　解码

图 6-1　符号过程

该过程的完成，建立在一定的符码（Code）基础上。所谓符码，是建构文本系统和破译文本意义的规则，也就是控制编码和解码的规则。所谓编码是发送者用符码把它要传达的意义转换成信息；所谓解码就是符号信息的接收者用同一套符码把信息转换成他能理解的意义。因此，一个完整的符号表意过程就是发送者依据特定的符码把其要传达的意义编码成信息，接收者接收信息并依据特定的符码来解码信息的意义。

在实用性或科学符号系统中，符码控制是强制性的，无论是编码还是解码，都必须最大程度乃至完全依据符码。但是在文学艺术等符号中，符码的控制性会降低。事实上，文学艺术等符号的魅力恰恰是通过人们依据各自不同符码的解码而赋予文学艺术越来越多的外延和内涵。

这种强符码和弱符码多少对应了西方符号学是"科学主义"和"人本主义"的两条线索。前者侧重从科学的逻辑和客观的角度来分析符号的逻辑形式和意义问题，多涉及修辞学、逻辑学和语言学等学科；后者侧重分析符号的文化意义，符号与人类精神世界、生存体验和理解的关系，以及符号本身所指的不确定性问题。[4]

德国卡西尔"文化符号论"是人本主义符号学路径的代表。卡西尔的

---

[1] 赵毅衡.符号学：原理与推演[M].南京：南京大学出版社，2011：17.

[2] 同[1]2.

[3] 赵毅衡.文学符号学[M].北京：中国文联出版公司，1990：6.

[4] 龚锐.旅游人类学[M].北京：旅游教育出版社，2011：120–121.

符号学是建立在哲学思辨基础上的，论证了符号是人的本质属性，提出了"人是符号的动物"的论断。人之所以为人，在于其"符号化"的思维与意识，以及能够使用和运用符号进行创造和创新。他指出："人的突出特征，人与众不同的标志，既不是他的形而上学本性也不是他的物理本性，而是人的劳作（Work）。正是这种劳作，正是这种人类活动的体系，规定和划定了'人性'的圆周。语言、神话、宗教、艺术、科学、历史，都是这个圆的组成部分和各个扇面。"❶卡西尔的这段论述表达了几个层面的意思：人的本质是符号性的，符号是文化的载体，符号活动创造了人类丰富的文化。正是人类在创造和运用符号的过程中，开辟出了一条真正属于人类自己的道路，即文化之路。

文化人类学家克利福德·格尔茨主张"文化概念实质上是一个符号学概念"。他指出，文化是从历史中沿袭下来的体现于象征符号中的意义模式，是由象征符号体系表达的概念体系，人们以此进行沟通，延存和发展他们对生活的知识和态度。❷因此，文化是一个包罗万象的符号体系。借助符号，人们构筑了多姿多彩的文化世界。

电影、电视、摄影、文学、绘画、建筑、音乐、民俗、礼仪等都是符号构筑的"文本"，也是人类的文化过程和文化产品。因此，文化资源开发归根结底就是人类的符号化行为。符号学的基础理论及人本传统的符号学传统，为"文化资源符号化模式开发"的阐释和研究提供了理论基础。

二、文化资源符号化

（一）符号消费与文化资源符号化

如果说人类通过制造和使用符号创造了神话、语言、艺术和科学等各种符号形式进行表意，并且这种符号表意的程度会便随着人类文明进程而逐渐增加，那么现代社会以来，尤其是近二三十年来，人类文化的符号化呈加速度增长，进入了一个高度符号化的社会，符号消费和生产超过物质的消费和生产，是人类历史上的又一场巨变。

在现代社会以前，人类社会生产力相对有限，生物性基本需要尚未

---

❶ 卡西尔. 人论 [M]. 甘阳，译. 北京：西苑出版社，2003：119–120.

❷ 克利福德·格尔茨. 文化的解释 [M]. 韩莉，译. 南京：译林出版社，1999：5.

得到普遍的满足,社会更多地进行物质性生产,以满足人们物质生活的需要。进入现代社会以后,尤其是 20 世纪后期以来,物质性和生理性需求已经得到基本满足,普通社会阶层都能拥有满足生活所需的各种物品。物品本身不再能够区分品位、阶层、身份、个性,为此人们通过消费符号和文化来寻求和满足生活需求的"感觉"和"意义"。人们的消费需求也从纯粹的物质向符号和文化延伸,物的系统演变为符号系统,社会需要进行符号生产来维系身份、地位、自我、区隔。由此,社会进入了鲍德里亚所言的"消费社会"。在消费社会中,商品不是单纯的物品,而是某种意义和关系的象征,消费亦非是对物品的占有,而是对其蕴含的文化意义和符号价值的占有。换言之,"物品不仅是商品,而且还是'象征物'和'符号物';不仅是一种所指,也是一种能指;不仅具有使用价值、交换价值,而且还有象征交往和符号价值"❶。

通过符号消费来进行社会阶层区分,"在符号消费中找到价值认同感和社会归属感,是消费社会里的'意识形态'"❷。它一方面推动了社会由物质消费向文化消费、符号消费的转向;另一方面,寻求"意义"的满足促使符号消费渗透到各个产业中,使社会生产由物质产品生产向文化生产、符号生产转变。

符号具有通过符号解释赋予物品价值差异从而使物品价值放大化的功能。作为符号载体的物品本身的价值是有限的,但是,符号化的结果却可以使意义远远地超过符号载体原有的价值,从而使其在市场上获得更高的价格。

文化产业是以提供"符号消费"为主的产业,符号消费作为一种意向性消费,存在极大的文化资源动员空间。文化资源的开发,本质上就是建立以"符号价值"为核心的一个运作模式和过程。正如李思屈先生所说:"体验经济也好,审美经济也好,文化创意产业也好,任何人都不能生产和出售任何真正的'情感'体验,他们能够做的,仅仅是制造和销售情感的符号,消费者通过对符号的消费,来唤起相应的情感享受。由此思路深入探索,我们就进入'符号经济'(Symbolic Economy)的研究领域。文化消费中的情感体验,其实就是通过一定的符号(包括仪式)对自我深层结

---

❶ 肖显静.消费主义文化的符号学解读 [J].人文杂志,2004(1):172.

❷ 姜正君,邹智贤.当代中国大众文化的逻辑悖论与价值引领 [J].伦理学研究,2017(4):112.

构的深入（审美）或反复（游戏），以实现精神的回归。"❶

文化资源开发提供的各类"文化产品"，其"能指"包括符号的物质载体（如光盘，书籍），具有实在的客观属性；其"所指"包括通过广告、活动宣传而形成并传达的概念、氛围、感觉和意义，也包括文化产品自身所携带的大量符号信息。此外，以皮尔斯的符号概念作为分析路径，文化产品的"所指"还包括消费者对文化产品的解读，由此产生文化产品符号的无限衍生，这恰恰也是文化产品区别于普通商品的重要特征。举个例子，《圣斗士星矢》这部日本动漫在制作的时候，便已融会了日本本土文化、西方神话、东方佛教等多重文化要素，而伴随它的流通和消费，在中国形成了消费者的"同人逆迷"❷现象。他们不仅创造了独特的艺术世界（a Particular Art World），包括小说、图画、音乐、漫画、软件和周边，更有意思的是产生了"广泛的日常生活联系"（a Wide Daily Connection），他们在自己的现实生活中收集相关物品、符号，还进行主题活动。❸这些与动漫人物相关的主题活动通常与情人节、中秋节、圣诞节相融合。因此，文化产品的流通和消费不仅在现实生活中创造了新的文化，也使原有传统的节日发生改变，因而也改变着生活意义上的文化本身。正如鲍德里亚所言："电影、广告、肥皂剧、时尚杂志和形形色色的生活指南不仅不需要模仿现实，而且可以生产出现实：它们塑造着人类的审美趣味、饮食与衣着习惯乃至整个生活方式。"❹

和一般的商品一样，文化产品所附加的符号价值在消费过程中主要体现为消费者对于符号"所指"的认知和需求，如果消费者对符号"所指"不能接收和接受，就会导致"能指"与"所指"意义脱节，更难以衍生出新的符号"所指"。文化产品的信息、意义和符号价值就此消失，成为低

---

❶ 李思屈.审美经济与文化创意产业的本质特征 [J].西南民族大学学报（人文社科版），2007（8）：103.

❷ 好的作品或评论会受到原来不是该动漫作品粉丝的关注，进而成为粉丝，研究者曹洵称为"同人逆迷"现象，即从受众一端逆方向地增强了原作品的吸引力和影响力，从正面提高了原作品的吸引力和影响力。参见：谭雪芳.虚拟异托邦 关于新媒体动漫、网络传播和青年亚文化的研究 [M].桂林：广西师范大学出版社，2016：218.

❸ 曹洵.虚拟社区的动漫迷文化实践模式研究——以《圣斗士星矢动》漫迷为个案的质化研究 [J].青年研究，2011（4）：77-79.

❹ 鲍德里亚.消费社会 [M].刘成富，全志钢，译.南京大学出版社，2014：196.

价值乃至无价值的物质。对于包括文化产品在内的商品来说，在不同的文化环境中，其符号"能指"和"所指"有时并非完全统一，因此商品所携带的意义和价值需要在一定的文化背景和某种程度相同的符码下，才能被认知和解读。作为商品的生产者，需要像生产商品的"能指"一样，用心地生产合适的"所指"，并为消费者所接受。

除了用心生产合适的为消费者所接收和接受的"所指"，还要通过广告等途径让消费者接收和接受"所指"。广告是消费社会催化剂，广告本身也是文化产品。"商品通过广告、大众媒体等的富有技巧的展示，将社会所有的、能够吸引消费者的各种文化意义附着于商品之中，使商品不再是单纯的、具体的物品了，它本身已经成为表征某种意义和价值的符号，具有了'所指'与'能指'的双重含义。"● "广告系统、时尚系统、商品设计和产品包装等手段的应用，充分调动了消费者所关注的文化意义、目标、价值、观念、理想等文化资源，并使商品同这种文化资源相结合，使商品成为能够强烈吸引消费者注意的符合文化意义的象征符号。……广告就是以这种特定的方式生产了商品的文化意义，成为人生价值以及文化意义的展现者。"●

文化资源开发的最终目的是其形成的文化产品能为消费者所接受，因此文化资源开发要遵循符号消费的逻辑。文化产品作为文化符号，其"能指"是消费者所感知到的实物、形象、行为和声音等载体；而其"所指"则是这些载体所蕴含和表达的意义。因此，文化资源开发的关键，就是"能指"所传达的"所指"是易于为市场理解和接受的，进而其所蕴含和表达的意义是为消费者所认同和喜爱的。这里既涉及文化产品与消费者所在的文化背景的一致性问题，消费者对文化产品所展示的文化符号的意义的理解程度，也涉及文化符号价值的生产、建立、累积、传播，即文化符号自身表达的能力和质量或符号衍生力的提升。

因此，文化资源的符号化开发，需要在对文化资源的科学调查和整理基础上，对其进行符号的提取和编码，生产出各类合适的文化产品。同时，需要通过各种广告运作，向不同的消费者传达文化产品的内涵和意义，使消费者能接受、认同和喜欢，从而实现文化资源符号化的成功转化。

● 肖显静. 消费主义文化的符号学解读 [J]. 人文杂志，2004（1）：171.

● 同 ●.

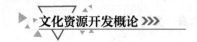

（二）文化资源符号化的建构与传播

物质形态、服务形态和创意形态的文化资源开发会形成大致三种类型的文化产品：一是有形的物质形态的文化产品，二是服务形态的文化产品，三是依托各类媒介的影音、动漫、音乐、书籍、游戏等文化产品。无论哪一类形态的文化资源开发，都要进行文化的符号化提炼、生产和传播。符号接收者对于符号意义的衍生解读，又会反作用于发送者，形成文化资源开发的符号互动，如图 6-2 所示。

发送者——→能指——→所指——→接收者

编码　　信息　　解码

图 6-2　文化资源开发的符号互动

在诸多文化资源开发形式中，旅游业形式的文化资源开发，由于涉及游客、东道主和旅游地地理文化空间，其符号化的建构和传播成为文化资源符号化开发模式探讨的重点。下面以旅游文化资源的符号化构建和传播为例，探讨文化资源符号化构建和传播的基本模式。

旅游文化资源开发者按照一定的符码对其旅游文化资源进行编码，并将其呈现或者说发送给接收者，即游客。具体表现为旅游景观符号空间的生产，包括标志性景观符号系统的制造、符号性旅游产品、符号性舞台化表演等。其符号化所动员的资源和路径，可以是历史性的、族群性的和艺术性的，即"通过历史性生产、族群性生产、艺术性生产这三种符号生产来创造出一个符号空间"❶。历史性生产通常是指把历史上有过的或者依然存有的文化资源进行怀旧性的复原，如通过实体的历史文物建筑、生活、商业、艺术空间的历史复原性为游客提供文化体验；族群性生产则是通过对民族文化的提炼，不仅包括族群日常生活中的文化要素，而且要提炼族群宗教、艺术、文学中所隐含的宇宙观和文化法则等，进而转化为与族群相关的文化产品；艺术性生产主要是通过舞台化展演的形式把族群传统的音乐舞蹈等文化进行符号化生产。

游客在旅游活动过程中对外部的旅游符号产品进行解码。通常而言，游客的这个解码过程，除了通过各种文本和信息直接获得旅游地景观的意

---

❶ 桂榕.民族文化遗产的旅游符号化现象探析——以云南丽江为例 [J]. 西南边疆民族研究，2014（1）：151.

义认知之外，更多情况下，游客会把外部的旅游文化内化到自身的认知图式和文化经验中，以此获得旅游体验和意义解读。通过拍照、博客、微信朋友圈、书籍等符号行为，游客这种衍生性的解读又会反作用于当地社会，影响其在文化资源旅游开发时的符号再生产。旅游人类学对此有专门的探究：旅游者通过对旅游地文化符号的解读参与旅游地社区的文化创造，旅游地在"外来文化"（指旅游者对旅游地文化符号的解读）的冲击下，能够促使社区居民对自身文化的觉醒，因为"文化的内核就像遗传基因一样稳固，我们不会担心它发生质的变异，自身的文化与'外来文化'越融合、交流，文化的内核也就越会觉醒"，"旅游者深入社区，甚至生活在社区，与社区居民进行真正的交流，反而会促使社区居民对自身文化的'自省'，诱发社区居民对自身文化价值的认定，旅游者与社区居民的相互凝视（Gaze），会提升社区居民传承与创新自身文化的内在激情"。❶

著名的旅游社会学家麦康纳的旅游景观神圣化的五个阶段，包含整个文化资源符号化的过程。麦康纳指出，旅游地景观的符号构建及其神圣化依次要经过景观命名（Naming）、景观装裱（Framing）与提升（Elevation）、珍藏（Enshrinement）、机械性复制（Mechanical Reproduction）和社会性复制（Scoial Reproduction）5个阶段。❷前三个阶段更多地属于文化资源旅游开发者的符号化行为，而机械性复制和社会性复制则是通过游客的符号化行为来完成的：前者包括游客的拍照与模塑等景观复制行为，后者则是游客通过各种媒介对吸引物的定义、评价和建构。这里认为，"社会再生产"是指受景点吸引的人对这一景点的自我理解和接受。从这个层面而言，旅游资源的符号化状况最终取决于旅游者的意义解读、构建和传播，而非文化资源本身。

总而言之，基于游客和旅游地符号互动下的文化资源再开发，不只是开发者将旅游地的文化资源作简单的符号化提炼和编码，而且是在对旅游地社区文化的本质、精神深刻理解基础上的符号提炼和编码。符号传达给游客后，游客势必会对符号进行一定的理解，开发者再次接受游客的反馈后进一步准确地改进符号。图6-3是符号化旅游的理想模式。

---

❶ 杨振之.旅游的"符号化"与符号化旅游——对旅游及旅游开发的符号学审视[J].旅游学刊，2006（5）：76.

❷ MAC CANNELL D. The Tourist：A New Theory of the Leisure Class[M]. New York：Schocken Books，1976：21–22，125–131.

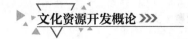

图 6-3　符号化旅游的理想模式

总之，符号是人类认识事物的媒介，符号表意的过程是通过编码与解码的双向循环来完成的。文化资源的旅游开发正是这一符号表意过程的典型呈现。

第二节　符号化模式：景观、故事与情境

文化资源符号化模式有许多种，其中景观化、故事化、情境化和品牌化是最主要的符号化模式，且相互独立又相互关联。成功的景观化、故事化和情境化的符号运作，会促进品牌化的形成。从符号学角度来看，景观对应着拟像符号，一切可视化的文化产品，包括电视、电影、工艺产品、旅游景观等都可以归为此类；故事对应着指示符号和规约符号，它赋予景观以内容、信息和意义；情境则对应着传达和制造符号体验的渠道和途径。

由于品牌化是文化资源开发符号化模式中更具抽象性、核心性和系统性的目标，本书将在第九章中单独论述。

一、文化资源的景观化 ❶

（一）景观及景观化

中国古代"景"与"观"并不连用。民国时期的《辞源》无"景观"这一词条。现代的《辞海》《现代汉语词典》对景观的解释大致与"景致""景物""景色"相通或相近。❷ 我国自古以来的山水画，亦以描绘景观或风景为主，具有美学艺术的含义，倾向于自然意义上的景观。但"景

---

❶ 关于文化资源景观化开发的论述，笔者曾以《论文化资源的景观化开发模式》为题发表论文（《非物质文化遗产辑刊》2020 年），本书"文化资源景观化"及相关部分在此文基础上修改而成。

❷ 葛荣玲，彭兆荣. 景观 [J]. 民族艺术，2014（4）.

观"一词的现代含义早已超越了自然景物，因此我国当代的人文地理学者在进行景观研究时，基本上借用了西方"人文景观"的内涵。北京大学吴必虎教授认为："任何一个有特定文化的民族都会通过建造房屋、开辟道路、耕种土地、修筑水利工程、繁殖或限制人口、传播宗教等活动改变其生存空间内的环境。这种人所创造的物质或精神劳动的总和成果在地球表层的系统形态就被称为'文化景观'。"❶

在西方，"景观"（Landscape）自出现以来，其内涵历经了几个方面的变化，由最初的"自然风光"到"人文景观"再到"景观社会"，从一个地理学、美学的概念拓展到景观规划、遗产学、社会学、人类学、文化批评的概念。从文化资源开发的角度来看，这种转变一方面体现了自然世界不断被人化的过程，也就是人类不断进行符号生产和积累的过程，另一方面也隐含着对于过度符号化的隐忧。

从 landscape 的词根来看，它在原初的意义上是指地形、自然风景之意，是纯粹的自然景观。凡是作为人类欣赏对象的自然景物或自然现象都被称为"景观"，与汉语中的"景色""风光""风景"相一致。到了 19 世纪初，植物学家和自然地理学家洪堡德，将"景观"作为一个科学的术语引用到地理学中，并将其定义为"某个地球区域内的总体特征"❷。这里的景观成了区域内相互关联的许多事物表述的用词。

到了 20 世纪初，德国地理学家奥特·施吕特尔把景观分为自然事物和人文事物，前者指未经过人类活动重大改变之前的景观，相当于自然景观；后者是经过人类活动改变后的景观❸，也即文化景观。当时的德国地理学家逐渐把文化景观作为重要的考察对象。1927 年，美国的地理学家卡尔·索尔继承和发展了德国"文化景观"概念，将其定义为"附加在自然景观之上的人类活动形态"❹，强调了人类文化活动与景观之间的关系，主张将文化景观作为人文地理研究核心。此后，"文化景观"更多地出现在英文文献中，用来表示人类文化活动所影响和创造的景观。与自然地理学家不同的是，人文地理学家突出了人类文化活动所形成的景观，景观的人

---

❶ 吴必虎，刘筱娟.中国景规史[M].上海：上海人民出版社，2004：3.

❷ 刘嘉龙，郑胜华.休闲概论[M].天津：南开大学出版社，2008：202.

❸ 李旭旦.人文地理学概说[M].科学出版社，1985：11.

❹ 同❸.

文内涵在此被进一步明确。

伴随资本主义和现代技术的发展，人类社会进入了被居伊·德波称为"景观社会"的时代。在德波看来，当时的时代已经告别了马克思所面对的资本主义物化时代而进入到他所指认的"视觉表象化篡位为社会本体基础的颠倒世界，或者说过渡为一个社会景观的王国"❶。这个景观是"一种由感性的可观看性建构起来的幻象，它的存在由表象所支撑，以各种不同的影像为其外部显现形式。尤为重要的是，景观的在场是对社会本真存在的遮蔽"❷。由此，德波用景观及景观社会的概念批判在一个"符号胜过实物、副本胜过原本、表象胜过现实、现象胜过本质"❸的年代中，景观如何被制造和操纵，以及人们明知景观的制造却迷恋景观而丧失自身社会存在的现实。阿帕杜莱在德波景观社会的基础上，又将景观分为五个方面：族群景观、媒介景观、技术景观、金融景观、意识景观。❹其中，媒介景观是指生产和散布信息的电子能力（报纸、杂志、电视台、电影制片厂）的分配及这些媒体所产生出的世界影像。❺鲍德里亚批判性地指出，我们今天对真实的复制不是从现实开始，而是从另一种复制性——各种文化产品——开始，最后形成一种毁灭的狂喜，即超真实（Hyperreal）。❻

尽管德波、阿帕杜莱等人的"景观"是站在对现代社会批判的角度展开的，然而近几十年以来，世界各地的景观生产却越发地蔓延和猛烈。这种情况一方面似乎无可奈何地证明了德波理论批判的正确性，即人们明知景观的制造和操纵性，却无法自拔沉迷其中，心甘情愿地被操纵；但另一方面这种蓬勃的景观发展态势似乎也在显示，在景观化的社会过程中，大众并没有一味地被迫消费与自我丧失，而是通过反霸权的"解码"的方式参与到景观化的制造和生产过程中，进行自我确认和表达。❼

此外，在文化产业时代，世界历经了"真实—仿真—拟真—超现实"❽

---

❶ 居伊·德波. 景观社会 [M]. 王昭风，译. 南京：南京大学出版社，2006：6.

❷ 同❶11.

❸ 同❶1.

❹ 阿尔君·阿帕杜莱. 消散的现代性 [M]. 刘冉，译. 上海：上海三联书店，2012：43.

❺ 同❹46.

❻ 鲍德里亚. 象征交换与死亡 [M]. 车槿山，译. 南京：译林出版社，2006：5.

❼ 斯图亚特·霍尔. 编码—解码 [M]// 罗钢，刘象愚. 文化研究读本. 北京：中国社会科学出版社，2000：350.

❽ 同❻.

的转变，到了超现实阶段，人们能在"逼真的景观符号中，用自己仿真的行为，完成个体的拟真消费"❶，人们可以获得更为全面的体验，从而在非真实的超现实中体验"本真性"和"完整性"。其原因在于，现代数字仿真技术能呈现我们肉眼不能看到、却在想象和梦境中会生产的景观。在此意义上，电影、电视、游戏等文化产品将人类的梦想、心像和幻想逼真地表现出来并让人看到，是一种更内在的"真实"。❷

在这个意义上，景观所制造的"超真实"可以是一种现代神话，而神话一直是人类精神所需要的。现代社会，由于专业的分工使每个人都只能得到片面的发展，其工作的专业化使个体无法形成综合性的眼光，只有在书籍、电影、电视、游戏、音乐等文化产品的消遣中，才能获得奇妙、特殊和相对完整的文化体验，提升个性和灵魂。可以说，文化产品及其所构筑的景观提供给断裂的、片面发展的人以本真性体验。❸

（二）景观化的类型和方式

在文化资源开发范畴中来探讨景观化，主要是指对各种类型的文化资源进行可视化的设计规划和开发，通常需要借助一定的媒介来展现。根据景观化借用媒介的不同，文化资源景观化开发大致可以分为三种类型：以物理形态为媒介的景观化；以身体形态为媒介的景观化；以电子形态为媒介的景观化。三者在实际的景观化运作中，可以根据文化资源的类型有所偏重，也可以进行综合的运用。

1. 以物理形态为媒介的景观化

主要指对各种类型的文化资源进行物理形态的景观化建设、重构或者改造。

第一种是对物质形态的文化资源，如文物、纪念性建筑，工业进程中留下的旧厂房、矿山等，也包括村落、古镇或其他文化遗址的景观化。例如，瑞典打捞出的 18 世纪的哥德堡号沉船是非常别致而精彩的物质形态景观化实例。原本已经荒废的成都锦里通过物理形态的景观化改造，重现了老成都的风情，成为成都市的地标之一。西安的大唐芙蓉园，通过对文

---

❶ 皇浦晓涛. 创意中国与文化产业：国家文化资源版权与文化产业案例研究 [M]. 广州：暨南大学出版社，2007：44.

❷ 邓启耀. 媒体世界与媒介人类学 [M]. 广州：中山大学出版社，2015：15.

❸ 林敏霞. 人类学视域下的文化产业研究 [J]. 徐州工程学院学报（哲学社会科学版），2020（6）：50.

化遗址的保护和物理性景观化重造，再现盛唐京城场景。正如研究者所言，全世界大部分"新的"旅游景点都是古老的，都是"遗产旅游"得以发展的例证。❶事实上，物理性的再景观化是文化资源开发必要的、基础的方式。例如，为了避免对边远乡村粗野的抗拒心理，所有这些传统都经过细致的设计与构想。旅游点的社交性、干净整洁、通达性等对这些焦虑起到抵消作用。置身于洁净而舒适的传统氛围中，勾勒出一幅精致图画，成为重要的多元象征。通过现场和非现场的各种处理，这类旅游资源的吸引力在于，它包括经仔细去污除垢后的"历史"，以及精挑细选的高雅的"自然"。即便有时候所呈现的并不是那么高雅，也是用创造的"粗糙和古朴"来满足人们对于"原真的"追求和想象。❷这是再景观化的必然要求和结果。

第二种是对历史真实符号的物理景观化。一些历史上真实存在的人、事、物，可以通过物理空间景观化的方式重新展现。例如，通过多年的考古发掘和对其历史文化内涵的分析研究，重塑景德镇御窑制瓷文化空间。❸前述西安大唐芙蓉园中有关李白、杜甫等人物雕像及其诗词雕刻等也是历史真实符号物理景观化的表现。

第三种是虚构符号的物理景观化。最典型的就是迪士尼乐园，它是将迪士尼动画中的虚构人物进行物理景观开发。位于日本鸟取县北荣町的柯南小镇也是在现实中构建虚拟场景，柯南的身影遍布小镇的大街小巷：柯南大道、柯南大桥、柯南浮雕铜像、柯南连路标和指示牌，就连井盖也以柯南为主题。其他为了展示文化而建造的主题公园或者街道、博物馆，也是文化资源物理形态景观化的表现。这种物理形态的景观化是以一种在地固化的形式形成的、具有膜拜乃至朝圣意义的文化产品，能带动旅游、会展和休闲娱乐的发展。

2. 以身体形态为媒介的景观化

主要是指对各种类型的文化资源进行以身体展示和展演为方式的景观化开发。以身体为媒介进行景观化开发的文化资源主要为各类仪式、节

❶ THOMPSON，MICHAEL. Rubbish Theory：The Creation and Destruction of Value-New Edition[M/OL]. [2021-05-11]. Pluto Press，2017. http://www.jstor.org/stable/j.ctt1rfsn94.

❷ 格拉本. 人类学与旅游时代 [M]. 赵红梅，等，译. 广西师范大学出版社，2009：155.

❸ 朱乾道. 重塑历史文化景观空间的路径与方法——以景德镇御窑制瓷历史景观空间为例 [D]. 景德镇：景德镇陶瓷学院，2012.

庆、歌舞、手工技艺等。它们原本就是社会活动形态的文化资源、民众生活的组成部分，但当其作为文化资源进行开发的时候，由于受到时间与空间的限制，原本是民众民俗生活的内容就无法按照原有的时间与空间展现，而需要做出适当的调整，通常更加短暂、简单，可观赏性更强，如我国傣族的泼水节，苗族的牯藏节、僧伽罗魔鬼舞等都是民俗文化资源的景观化。这是以身体形态为媒介进行文化资源景观化的必然要求和体现。

此外，许多原本以传说故事等无形形态存在的文化资源，也可以用歌舞方式进行景观化转化。《印象·刘三姐》是广西刘三姐的故事，其是以身体为媒介开发的景观。杨丽萍的《藏迷》是对藏族民俗文化的身体展演，《丝路花雨》是对敦煌壁画中的舞蹈音乐等文化的身体展演，茅威涛的越剧《陆游与唐婉》《孔乙己》是对陆游和孔乙己等历史人物或文学人物的身体展演。手工技艺、传统艺术等身体技艺的展示通常设置在景区、博物馆展厅。由于以身体为媒介的文化资源景观化具有面对面和群体聚集的现场真实感，因此是景观化开发不可或缺的一种类型。

3. 以电子形态为媒介的景观化

无论是理论还是实践，所有的文化资源最终都可以以电子为媒介进行景观化，诸如前述的物理形态和身体形态的媒介景观都能轻易地转化为电子媒介的景观。电子技术使符号信息编码、发出、传送、接收、储存，可以克服时间和空间的限制，大大地延长了符号化的跨度，使文化表意成为当前最核心的产业之一。文化资源的生产和散布能够成为世界影像，被阿帕杜莱称为"媒介景观"，并且这种"媒介景观"有"奇观化"的趋势，即它不再需要诸如传统的故事、小说那样强调叙事的完整性、结构性和情节性，动作奇观、身体奇观、场面奇观、速度奇观等本身就是景观展现的主导原则。

此种媒介景观也充分体现在当前文化产业的版权运营过程中。由文字到二维漫画、三维真人，从小屏幕到大银幕，无不表现出电子形态为媒介的景观化的统治地位。即便是一个物理形态或是身体形态的景观，也需要借助电子媒介形态的景观进行宣传，或者开发延伸的电子文化产品。

在此意义上，文化产业几乎等同于媒介景观。文化产业的发展建立在现代媒介技术的基础上，近现代以来的收音机、留声机、摄影、摄像等工业技术为文化产品的批量化生产提供了技术保障，现代网络信息媒体技术的发展，又进一步加速了文化资源向文化产品转化的广度和深度。新媒介的使用和传播，促使各种文化产品得以更为广泛、更迅速和跨边界的流动，形成了今天所谓的"媒介景观"，即它构成了极为复杂的现代性进程，加剧了后现代性的增长。❶

二、文化资源的故事化

（一）故事及故事化

所谓故事，"就是对一件事或一连串事的陈述。故事的角色通常是人"，"即使主要的角色不是人——如动物、神灵、组织，或暴风雨等自然环境特征——其行动仍旧与人类相似"❷。因此，故事是拟人化、文学化的一种叙事。罗伯特·麦基认为，一个美好的故事好比一部交响乐，结构、背景、人物、类型和思想被融合为一个天衣无缝的统一体。"故事事件创造出人物生活情境中有意味的变化，这种变化是用某种价值来表达和经历的，并通过冲突来完成。"❸故事营销研究专家安妮特·西蒙斯认为："故事是引用详尽的事实和情感来叙述的假想经历，其目的是促使听众产生身临其境的想象。"❹汉语中"化"字在名词或形容词后构成动词，表示转变成某种性质或状态。因此，故事化就是使某一对象（包括思想或者意愿）转变成事件或故事的形态被叙述的动态过程，使对象富有详尽的事实和情感叙述的可行性，从而引起受众产生身临其境的共鸣感。

喜欢故事几乎是人类的一种原始本能。很多时候，概念固然新颖，事理固然真切，但如果没有精彩的故事形式和精妙绝伦的叙述，就无法引起他人的喜欢和赞叹。正如安尼特·西蒙斯所说，故事可以使人深入挖掘和触摸到最有心机、最敌对和最霸道的人的那颗柔弱的心。❺从文化资源开发或者文化产业角度来说，"故事"既是文化资源开发后的"产品"，也是

❶ 林敏霞.人类学视域下的文化产业研究 [J].徐州工程学院学报（哲学社会科学版），2020（6）：47.

❷ 蒂利.为什么？ [M].李钧鹏，译.北京：北京时代华文书局，2015：61.

❸ 麦基.故事：材质、结构、风格和银幕剧作的原理 [M].周铁东，译.天津：天津人民出版社，2014：41.

❹ 西蒙斯.故事赢家 [M].胡丽英，译.北京：东方出版社，2009：13.

❺ 西蒙斯.故事思维 [J].东方企业家，2017（5）：16.

用来把"产品"营销出去的手段和方法，即所谓"故事化营销"。❶

故事有很多种类型，在现代社会，如果想要销售故事就要熟稔现代社会的故事类型。向勇先生按照线性时间，概括了故事题材的三种类型，分别是传统故事（神话故事、民间故事、童话故事）、小说（虚构小说、历史小说、奇幻小说）和信息叙事（新闻报道、社交互动）。传统故事是梦幻式的、富有智慧启示和道德训诫的，能够和解各种冲突。小说则依赖个人经验、历史传奇和社会事件，注重空间和局部的叙事关怀，强调可消费性。信息叙事则是现代媒体下形成的对传统故事和小说的双重反动、双重祛魅的一种"即用即弃"的消费品。❷应该说，信息社会的文化消费呈现快速化、碎片化、趣味性的特点。信息叙事形式满足和呈现了现代社会文化消费的上述特征需求，它以传统故事和小说为其叙事的文化资源，将其改装成尽可能短小精悍、情节吸引人的文化产品。

文化产业运营核心从一定意义上就是以故事作为驱动、以故事作为产品，生产和经营故事。纵观成功的文化产品或者是文化产业公司，都是演绎故事的高手。可以说，没有好的故事就没有迪士尼，没有好的故事就没有皮克斯，他们都深信故事是一切的基础。因此，好的文化资源固然重要，但是如果没有精彩的故事化叙述，就无法深入人心。在人人爱听故事和说故事的年代，在一个符号胜于物质、人们更多依靠符号定义自己的社会中，"任何想在未来市场取得成功的人都必须讲述故事，故事是问题的实质"❸。因此，"应以故事活化和整合历史文化资源，创造情感资源"❹。

所谓文化资源的故事化就是以故事的形式对文化资源进行表达，充分吸引受众，使其产生代入感，产生共鸣。例如，近年来中央电视台推出《国家宝藏》，以故事化叙述的方式重新演绎每个文物的前世今生，实现了我国优秀内容的成功传播。

我国拥有海量的文化资源，很多文化资源本身就是故事形态存在，包括上古神话、诸子传说、山海经、封神演义、佛经故事、道教故事、聊斋

---

❶ 孔繁任. 故事化营销：让你的产品和品牌深入人心 [M]. 成都：四川人民出版社，2019.

❷ 向勇. 文化产业导论 [M]. 北京：北京大学出版社，2015：223-224.

❸ 詹森. 梦想社会：第五种社会形态 [M]. 王茵茵，译. 大连：东北财经大学出版社，1999：38.

❹ 厉无畏. 资源优势转化为产业优势 [N]. 光明日报，2011-10-27.

志异、民间传说等。但这些传统的故事形态与市场和时代之间有一定的距离，需要我们进一步的加工转化。作为文化资源，这些传统的故事为我们提供了丰富而独特的"文化密码"，需要我们以符合当下审美需求的故事形式进行重新叙述，或者说"再故事化"，充分利用文化资源把故事讲好，与时俱进，实现文化输出。

（二）文化资源故事化的方式和途径

讲好一个故事，具有一些基本的原理和具体的技巧。罗伯特·麦基的《故事：材质、结构、风格和银幕剧作的原理》一书，详细地介绍了故事的基本要素——结构、背景、类型、人物和意义等，完整地阐述了讲好故事的基本原理，包括设计场景，塑造人物，布局谋篇，设置危机、高潮和结局等各个环节。他指出，讲好故事具有自身的基本原理、普遍形式和原始模型，创作者要一手把握内容，一手精于形式，运用基本原理进行独特性创作，而不是墨守成规、套用公式。❶

在文化资源的故事化开发中，故事创作的这些原理、形式和技巧是同样必要和重要的。此外，文化资源开发由于涉及地方性知识和文化产品的转化等更广泛的领域，所以如何从文化资源中提炼和概括出核心要素进行文化产品的转化，涉及"文化密码"和"文化原型"的双重考虑。

1. 寻求"文化密码"

从文化资源开发角度来看，一个受欢迎的文化产品或者说故事，不但需要一个独特的文化资源，最重要的是开发者能正确地找到并提炼出该文化资源中所蕴含的"文化密码"。在故事创作中，一般是寻找有故事性的素材，提炼此素材的主题和价值，再接着对此进行故事化创作，"要有趣味性、社会普遍性、打破常规、史料记载性等基本特征"❷，要能够打动人心并且引起共鸣。然而，什么样的故事素材才能提炼并创作出有趣味性、能普遍打动人心的产品呢？

心理学和人类学博士克罗泰尔·拉帕耶致力于人类学的应用研究，其成就之一是从人类学中提炼出"文化密码"的概念并将之运用于商业领

---

❶ 麦基.故事：材质 结构 风格和银幕剧作的原理 [M]. 周铁东，译. 天津：天津人民出版社，2016：1.

❷ 何莹莹.电视纪录片故事化叙事研究 [D]. 济南：山东师范大学，2015：29.

域。人类学强调文化多样性，认为特定的环境会形成特定的文化，人们浸淫于各自的文化而成长，它们不知不觉会成为人们的个人无意识、集体无意识乃至文化无意识。换言之，"文化密码是我们凭借生长的文化环境，在无意识里赋予任何特定事物的意义"❶。由此，人们在日常生活中会喜好、认同或者追寻蕴含他们熟悉的"文化密码"的物件、故事或者产品。可以说，文化密码是这些物件、故事和产品的文化基因。霍尔特和卡梅隆在其《文化战略》一书中就引用"文化密码"概念，指出"如果一个神话想要激发消费者的共鸣，它就必须由最合适、最引人入胜的文化内容来构成——本书中我们借用一个学术名词'文化密码'来指称它"❷。

同样，文化资源的故事化开发，首先也是应该寻求其中所蕴含的"文化密码"，它是这个文化的核心所在，依然存在于个体或集体的无意识中，并影响着人们的日常行为、观念乃至情感。只有找到这个"文化密码"，才能形成最具独特性的故事内核，打动本土受众的心。

日本的熊本县在打造自己的代言人熊本熊的时候，找到了熊本县和日本人的"文化密码"。形象设计负责人水野学总结了日本的人气形象具备的共同特征：红脸颊，可爱憨厚的四肢动作，熊本熊名字本身蕴含的憨萌文化基因，加上熊本的地名特色。所以，"熊本熊"这一文化产品的故事化开发成功地抓住了熊本城的黑色和"熊"的文化基因，以及整个日本"萌文化"、可爱文化的文化基因。

2. 诉诸"文化原型"

对某一族群"文化密码"的掌握，可以帮助一个故事或文化产品轻而易举地撬动这个族群内心的情感世界。在推广和营销文化产品的过程中，要面临不同文化和族群，因此就要考虑不同受众的"文化密码"。这里就面临如何平衡族群文化差异性和文化共同性的问题。如果说，族群差异性的存在要求针对不同的市场精准地找到其"文化密码"，那么针对文化共性而言，则需要提炼"文化原型"。因此，本书认为，文化资源故事化的源头在寻求"文化密码"，可以通过诉诸"文化原型"的方式，使日后的文化产品能在全世界广泛流通和接受。

---

❶ 拉帕耶. 文化密码 [M]. 陈亦楠，李晨，译. 海口：南海出版公司，2008：4.

❷ 霍尔特，卡梅隆. 文化战略 [M]. 汪凯，译. 北京：商务印书馆，2013：178.

17 世纪古典进化论学派的倾向为人类历史发展寻求一个共同的心理机制。英国人类学之父爱德华·泰勒"万物有灵论""艺术起源于巫术"等理论主张蕴含了对人类思维共性的研究；弗雷泽的《金枝》从宗教思维领域追求人类的共性，并发现世界各地都有交感巫术，呈现高度的相似性。"文化原型"的概念最早由德国人类学家阿道夫·巴斯蒂安提出，认为人类具有普遍的心理上的一致性，各族群的文化特征、民间传说、神话和信仰似乎构建在同一种"原初观念"❶ 上。20 世纪 60 年代以来的结构主义叙事研究，认为千差万别的叙事性文本，都具有内在共同的结构。例如，法国结构主义人类学家列维·斯特劳斯通过对古希腊不同神话的研究，解读和整合出了共同的意义"内核"：对亲属关系的过度重视和对亲属关系的过低估价。

公认的原型理论代表是瑞士心理学家卡尔·荣格。与弗洛伊德基于个体分析的心理学不同，荣格认为人格分"意识、个人无意识和集体无意识"三个层次，并且人类的个体意识受控于远古就继承发展下来的"集体无意识"，它是一种由遗留所保留下来的普同性精神机能，即由遗传的脑结构所产生的内容，这就是所谓的"原型"，"一种从不可计数的千百年来人类祖先经验的积淀物，一种每一世纪仅增加极小变化和差异的史前社会生活的回声"❷。荣格认为，一切能深入人类灵魂的伟大艺术并不是个人意识的产物，而恰恰是集体无意识的造化。换而言之，文化资源的故事化开发，其叙述的故事要想最广泛和深刻地深入人心，需要与人类共同的文化原型相联系；反过来，基于原型模型基础上创造的故事都具有普遍的意义。例如，美国的玛格丽特·马克和卡罗·S. 皮尔森曾共同出版一本名为《很久很久以前——以神话原型打造深植人心的品牌》的书，书中研究分析了著名世界品牌，阐述了它们如何借助神话原型的"原力"，掌握品牌类别的本质，挖掘品牌的原型意义，从而获得长盛不衰的成功。书中具体分 4 大阈限 12 类原型：向往天堂的"天真者""探险家""智者"原型；刻下存在痕迹的"英雄""亡命之徒""魔法师"原型；没有人是孤独的"凡夫俗子""情人""弄臣"原型；立下秩序的"照顾者""创造者""统

❶ 夏建中. 文化人类学理论学派——文化研究的历史 [M]. 北京：中国人民大学出版社，1997：42.

❷ 荣格. 荣格文集 [M]. 冯川，译. 北京：改革出版社，1997：39-40.

治者"原型。❶

　　笔者认为，上述"寻求"文化密码和诉诸"文化原型"的故事化方式，实则是一种辩证关系，是特殊与普遍、民族与世界的辩证关系。一方面，在进行文化资源故事化创作的时候，我们需要找出原型要素，把我们的故事都纳入原型和母题，以获得普遍认同；另一方面，尽管我们承认原型和母题的存在，但是它在各个地方的展开，依然受到各个地方的文化脉络和历史传统所形塑，有着各自的特点。所以，罗伯特·麦基提出了故事创作的一个原则，"原始模型故事挖掘出一种普遍性的人生体验，然后以独一无二、具有文化特异性的表现手法对它进行装饰"❷。"给我一个熟悉，但有一点点不同"在一定意义上说明了在故事化是"文化原型"与"文化密码"之间的贯通。

　　霍夫曼所设计的景观类文化产品"大黄鸭"之所以风靡全球，其奥秘之一就在于其"原型"几乎是全世界人在小时候都有的"浴盆鸭仔"，它代表着全世界人对童年温馨的集体怀念与追忆，能给不同国界的人带去精神的放松和心灵的治疗。

　　3. 设置"留白脑补"

　　前述寻求文化密码或者诉诸文化原型的方式，主要是在创作一个完整的故事上运用的原理。但在故事作为符号进行传播的过程中，利用接收者的解码机制或者说能动能力，可以通过为文化产品赋予故事的某个特征，引发符号接收者的想象，让接收者自己进行完善。正如孔繁任先生所指出的，"相对于完整的故事，更广泛的现象是通过语言和符号赋予事物以某种故事的特性，它可以是一幅绘画、一个造型、一段叙事性音乐或者一句短语，它也可以是一个故事的局部或一种暗示，它能引导受众发挥自己的想象，去发展、补充、演绎相关的故事，换句话说：脑补，是故事的一大特性"❸。

　　很多电影导演都秉持着"留白"的理念："电影是用来看的，不见得要用台词把戏铺满，观众没有那么笨，你给了留白，观众就有想象的空

---

❶ 马克，皮尔森.很久很久以前——以神话原型打造深植人心的品牌[M].许晋福，等，译.汕头：汕头大学出版社，2003.

❷ 麦基.故事：材质 结构 风格和银幕剧作的原理[M].周铁东，译.天津：天津人民出版社，2016：1.

❸ 孔繁任.故事化营销：让你的产品和品牌深入人心[M].成都：四川人民出版社，2019：53.

间……"❶同样，在广告、短视频，以及其他等篇幅较短的文化产品中，适当地设置"留白脑补"，有助于符号互动，从而完善和发展出更多的故事。

三、文化资源的情境化

（一）情境及情境化

"情境"一词在汉语词典中的解释是"在一定时间内，各种情况相对或结合的情况，如戏剧情境、规定情境、教学情境、社会情境、学习情境等"。实际上，"情境"是以人作为预设主体而言的，在这个意义上，情境是主体与客体互动的产物。正如周强等人强调："情境是指主体从认知的目的所把握的客体的那个部分。客体并不直接就是情境，只有当它成为认知对象并为主体所把握时才是情境。"❷无论是管理学中强调情境、产品与消费者之间的关系，或者美学所强调的经过加工、提炼引发人物行为与动作的环境，又或是心理学实验中所认定的是情绪、氛围、角色关系、时空设施等因素构成的具体活动场合，"情境"都包含着主体和客体关系的含义，是纳入主观的客观，也是试图引起主观感受和感知的客观，它存在的意义是能够为主体所知觉，并刺激主体心理变化。

因此，从文化资源开发意义上而言，情境是指由某种主题、故事、氛围、关系构成，能引发受众或消费者产生的感受感知的物理环境和媒介环境。"情境化"则是指文化资源开发方通过对主题、故事、氛围等的营造，调动受众和消费者的观感和知觉，使其能进入某种情绪、氛围、角色中，形成一种身处其中的情境体验。通俗而言，情境感就是身在其中的现场感，无论这种身处其境的现场来自于物理环境或者媒介环境。

从符号建构和传播的角度来看，前述的文化资源景观化和故事化都是情境化的基础和方式，正是通过景观和故事，才能够提供给受众或者消费者情境化的体验和消费。

（二）文化资源情境化方式

从所动员的文化资源角度来看，可以将情境化体验设计的类型分为五种：历史情境体验设计、异域风情体验设计、猎奇体验设计、剧情体验设

---

❶ 殷贝.关锦鹏，走出香港 [Z].第一制片人公众号，2019-12-04.

❷ 周强，陈祖舜，梅立军.情境描述的构建方法研究 [A] // 全国第八届计算语言学联合学术会议（JSCL-2005）论文集，2005：176

计、空间属性体验设计。同时，根据情境所需提出不同的设计指导，如历史情境运用历史典故、民间传说来打造情节，异域风情则强调原汁原味，猎奇情境加入新奇与快乐的元素，剧情体验则是让每一个人都融入剧情角色中，空间属性则强调场所精神。这几种体验设计又会因为时间以及顾客所需而进行改变。❶

如果从受众或者消费者的感官角度来看，文化资源的情境化开发设置并不局限于视觉，也包括听觉、味觉、触觉、嗅觉等生物性感官调动，是多感官、具身性的体验。旅游人类学者格拉本在论述日本温泉旅游的时候，指出了"温泉旅馆（通过意象和现实成为日本乡村旅游业的缩影）是怎样设计出一种迎合了城市中产阶级胃口的持续性传统的理想模式的。现场和非现场标志都通过运用多种交流渠道、结合所有的感觉器官向读者展示了日本的传统的构建过程。这些感官享受包括：通过图表、摄影、书法作品及建筑、装饰、服装艺术等得以表现；听觉，通过相关的礼节，以及乡村环境中的声音、寂静来表现；味觉在美食中得到强调；触觉在河水和微风中得到充分体现，也在人际关系中得到暗示；嗅觉则涵盖了多种香气、自然的芬芳，以及温泉水带来的怀旧气息等"。"这些分析强调'美学化'的重要作用，也强调了对一些关键渠道的仔细使用有利于营造出一种意象，更确切地说是一种氛围，一种主要能够满足都市旅游者需要的氛围。……在温泉案例中，为了具有吸引力并构建传统，除了运用现代媒体和技术等一切力量之外，还对一些怀旧的象征物进行了精心淘选及高度美学化的呈现。"❷

情境化是与体验高度联系的概念，情境化的设置是为了基于受众获得体验，流行的"体验经济"就是突出强调两者的联系。情境化可以在小说、电影中设置，也可以在一个产品广告中设置。事实上，好的文化产品一定是可以为消费者或者受众带来立体的情境性体验的。在文化资源开发领域，将情境和体验联系起来论述的比较多的是文化资源的旅游开发层面。

旅游"在根本上是一种主要以获得心理快感为目的的审美过程和自娱

---

❶ 周波.旅游设计中的情境化设计思路[N].中国旅游报，2007–10–12.

❷ 格拉本.人类学与旅游时代[M].赵红梅，等，译.桂林：广西师范大学出版社，2009：157.

过程，它发生在人们的余暇时间，也发生在有别于人们日常生活所在的空间"❶。因此，旅游地往往是一个更需要通过物质景观和媒介景观的双重打造为游客提供现场情境体验的场所，也因此可以为旅游者提供具身性多感官身体参与体验的情景。旅游情境是旅游者主体与客体互动的产物，旅游情境是由故事或叙事建构，也由物质和旅游者在场体验建构。前者建构了旅游想象，后者刺激和唤起了旅游想象，旅游情境是介于虚幻和现实之间的。作为故事建构的旅游情境又通过"游客凝视"或者"社会建构的看"的方式来组建，它们与游客各自特殊的记忆、风俗、意向和价值观相联系，也就是前述的符号接收者反过来作用于符号发送者的符号编码行为。对于游客而言，旅游情境就是观众与演员共融的、充满符号的舞台空间，调动着个人记忆和集体记忆，并由此体验悲欢哀乐。

在文化资源开发中，以体验为主导的"情境化"是文化资源开发、文化资源符号化开发的重要趋势和模式。它一方面使文化资源的开发更多地依托生活，正确地表现文化资源真正的文化含义；另一方面，在文化资源的开发中，将不单纯以机械表演和展示为主，而是充分设置情景让受众、消费者或者游客能融入体验。

四、景观、故事与情境的综合及案例

（一）景观、故事与情境的综合

从符号理论来说，文化资源符号化的能指是借助景观来体现的，故事则赋予景观内涵和意义，是符号的所指组成。文化资源景观化和故事化为情境化提供基础，通过制造景观和融入故事，提供给受众或者消费者情境化的体验和消费。

在文化资源开发中，一个好的故事可以转化为景观。反过来，景观也需要故事赋予其更多的内涵和意义。前者通过小说、电影、电视、动漫等故事概念先行，然后落实到物理景观，如迪士尼乐园、柯南小镇；后者是不断赋予一个原先存在的景观新的故事，使其获得更多符号所指，如人们时常按照某个山峰的形状赋予它一个名字和传说故事等。当然，更多的时

---

❶ 谢彦君.基础旅游学[M].3版.北京：中国旅游出版社，2011：54.

候，景观和故事是相互依托、相互体现的，为受众和游客提供更多情境化的体验。

景观的营造为旅游地讲述故事提供具体的环境，而故事化则为相对物理性的景观注入文化活力，使景观更具吸引力。一个资源的故事化需要景观来表现，在景观的构造中营造出故事所想展现的情境，同时也构建出诸多的价值符号来进行故事传达。景观要使消费者留下较长久的记忆就需要有一定的意义，它的意义是以故事作为载体进行传播的。同时，不管是景观化还是故事化的开发，都需要梳理旅游地的文化符号后进行整体性的开发，致力于在符合旅游地特色的前提下将景观或故事设计、开发。建构一个好的旅游情境，必须具备让旅游者共鸣融入的主题。主题的展开需要故事，讲故事是给景观注入意义的过程。

要在一个景点进行体验式旅游，首先要找到这个地点的特征。如果地点本身拥有故事，则可以直接与物资设备相结合进行情境构造。如果没有故事，则可以根据当地特色进行自我创建。也就是说，"主题和故事的编织可以以历史事实为基础，也可以虚构，但不能脱离所在旅游目的地的'地方性'。这是保证旅游体验'真实'的基础"❶。总而言之，三者是相互依存、相互体现、不可分离的。

景观化、故事化和情境化三者的交融同样出现在基于网络基础的文学作品的版权运营开发中。把小说从文字转化为漫画二维形象、真人三维形象后，就初步形成了文学作品的"影像景观"。文学 IP 的"景观化"会进一步传播动画、真人形象，粉丝可以以此为素材创作漫画、剪辑视频进行宣传。粉丝的创作丰富了原作内容，使眼前的形象更生动，景观更具魅力。当这个文学 IP 的景观影像丰满度和故事成熟得到充分的发展后，会使受众在现实生活中遇到故事里的典型情境，会不自觉提取情境里的所作所想，带入到生活中，形生活的情境化体验。❷

---

❶ 屈册 . 旅游情境感知及其对旅游体验质量的影响——以平遥古城为例 [D]. 大连：东北财经大学，2013：2.

❷ 本部分由浙江师范大学文化创意与传播学院文化产业管理专业 161 级李玲提供。笔者引用时，进行了修改和调整。

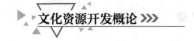

（二）案例分析：熊本熊 ❶

几乎所有成功的文化资源开发都充分运用了景观、故事和情境三者综合交融的方式。日本熊本县通过利用自身的文化资源，打造了一个"熊本熊"吉祥物，并在开发的过程中成功地进行了景观化、故事化、情境化的互融，使一个没有熊出没的地方，成为因"熊"而名的旅游胜地。

2011 年，熊本县利用贯通整个九州的新干线全线开通的机会，设计吉祥物吸引旅客在熊本站下车——这是熊本熊诞生的背景。

熊本熊的形象在设计的时候，考虑了地方特色和日本文化喜好。黑色的色调来自熊本城自身的颜色；红脸颊、可爱憨厚的四肢动作采用深受日本人喜欢的萌文化形象要素；在名字上，借用了熊本县县名，不仅直接利用了固有的文化资源，而且具有一定的巧妙性，在发音上也有憨萌的特质，朗朗上口，使熊本熊和熊本县形成了某种天然的联系。

之后，熊本县开始了"熊本"的景观打造。在物理景观层面，熊本熊的形象被应用到了指示牌、自动贩卖机、出租车车身、各种农产品包装，甚至出租车司机的领带上。以它为中心的周边产品不计其数，还有售卖大量熊本熊及熊本县物产的商店。2013 年，日本熊本县政府耗资约 4600 万日元兴建熊本熊广场，面积约 200 平方米。广场设有交流区、物产情报区，定期发布有关熊本熊的资讯。小山薰堂制作的短篇电影《くまもとで、まってる》以熊本熊为主角，介绍了熊本县各方面的特点。公务员熊本熊不断回忆熊本县的片段可以说是在影像景观中实现故事的景观化。此外，熊本熊还参与了众多电视台综艺节目录制，参与排演影视剧和广告拍摄。2013 年，它成功登上了红白歌合战舞台 ❷。此外，上传至网络的熊本熊体操变成了全民喜欢的体操运动，成功提升了熊本熊的知名度和群众对熊本熊的喜爱程度。在这个层面，影像和故事交融在了一起。

再次，不断设置情境化的参与式的故事，使民众和游客都"身"陷其中。熊本熊是作为熊本县吉祥物出现的，本身并没有故事。熊本县选择了为熊本熊构造故事。县政府先后开通脸书主页和推特账号，聘任熊本熊为临时公务员，为熊本熊构造了一个故事身份，又为其策划了两个全民参与

---

❶ 本案例由浙江师范大学文化创意与传播学院文化产业管理专业 151 级刘梦霞提供。笔者引用时，进行了修改和调整。

❷ "红白歌合战舞台"相当于日本的"春晚"。

的故事。

　　值得注意的是，熊本熊开发过程中一直在寻求"真实性"体验感。无论是一开始县政府工作人员客串，还是之后邀请专业的皮套演员进行骑车蹦极等高难度动作，他们都非常卖力地展现出了熊本熊"呆萌"的性格，更让人们感受到了"熊本熊是活生生存在的"。在社交网络中，经常可以看到"熊本熊"骑摩托车、蹦极、卖萌及泡温泉的图片或搞笑视频。这些内容通过社交网络的传播与扩散，使"熊本熊"的形象更加多元化、真人化。日本民众表示，他们需要的不是一个吉祥物意义上的"熊本熊"，而是一个相识已久但素未谋面的日本老朋友。熊本熊的真实在很大程度上实现了民众的此种需求。

　　日本经济研究所调查显示，熊本熊的广泛传播，带动了熊本县的名气，让该地在九州地区成为热门旅游区，排名从此前的第六飙升至第二。熊本熊形象遍布日本全国各地，并传播到韩国、中国乃至全世界。可以说，熊本熊已经成为成熟的旅游符号、熊本县重要的标志、旅游品牌，以及更多的文化商品的品牌。

　　熊本熊给当地带去了巨额收入。日本银行的数据显示，熊本熊诞生后的两年多时间给当地带来了超过 1200 亿日元（约 68 亿元人民币）的经济效益。2015 年，《朝日新闻》的报道则称，2014 年熊本熊衍生品的销售额高达 643 亿日元（约 35 亿元人民币），是上一年的 1.4 倍。❶ 熊本熊的效应一直在持续发酵，其形象认知、传播力等综合影响力超出了国界。借助熊本熊，熊本县成功实现了文化资源向文化资本的转换。

第三节　符号化模式的问题和反思

　　文化资源开发本质上就是一个符号化的过程。然而，符号化有着自身内在的悖论，一方面，符号化是必然的趋势，任何物品和产品都要追求一定的符号化才能拥有更好的生存空间；另一方面，符号化势必导致符号的泛滥、符号的过剩，形成费尔巴哈所指出的"符号胜于物体、副本胜于原

---

❶ 林蔚 . 熊本熊：二次元时代网红养成史 [N]. 中国青年报，2016–02–05.

本、幻想胜于现实"❶的世界。在此悖论中，社会或者"去符号化"回归物，一如一些自然主义倾向的论说和实践，或者把符号做得更为精致，才能获得长久的生存。前者是一种乌托邦理想，后者更是现实主义的路径。因此，要在熟悉文化资源符号化开发问题的基础上，以积极的态度进行反思。

一、文化资源符号化开发中的问题

（一）景观乱象

在急功近利的商业追求下，文化资源的景观化开发往往存在同质化、表层化、"山寨化"的乱象。例如，许多拥有自己独特文化资源的地方在进行文化资源景观化开发的时候，呈现高度相似的建筑、商铺、纪念品，表现出一种单一化、平面化、缺乏创造力的景观形貌，乃至在进行影像景观创作的时候，充斥着同质性影像表达。一旦某一个地方的景观开发成功，各种山寨模仿的景观就开始涌现。例如，在丽江古镇成功开发后，全国各地的古镇纷纷效仿，进行类似的景观化开发。还有一个有意思的山寨景观的案例是"山寨大黄鸭"。荷兰艺术家弗洛伦泰因·霍夫曼（Florentijn Hofman）以世界上多数人都经历过的浴盆黄鸭仔为原型创作了大黄鸭（Rubber Duck），数十年来跨越大洋、遨游世界，受到无数人的追捧，在中国也掀起消费热潮，创造了一大景观奇迹。受"巨鸭效应"商业利益的驱使，多地蜂拥而上克隆大黄鸭，形成许多山寨版的"大黄鸭"，漂游于诸多城市的湖面、广场。山寨大黄鸭，折射的是当代中国的一种浮躁的、肤浅的符号化消费现象。其在短时间内能够满足消费者的好奇心，并将眼球效应变成经济效应，但不管从法律上还是从长远看，这并不是一个企业生存和经营的长久之计。❷

在景观打造中，景观的设计绝大多数由政府、行业和商业力量主导完成。景观设计得越完美，民众的介入可能会越少，这也是景观化的一个弊端——对民间主体性的忽视。可以看到，大部分旅游地的景观设计，与当地生活是不相适应的，景观与现实生活脱离，缺少人情味。精美奇巧景观设计的目的是展示旅游地文化符号的价值，从而吸引游客，但却很难让游

---

❶ 居伊·德波．景观社会 [M]．王昭凤，译．南京：南京大学出版社，2006：1.

❷ 本案例由浙江师范大学文化创意与传播学院文化产业管理专业 161 级张中萍提供。笔者引用时，进行了修改和调整。

客真正体验到当地现有的社会文化生活。❶ 因此，文化资源景观化开发要充分考虑时间性、空间性与民族性。时间性即文化景观的生存期限和生命周期，空间性就是文化景观的地域性，民族性是文化景观所体现的民族文化内涵和精神。❷ 例如，一种技艺类文化资源的景观化开发，如果脱离了时空和民族性，可能使这一文化资源失去了生存的土壤，也忽略了对民间艺术主体的肯定，最后会使这种文化资源面临消失和无法传承的危险。

当与族群信仰和生活相关联的仪式或者歌舞，成为被游客凝视和消费的景观，对于民众生活可能产生负面影响。虽然文化资源的景观化使文化资源能够进行再生产，为当地带来一定的经济收入及社会关注度，并在此过程中，使当地人民会更多地参与文化资源的创新开发，从而增强社群的认同感和自信心，使文化资源可以更好地传承，但其也意味着生活的景观化，也就是当地居民将其生活及生活环境进行"景观化"。当旅游者在旅游过程中不断进入当地民众生活"后台"的时候，所谓的"后台"也就成了"景观化的前台"。印尼苏拉威西托六甲以其独特的丧葬礼仪成为印尼重要的旅游发展区之一，游客的围观对当地人的生活心理产生了很大的影响。有研究指出，"虽然仪式的内涵尚未遭到破坏，但游客的围观为当地人增添了道德责任与心理困扰；旅游在为当地人带来就业与收入的同时，也令他们失去了昔日珍视的传统物质文化"❸。

（二）故事不足

文化资源故事化开发不足主要表现为内容、提炼和技巧三个方面。首先是对文化资源本身资源内容的挖掘和掌握不足，没有广度和深度，流于表面。其次，是对主题提炼的把握不足，没有充分提炼出"文化密码"，无法智慧地利用"文化原型"的力量。最后，对于故事创作本身专业性技巧不足。一个故事如何塑造角色，铺陈情节，设置悬念、高潮和反转等都有自己内在的规律。这些故事化的技巧需要开发者熟稔。目前，我国在文化资源的故事化开发上，专业性还不足。

---

❶ 此观点由浙江师范大学文化创意与传播学院文化产业管理专业 141 级贾嘉峰提供。笔者引用时，进行了修改和调整。

❷ 陈宗海 . 旅游景观文化论 [J]. 上海大学学报，2000（3）：111–112.

❸ 赵红梅，李庆雷 . 旅游情景下的景观"制作"与地方认同 [J]. 广西民族大学学报（哲学社会科学版），2011（3）：18.

（三）情境浅白

景观乱象加上故事不足，自然会情境浅白，很难提供深入人心乃至撼动灵魂的体验。笔者考察过一些非遗小镇，对于情境化体验的开发，确实用力不足。以××古琴非遗馆为例，在开放日，只是摆设几张古琴，无灯光、无音乐、无焚香、无茶饮，更无体验。如此，对于多数游客而言，古琴还是高高在上的难懂的古琴，甚至是没有生气的古琴，错失保护、传承、推广古琴技艺的机会。

二、符号化构建的反思

（1）主观上应做到有责任心、专业性、前瞻性和高投入。粗浅的文化资源符号化开发对文化资源自身的消耗及有序发展不利。从事文化资源符号化开发的人员需要有文化敬畏心和责任心，作为新时代的文化生产与创意者，必须端正心态，树立道德感、责任感和使命感。文化生产需要专业技术的保障，创意者要掌握景观开发和故事化的基本规律，紧跟时代发展前沿，大处着眼，小处着笔，大胆创作，小处深耕。同时，要具备洞察行业发展趋势的能力，熟悉市场和人性需求，做有前瞻性的规划和布局。要加大智慧资本、社会资本、人才资本上的投入，在后续的符号化转化中获得高效益。此外，国家政府也要通过税收优惠、财政补贴等方式鼓励文化企业对创意产品的人力物力投入。

（2）资源上充分注重挖掘地方特色文化资源，回归当地民众。文化资源的开发很多时候是在政府或者专家主导下开展的，一方面需要注重对地方特色文化资源的挖掘，另一方面要调动当地民众参与的积极性。如果脱离当地民众，文化资源的开发往往得不到当地认可。熊本熊之所以能成功，原因之一在于熊本熊开发过程中让民众获得了高收益。高效益、高知名度使当地民众认可熊本熊是熊本县的符号，也愿意加入熊本熊的开发，自身成为熊本熊符号的一部分。只有当地的民众一起参与进来，文化资源的地方特征和地方感才会更加真实，才能获得民众的认同，使其形成对栖居地的整体感知与情感依附。相反，如果一味"曲高和寡"地制造景观、故事，却无法得到当地人认同，就是失败的景观或者故事。

（3）模式上故事先行，持续的故事生产能力为景观注入活力。尽管赋予一个自然物以故事使之有意义，从而成为符号经济，但从符号经济趋势来看，故事先行，故事造就景观，持续的故事造就持续的景观是更为有效的符号化运作。即便原有的景观已有故事，也需持续地留传和更新，才能保持活力。迪士尼乐园之所以能长久不衰，不仅仅在于内部设施的更新，更重要在于迪士尼公司一直在持续生产他们的故事。青山刚昌的故乡之所以成为"柯南小镇"、成为全世界柯南迷的朝圣之处，在于20多年柯南故事的持续创作生产。由日本二次元动漫所形成的"圣地巡礼"也是故事先行所形成的符号经济。

每个景观都有自己的故事，每个故事都可以创造景观。成功与否，关键在于是否能把故事讲得生动和持续。只有生动的故事才能打动人心，只有持续的故事才能传播全球。拥有丰厚的故事文化资源，不会加工利用和持续更新生产，是我国在文化资源符号化上未能长盛不衰的原因之一。符号经济也是情感经济，有的符号能伴随人的一生，其奥秘就在于生动和持续。

（4）传播上既充分利用原有的书籍、电视、电影等传播媒介，还要充分利用互联网社交媒体进行传播和营销。在熊本熊案例中，当地政府合理使用了社交软件，为虚拟的熊本熊注册社交账户，利用现代网络社交平台进行熊本熊的故事策划、宣传推广和动员，效果明显。在信息发达的今天，酒香也怕巷子深。再优质的资源和产品，如果缺乏合适的传播和营销，都会被海量的信息所掩盖。所有的故事和景观只有形成自己的品牌，才能更持久地发展。

（5）体验上通过对故事和景观的打磨塑造真实的情景，提升体验感。符号对于受众有多大的吸引力，主要取决于符号所提供的情境体验有多深。这种体验有赖于真实。无论是事实的真实或者情感的真实，只要受众能在其所提供的情景中获得"真实性"的满足感，有置身其中的感受，便是成功的情境化。

需要指出的是，数字技术的发展对于文化资源的符号化的开发带来了新的机遇和挑战，使景观、故事和情境体验的综合达到新高度。换言之，新的数字技术促使文化资源符号化开发形式和体验形式进一步转变和更新。

★ 本章小结

文化资源产业化开发归根结底是一个将文化资源符号化开发利用的过程。在文化资源开发中，景观、故事和情境构成了文化资源的符号载体，其中景观和故事所表达的内涵也就是文化资源的符号所指，即意义所在，情境是符号意义传达和接收的特定场合和渠道。景观、故事和情境本身又是相互关联的，一个资源的故事化需要景观来表现，在景观的构造中营造出故事所想展现的情境，同时也构建出诸多的价值符号进行故事传达。

文化资源景观化开发大致包括以物理形态为媒介的景观化、以身体形态为媒介的景观化和以电子形态为媒介的景观化。文化资源故事化涉及"文化密码"和"文化原型"的双重考虑，并要求适当地设置"留白脑补"。

在文化资源符号化开发模式中，主观上应需做到有责任心、专业性、前瞻性和高投入；资源上充分注重挖掘地方特色文化资源，回归当地民众；模式上故事先行，持续故事生产，为景观注入活力；传播上充分利用原有的书籍、电视、电影等传播媒介，以及互联网社交媒体进行传播和营销；体验上通过对故事和景观的打磨塑造真实的情景，提升体验感。

★ **思考与练习**

1. 何为文化资源符号化？

2. 文化资源符号化有哪些方式？

3. 文化资源景观化的内涵和形式是什么？

4. 文化资源故事化的内涵和形式是什么？

5. 文化资源景观化、故事化和情境化开发三者之间是怎样的关系？

6. 文化资源符号化开发一般存在哪些问题？如何避免？

第七章 文化资源数字化应用

1995 年，被称作"数字革命传教士"的尼葛洛庞帝教授推出了轰动世界的《数字化生存》一书，"数字化"一词逐渐成为常用词。❶用尼葛洛庞帝的话来说，数字化遵循一种将复杂变简单，同时又用简单创造一个现实世界之外的、变化万千的世界的规律。❷数字技术可以把所有的现实和非现实的内容转化为 0、1 的二进制代码，也可以用 0、1 的二进制代码创造出变化万千的虚拟世界。

文化资源开发本质上是一种符号化的过程，景观化、故事化和情境体验是符号化的基本模式，而数字技术的发展对于文化资源景观化、故事化和情境体验的综合性开发提供了保障，也带来前所未有的机遇、风险和反思。"以'文化内容'为主题的数字化革命正在全球范围内展开，面对信息化时代，世界各国纷纷大规模将文化资源转换成数字化形态，实现人类历史上又一次空前的'媒介转移'。文化资源数字化技术昭示了人类文化发展的一个新方向。"❸数字媒介几乎可以对所有类型的文化资源进行转化，物质形态的文化资源、符号形态文化资源及人类活动形态和想象形态的文化资源，都可以被数字技术所转化、呈现和再创造。

因此，数字作为一种技术形态，在文化资源符号化开发的应用上会产生新的形态和新的体验。我国文化资源丰富，在科技高速发展的今天，文化资源如何适应时代发展的需要而发展，如何结合新科技更好地进行文化资源的保护、开发与传播，是一个需要不停思索的问题。VR（虚拟现实）、AR（增强现实技术）、3D、全息（HR）、人工智能、多媒体、网络宽带与

---

❶ 尼葛洛庞蒂.数字化生存 [M].胡泳，范海燕，译.海口：海南出版社，1997：24.

❷ 程素琴.数字出版传播特性研究 [M].北京：中国广播电视出版社，2010：37.

❸ 赵东.数字化生存下的历史文化资源保护与开发研究——以陕西为中心 [D].济南：山东大学，2014：1.

数据库等先进技术为文化资源保护、开发、利用提供了有效手段。如何合理地运用这些先进技术促进文化资源更好地开发利用，是当代的一个重要任务。

第一节　文化资源数字化概述

一、数字化

（一）数字化内涵

数字（Digit）这个词来自拉丁文 digitus，原意"手指"，据考证与初民（远古原始时代的人）以十指计数有关。[1] 在文字尚未形成的原始社会，"数字"代表的只是一种计数行为。文字产生之后，"数字"有了较为确切的含义，并伴随形式逻辑和数学的发展而发展。到了 1945 年，人类第一台电子计算机 ENIAC 问世，人类可以利用计算机对信息进行数字化处理，人类社会开始进入现代意义上的"数字化"社会。迄今，这个现代意义上的"数字化"进程大致经历了以下三个阶段：20 世纪 50 年代只能对英文和数字符号进行数字化处理；20 世纪 80 年代到 90 年代中期，可以对文字、声音、颜色、图形和图像等进行数字化处理；从 20 世纪 90 年代中期开始，数字化进入了网络、虚拟阶段，计算机可以对现实生活和存在进行更加逼真的数字化呈现。[2]

所谓"数字化"通常是指利用计算机信息处理技术，把声、光、电、磁等信号或语音、文字、图像等信息转化为一系列 0 和 1 的二进制数值，并对其进行储存、加工、处理、传播的过程。它是"虚拟、现实及可视世界的各类信息技术、智能技术的基础，也是信息社会的技术基础"[3]。

（二）数字化的技术条件

要实现"数字化"需要具备几种基础性的技术，如数字图像处理技术、多媒体技术、数字内容管理与发布技术、3S 技术、网络技术等。

---

[1] 张桂芳. 数字化技术时代的中国人文精神 [M]. 沈阳：辽宁大学出版社，2010：29.

[2] 赵东. 数字化生存下的历史文化资源保护与开发研究——以陕西为中心 [D]. 济南：山东大学，2014：43-44.

[3] 梁昊光，兰晓. 文化资源数字化 [M]. 北京：人民出版社，2014：61.

　　数字图像处理技术是通过计算机对物体图像进行提取、分析、分割、增强、校正、拼接、复原、分类、编码、压缩等处理，并实现图像变换与图像检索。它是文化资源数字化的基础性和关键性技术。

　　多媒体技术是指利用计算机技术、通信技术、影像技术对文本、声音、图像、动画和视频等多种信息进行综合处理，从而建立一个具有多信息逻辑关联和人机交互的系统，为文化资源信息处理技术的发展奠定了新的基石。

　　数字媒体内容管理与发布技术主要"以网络为依托，以音视频内容管理技术为核心，集成和运用音频视频元数据标准、媒体智能分析、中心—边缘分发、DRM 数字媒体版权管理、批量自动编码等关键技术"，支持 MP 系列多种格式，对历史文化资源信息内容进行创建、存储、检索、分发和发布等，具有"低成本、规范化、可伸缩"等特性。[1]

　　3S 技术主要是指全球定位系统（Global Positioning System，GPS）、遥感（Remote Sensing，RS）和地理信息系统（Geographic Information System，GIS）。GPS 主要是实时、快速地提供目标的空间位置；RS 用于实时、快速地提供大面积地表物体及其环境的几何与地理信息与各种变化；GIS 则是多源时空数据的综合处理和应用分析的平台。[2]3S 技术是指将三者有机结合的一种数字化技术，可用于国家安全保障、资源环境管理及灾害监测，也可以运用于数字考古、遗址保护、景区规划、VR 应用等相关方面。

　　网络技术是通信技术与计算机技术相结合的产物。网络连接介质可以是电缆、双绞线、光纤、微波、载波或通信卫星等。网络技术包括网络结点、宽带网络系统、资源管理和任务调度工具、应用层的可视化工具。[3]

（三）XR：数字化主要特征及其应用趋势

　　数字化具有相互混合、重复使用、远距离迅速传输、低复制成本和虚拟性等特征。[4]其中，基于数字形态的"虚拟性"是其核心特征，基于此产生的"虚拟现实"（Virtual Reality，VR）是其最主要的应用。所谓虚

---

❶ 赵东.数字化生存下的历史文化资源保护与开发研究——以陕西为中心 [D].济南：山东大学，2014：51.

❷ 赖日文.3S 技术实践教程 [M].杭州：浙江大学出版社，2014.

❸ 同❶.

❹ 尼葛洛庞蒂.数字化生存 [M].胡泳，范海燕，译.海口：海南出版社，1997.

拟现实，是指由计算机创建和生成的具有三维动态视景、实体行为交互的数字仿真环境，使用户有身临其境般的、沉浸式的真实体验。虚拟现实基于电脑图形、电脑仿真、人工智能、感应技术、显示系统及网络并行处理、精准定位等技术来实现，亦可称为"虚拟现实技术"。伴随技术的提高，虚拟现实将在刷新率、动作捕捉、运算渲染、抗畸变和色散、显示等指标上越来越快，不断刷新 20 毫秒延迟控制标准，从而使虚拟现实越来越逼真。

"虚拟"不仅是对现实存在的物质、人、活动的数字信息化呈现，也可以是对想象进行的数字信息化呈现，营造出一个逼真的世界。换言之，虚拟不在于它本身是虚构还是虚假，而在于强调其实际效果，是"由人类内在的心理反应之认同产生的一种真实的感觉"❶。借助多媒体技术和人机交互感应，人们可以在虚拟世界中体验身临其境的现场感，甚至获得比现场感强烈和震撼的"真实"。

VR 具备可信性（Believable）、沉浸性（Immersive）、交互性（Interactive）、想象性（Imaginative）或探索性（Explorable）等特征。可信性和沉浸性是指让用户感觉这个数字仿真世界是真实的，用户能完全沉浸其中，获得与现实相同或者相似的感知和感受。交互性是指用户借助硬件和软件设备进行人机交互，即用户可以用眼球、语音、手势乃至脑电波进行多维信息传感和接收；想象性或探索性是指用户可以根据所获悉的信息和自身在系统中的行为，通过逻辑判断、推理和联想等思维过程，对未来进行想象和探索。VR 的这几种特征相互联系、不可分割，共同构筑了 VR 世界。

如果说 VR 的作用方式是"利用感官和心理错觉，把人的主观意识带入一个由计算机合成的虚拟世界"，是人类的主观意愿穿越或者投射到一个完全由数字构成的虚拟世界中，那么，把虚拟世界与真实世界进行连接，就产生了诸多孪生数字应用方式，包括 AR 增强现实（Augmented Reality）、MR 混合现实（Mixed Reality）、HR 全息现实（Holographic Reality）、CR 影像现实（Cinematic Reality）等，它们被统称为 XR。也可以把 XR 理解为交叉现实（Cross Reality）或扩展现实（Extended reality），即由计算机技术、可穿戴设备所产生的所有真实与虚拟的组合环境及人机交互体验。❷根据虚拟和物

---

❶ 李嘉维 . 解构虚拟、探掘空间：网际网络的三种空间阅读策略 [EB/OL].[2020–12–11]. http://infcs.nthu.tw/cbmradm/conference20001conference2000/read&respond.html.

❷ 周荣庭 .VR/AR 应用场景下的产媒介叙事 [Z]. 北京师范大学论坛，2020.

理环境组合方式和程度的差异，可以呈现为 AR、MR、HR、CR 等。❶

AR 增强现实是在现实中叠加一个随着体验者移动而移动的景物或标识（如谷歌眼镜），也就是把计算机合成的虚拟物件投射到物理空间。MR 混合现实是增加一个与现实结合在一起的虚拟物体（像宠物小精灵一样），即把计算机合成的虚拟物件投射到物理空间，并且人可以与之互动。在这个意义上，MR 是 AR 的一个升级版，即虚拟性强度增加。两者的共同特征是，在现实的物理空间生成或叠加一个可感知或可交互的虚拟物体，是在现实物理世界中"无中生有"的虚拟物，作为主体的自我感觉还存在于现实世界中。HR 全息现实，也称虚拟成像技术，是利用干涉和衍射原理记录并再现物体真实的三维图像的技术，从而产生立体的、具有交互性的空中幻象。CR 影像现实，意思是虚拟场景跟电影特效一样逼真。这两者大致都可以归类到 MR 中。

此种 XR 数字化进程，将伴随 AI 人工智能（Artificial Intelligence）、5G 通信技术、DT 数据处理技术（Data Technology）等科学技术的发展而变得越来越广、越来越深。早在 1995 年，"数字革命传教士"尼葛洛庞帝便揭示了人类社会进入"数字化生存"时代的事实，如今"数字化"已经成为当今社会最高词频之一。数字化管理、数字化教育、数字化游戏、数字化旅游，数字家庭、数字社区、数字城市、数字政府、数字国家，数字遗产、数字资源、数字货币等，使数字化虚拟越来越成为人们生活的现实。在此背景下，文化资源的数字化开发应用是必然的发展趋势。

二、文化资源数字化的内涵和意义

（一）文化资源数字化内涵

文化资源数字化是通过数字采集、存储、处理、展示、传播等技术，将各种类型的文化资源进行整理、归类，然后通过转换、再现、复原成可共享、可再生的数字形态，存储于文化资源数据库中，使人们能以新的视角加以解读、保存和传播。❷换言之，狭义上的文化资源数字化是指通过

---

❶ 国外也有学者直接用 MR（Mixed Reality）来概括这种情况。以现实与虚拟作为连续统的两端，分别是现实环境（Real Environment）—增强现实（Augmented Reality）—增强虚拟性（Augmented Virtuality）—虚拟环境（Virtual Environment）。

❷ 梁昊光. 文化资源数字化 [M]. 北京：人民出版社，2014：62.

采集、存储、处理将各种文化资源转化为数字形式的文化资源，是将文化资源以另一种方式储存起来；而广义的文化资源数字化还包括将已经转化为数字形式的文化资源进行的展示、传播、再开发和利用。

（二）文化资源数字化意义

第一，可以有效地保护各类文化资源。无论是物质形态的文化资源，还是符号形态、社会活动形态、思想意识形态的文化资源，都有其自身的脆弱性，会在历史过程中因为各种原因而趋于衰败，甚至消亡。数字化技术一方面可以对现存的各类文化资源进行数字转化存贮和展示，另一方面还可以通过数字考古和数字修复的技术手段，对一些已经破坏或者消亡的文化资源进行复原和展示，使文化资源以数字形式有效地保存了下来。包括 VR 虚拟现实文化资源数据库在内的各类文化资源，本身也成为数字类型的文化资源。

第二，有利于文化资源的共享，促进文化的传承和传播。对文化资源进行数字化处理，能够使更多的人更为便利地获取和分享更多更丰富的文化资源，人们可以方便地从各种文化资源数据库中调取自己感兴趣的内容进行学习。例如，过去人们由于时间、空间和经济上的限制，无法到异国异地的博物馆参观，通过数字博物馆的虚拟展厅，就可以在家中直接浏览国外的博物馆。另外，一些异常珍贵、不易保存因而不能随意对外展示的文化遗产，利用 AR 在内的各类数字化展示就能方便和满足广大群众参观和学习的需求。

第三，数字化为文化资源的产业化开发提供了广阔的空间。数字形态的文化资源更方便传播、复制、分割、混合，因此，基于数字平台的文化资源开发，是文化与科技的融合，是"内容为王"和"平台为王"的同步发展。❶数字技术对文化资源转换的范围几乎无所不包，基于数字文化资源，更方便电子书、数字图书馆、电子报刊、文学影视、动漫游戏等形式的产业链开发，以推动文化产业发展。文化是文化产业的核心，创意是文化的点睛之笔，而数字科技为文化产业的发展插上翅膀，使其飞得更高、更快、更远。对文化而言，数字技术不仅是文化生产的要素和载体，也形成了新的文化业态，进而塑造了文化新生态，开辟了文化创造新语境。

---

❶ 陈少峰 . 以文化和科技融合促进文化产业发展模式转型研究 [J]. 同济大学学报（社会科学版），2013（1）：55.

　　总而言之，文化资源的数字化既意味着对文化资源的保护传承，也意味着对文化资源的开发应用。对文化资源数字考古、虚拟复原、3D 打印，一方面可以修复、复制各类文化资源，另一方面复制数字虚拟产品本身也是对文化资源的开发。更重要的是，以数字网络为技术和平台的文化资源开发，是一种以虚拟社会为现实的更新，意味着人类社会生物性的深刻变化。

三、文化资源数字化一般过程

　　基于文化资源数字化的定义，对于文化资源数字化开发一般有四个阶段：设定文化资源数字化采集方案—进行数字化采集—对采集的数据归类整理并建立数据库—基于数据库基础上的开发。

（一）制定文化资源数字化采集方案

　　不同地区、不同形式、不同保存现状的文化资源通常要求采取不同的数字化采集方案，需要在正式采集之前，做好充分调查并制订出科学合理的采集方案。例如，针对书籍、画卷等纸质资源，应注重文字、图片的采集；针对音乐、舞蹈、戏曲等民俗性的文化资源，应注重音像资料的采集保存；对于损害严重或濒危的文化资源更是需要进行数字考古方案的设定。江西赣南地区在开展客家文化资源数字化建设和开发时，在设定数字化采集方案中不仅规定了对现有文化物品信息的搜集，还包括了学者、专家对赣属客家文化的研究成果，反映了文化源流产生、文化延伸及文化产业化等学术性的、艺术化的非物质性文化的内容，以及公众对资源库建设中归属文化类各项活动的意见反馈。❶

（二）进行数字化采集

　　文化资源信息数字化采集和转化是指采集人员按照制订好的采集方案，对文化资源进行数字化采集、信息存储，即利用"数字文本、数字摄影、全息拍摄、数字遥感、数字勘测、图文扫描、立体扫描"❷等技术手

❶　王犹建 . 赣南客家文化资源库数字化建设构想 [J]. 江西理工大学学报，2010（2）：86.

❷　赵东 . 数字化生存下的历史文化资源保护与开发研究——以陕西为中心 [D]. 济南：山东大学，2014：49.

段，将各类文化资源采集转化为计算机所认同的语言，并存储于磁带、光盘、计算机等设备。

（三）对采集的数据归类处理并建立数据库

这一环节包括对采集储存的各类文化资源信息进行归类整理，如进行"数字编录、格式转换、编码压缩、图像处理、特征提取、数字建模、数字创作" ❶ 等，其目的是建立小型数据库，或将分类处理好的文化资源信息储存于原有的数据库中，以便调取使用。以赣南客家文化资源数字化为例，其将复杂的客家文化资源，按照历史文物遗迹、宗族姓氏文化、方言文化、民居文化、饮食文化、服饰文化、民俗文化、民间文艺等内容进行分类，每个大的门类下，可以继续细分，如宗族姓氏文化又可以细分为族谱、家谱、地契、账簿等，方便浏览者和创作者进行查阅。

（四）基于数据库基础上的开发

这是文化资源数字化的最后一个环节，是对文化资源数字化的成果进行资源共享、传播交流和开发利用的环节。进行开发利用，从中提取有用的信息，与人交流分享，进行资源共享，这也是文化资源数字化的目的之一。传播、交流、共享，本质上也是文化资源以数字化形式进行应用和开发的过程。借助 XR 技术，进行数字出版、立体式展示、情境化虚拟体验、动态交互等，文化资源的数字化应用越来越成为文化资源开发利用的重要途径。

第二节　基于 XR 应用场景下文化资源数字化开发

不同类型文化资源的数字化所使用的技术会有所偏重。雕塑、陶器等物质文化资源，多通过影像技术和三维扫描技术来获得与原物一致的数字拷贝记录；音乐、舞蹈、戏曲、手工艺、民俗等非物质文化资源主要是拍照、摄像、录音等影像方式；对敦煌莫高窟这种体量巨大的文化遗产地，则要综合地运用激光扫描、近景摄影、航空摄影等技术手段全方位地提取

---

❶ 赵东 . 数字化生存下的历史文化资源保护与开发研究——以陕西为中心 [D]. 济南：山东大学，2014：49.

莫高窟内外的壁画、雕塑、地形地貌。通过不同技术完成文化资源的数字转化后，再运用数字图像处理技术、虚拟现实技术、数字内容管理与发布技术等来实现数字化开发。XR 是数字化开发应用最主要的技术和场景，本节以案例形式分别介绍和探讨基于 XR 应用场景下应用开发。

一、数字博物馆：物质形态的文化资源数字化 ❶

虚拟博物馆又称数字博物馆或网上博物馆，是博物馆数字化开发的形式之一，即通过把博物馆馆藏的各类文化资源进行数字化信息转化、处理、登记、归类，运用数字管理技术、AR、多媒体技术、互联网等技术，面向社会公众开放的超越时间和空间的虚拟信息展示系统，具有立体、三维、沉浸性等体验特征。

数字博物馆不同于博物馆的数字化，后者包括内隐和外显的所有的博物馆数字化信息和资源，外显的诸如面向公众建立的访问网站、微信公众号、数字博物馆等；内隐的包括博物馆内部人员才能访问的数据库、藏品信息系统等。

相对于传统博物馆，数字博物馆在时间、空间、参观方式等上都有自己的特点和优点，如表 7-1 所示。

表 7-1　传统博物馆与数字博物馆的区别

类目	传统博物馆	数字博物馆
时间	受限制	不受限制
地点	博物馆建筑	虚拟展示
管理	传统方式	计算机化
资源	独享	共享
参观	路线设计（线性）	随意（网状）
展览	具体的实物	数字影像
成本	高	初期高，后期低
观众参与性	低	高
工作效率	低	高
信息量	有限	无限

❶ 参见：林芬莹.金华市博物馆数字化受众体验研究 [D]. 金华：浙江师范大学，2019；浙江师范大学文化创意与传播学院文化产业管理专业 161 级彭子杰提供部分内容，笔者引用时，进行了修改和调整。

因此，采用信息化手段丰富和延伸博物馆功能已经成为一条重要途径。博物馆的核心竞争力并非全部来源于标志性建筑和藏品保有量，还需要用数字技术将这些馆藏的文化资源进行数字化开发。

故宫博物院在数字化建设上展开了长达 20 多年的累积和探索，从故宫数字化工作到"数字故宫"的建设，故宫博物院在数字资源采集、管理与应用等方面形成了较为系统的"数字故宫"。早期，"数字故宫"技术团队从专业角度出发，以《韩熙载夜宴图》VR 节目、高清三维陶瓷文物两项数字成果为切入点，向观众展示了更多数字文物资源深度应用的可能。"数字文物"是"数字故宫"的基础，从数字文物出发，逐步形成全景故宫、V 故宫。2020 年，故宫博物院又推出了"云游故宫"全媒体平台及一站获取故宫数字资源的"数字故宫"小程序。

除了国家级博物馆，各地博物馆也在数字博物馆建设上大展拳脚。金华市博物馆作为 2015 年才建设完成的地市级博物馆，从一开始就积极探索博物馆数字化建设。目前，金华数字博物馆的网站平台已初步建设完成，访问者可以通过电脑或者手机登录金华市博物馆官方网站浏览。金华市博物馆官网采用扁平化的设计风格，主页面突出体现了金华历史、地域文化和博物馆的文化、特色。网站设置了首页、概览、展览、教育、研究、服务、鉴赏、文创 8 个栏目，全方位、多角度地展现金华市博物馆相关展览资讯、藏品研究、专题讲座等内容。

网站专门开辟了 VR 虚拟博物馆，借助 VR 设备就可以开启金华博物馆的线上数字博物馆之旅。访问者足不出户就能参观博物馆的八婺古韵、神奇大地、乡土民风、百工之乡四大基本陈列。尤其是三维鉴赏栏目，通过采集馆藏精品文物的三维高清照片，利用三维引擎技术，实现文物多角度旋转、高清晰放大的立体效果，为广大文物爱好者提供鉴赏、学习文物的特色平台。

无论是数字化展示还是传统的展示方式，其目的都是在参观者与展示信息之间搭建信息传递的桥梁。如今，博物馆的展示伴随着数字媒体技术的快速发展越来越注重数字技术的运用，利用数字化展示延伸展示空间，展现方式越来越多样化和立体化，调动了参观者的参与性，启发或者带领观众观察与思考，在与展品互动中获得知识。金华博物馆针对不同的展示内容，依托数字技术呈现不同的展示方式，不仅体现了集历史、文化为一体的金华博物馆的多元化展示内容，而且对我国博物馆展示艺术的特色化起到了一定的推动作用，加强了博物馆的内涵建设，对建设有中国特色的数字展示艺术很有意义。

当然，诸如旅游景区、文化遗产地的实地文化资源，也通过同样的原理建立了线上虚拟环境，提供 VR 虚拟旅游。浙江省绍兴市的兰亭景区，运用 FIash 技术建立了虚拟导航与全景 3D 漫游系统，能与游客进行一定的交互。游客可以对其进行 360° 旋转、缩放及跳转，逼真的场景给游客带来强烈的沉浸感及身临其境的用户体验。

二、VR 阅读：符号形态的文化资源数字化开发

传统纸质的书籍和绘画是最重要的符号形态的文化资源，将传统书籍和绘画形态的文化资源进行数字化转化和处理后，除了一般的电子书和有声读物等常规的文化产品之外，还可以借助 VR 应用场景，开发为立体三维的，集视觉、听觉、触觉、嗅觉、味觉为一体的阅读产品。

例如，iPad 开发的几款阅读软件使人们既有丰富的视觉体验，又有美妙的听觉享受。近年来，苹果公司将小说、诗集开发成了 App 阅读产品，读者在阅读过程中既可以听音乐，也可以看文字、图片、视频等，阅读体验得到了很大的提升。

在 2010 年上海世界博览会上，中国馆里展示的动画版《清明上河图》将画中的人与物虚拟化，流淌的河水，划动的帆船，熙熙攘攘的人群，动起来的《清明上河图》令观众在观看时深切感受到了宋代城市的繁华生活。

借助 VR 技术，可以调动用户视觉、听觉、触觉、嗅觉、味觉五个感官进行"阅读"体验。VR 阅读是接近真实体验的虚拟现实的阅读。除了视觉、听觉虚拟化，触觉的虚拟化也已实现，用户通过佩戴装有传感器的手套等设备，能在 VR 世界中体验触觉。使用者甚至能随意切换全身上下不同的触觉反应点，控制不同的力度和脉冲刺激的持续时间，从而在虚拟世界中获得多样的触觉体验。嗅觉的虚拟化阅读的实现方式在理论上也是成立的，可以通过传感器及芳香扩散器来实现。传感器能模拟书中美食、鲜花的气味，随后芳香扩散器会利用超声波和加热的方式，散发出传感器中已模拟好的味道，进而传达到人的嗅觉系统中。味觉可以通过一种电极来实现。这种电极被称为数码味觉接口，通过配置并结合不同的刺激，如控制电流、频率和温度的大小，可以欺骗味觉传感器，让它们以为正在体

验和食物有关的感觉。但事实上，它们只是在体验温度变化和电刺激。酸、咸、苦的感觉通过电刺激模拟，薄荷味、辣味和甜味通过热刺激模拟。❶

三、活态非遗 XR 体验：社会活动形态的文化资源数字化

民俗活动或活态非遗等社会活动形态的文化资源，一方面也可以进行 VR 纯虚拟数字化体验开发，另一方面也可进行 AR 或 MR 体验开发，尤其是 MR 开发。

活态非遗或者民俗活动都需要身体技艺或者身体实践。很多活态非遗的实践由于受到条件或者资源的制约，不能大规模地开展。通过 MR 将此类非遗项目虚拟合成之后，投射到物理空间，提供给学习者或体验者进行互动学习和体验。

以中医针灸为例❷，针灸是整个中医体系中的"技"的层面，在中医学之"道"的统摄下，用针和艾在相关的经络穴位上下针或做灸，达到缓解和治疗疾病的目的。要掌握这门技术，除了系统地学习中医学和针灸学的基本理论之外，关键熟悉人体各条经络和穴位的位置及它们与人体健康的相应关系。MR 技术的运用，可以为初学者提供一种虚拟交互的认知、学习和实践练习的途径和方式。例如，可以先通过计算机技术把人体及其内在经络和穴位合成高度相似的虚拟物，并投射在物理空间。学习者和体验者可以直观地看到经络和穴位在人体的分布，以及气血在这些经络和穴位的流通。然后，通过对虚拟物进行虚拟针灸，进一步熟悉各经络和穴位。随着计算机技术的进一步发展，MR 技术将大大助力传统中医针灸非遗的保护和传承。

再如，中国的瓷器烧制技术、二十四节气等非遗和活态文化遗产，都可以通过"XR 编辑平台课程体系"进行学习、创造和再开发，从而使我国珍贵的文化资源和文化遗产得到更普遍的认知，更好地存续和发展。

四、传统文化 MR 交互：思想形态的文化资源数字化开发

随着 MR 技术的成熟，诸如诸子百家等传统文化思想形态的文化资

---

❶ 数字阅读部分的案例由浙江师范大学文化创意与传播学院文化产业管理专业 151 级毛思齐在课程讨论和作业中提供。

❷ 林敏霞. 道—学—技—承——中国非物质文化遗产理论图式建构的"中医"启示 [J]. 文化遗产，2014（6）：103–110.

源，有望以 MR 的形式得以开发。例如，先设定诸子百家某一思想家的虚拟形象，并把这个虚拟形态的人物和人工智能相关联，将其思想和相关信息都输入此人工智能虚拟形象中，再将这一虚拟形象投射到物理空间，使传统文化学习者在物理空间能与该智能虚拟形象进行交互。

当然，诸如思想形态的文化资源，早已渗透到生活的各个方面，可以进行很多形式的开发，如纯粹的 VR 游戏开发、角色扮演等。只要能充分了解用户心理，就能把貌似严肃的古代文化以契合现代人心理的形式开发出来。例如，央视文博探索节目《国家宝藏》是一档有自主版权的优质栏目，其立足我国文化资源宝库，运用全息投影、VR 技术影像化展示和演绎文物背后的故事与历史，彰显中华优秀传统文化的深厚底蕴与时代魅力，探讨中华文明的形成及其对世界的贡献，在广大观众中掀起了文物热、博物馆热、中国传统文化热。数字技术为传统文化助力由此可见一斑。

中国传统文化是一个文化 IP 大宝库，需要用数字技术进行传播、展示、营造和开发。将数字技术和传统思想文化的开发结合在一起，是数字创意产业的重要组成部分。互联网、大数据、VR、AR、AI 正构建着文创产业的新业态。正是数字技术的广泛应用，文创产业链得以延伸，文创产品更加多样。文化创意的核心是创意，但是仍需要数字技术的赋能。现代数字技术的广泛应用，让我们的应用场景从二维向三维转变。数字技术给我们带来了机遇，同时也带来了挑战，如何利用机遇、面对挑战，是文化资源开发不断探索的课题。

第三节　文化资源数字化开发的问题及展望

伴随着移动互联网、大数据、云计算和物联网等新技术形态的深入应用，各个产业日益走向数字化、移动化、场景化和体验化。因此，文化产业的发展、文创产品的打造必然要紧跟时代潮流，满足不断变化的市场需求。数字技术的迅速发展，带来了丰富多彩的技术创造手段、传播手段和展示互动手段，创造者可以借助互联网技术将自己脑海中的想象变成现实，也可以通过 VR、AR 等技术手段使体验者与目标物进行互动，甚至让他们有身临其境之感。而这种身临其境的神奇力量恰恰能让文创产品最大限度地将文化内涵输出。除此之外，数字技术还可以加速文创产品的传播。然而，科学技术是一把双刃剑，有关其争论始终伴随着工业化和科技化人类社会发展进程。数字技术及数字技术在文化资源开发领域的运用也存在问题和争论。❶

一、数字技术与传统手工技艺、匠人精神之间是否存在冲突

数字技术极大地提高了生产力，降低了生产成本，从而引发了数字技术的发展是否会取代传统手工艺制作的忧思。

事实证明，数字技术的发展会在很大程度上改变原有传统手工艺的社会活态文化资源的传承发展形势，改变社会整体的文化消费和生产面貌，但是并不能完全取代原有的手工技艺，正如打字机不能完全取代书写，摄影不能完全取代绘画，电视不能完全取代电影一样。与此同时，依然有许多传统的手工技艺是数字技术所不能取代的，如中国宋元以来的缂丝技术。盐野米松曾言："随着工业化的迅速发展，廉价工业制品的大量涌现，手工的业种开始慢慢地从我们的生活中消失，现在可以说已经是所剩无几了。当没有了手工业以后，我们才发现，原来那些经过人与人之间的磨合与沟通之后制作出来的物品，使用起来是那么适合自己的身体，还因为它们是经过'手工'一下下地做出来的，所以它们自身都是有体温的，这体温让使用它的人感觉到温暖。"❷可以说，数字化时代的制品无法完全取代"手工"制品的温暖。

另外，在数字化时代，虽然计算机和人工智能取代了大量的人类生产、劳动乃至创作，但是一些重大场合所使用的具有国家民族象征的器物或者艺术品，依然需要一些专业的艺术家和设计师根据特定文化场合进行创作、修改和雕琢才能形成。他们即便利用计算机技术进行艺术生产或者文化资源开发，这个过程本身也需要"匠人精神"。所以，数字技术无论怎么发展，还是需要"匠人精神"作为内核，让科技为匠人精神插上翅膀。

二、数字技术与文化资源原真性保护和开发之间是否存在矛盾

博物馆、文化遗产地及其文物进行数字形态的开发，形成数字博物馆、数字展示具有以下优点：不受时空限制、360 度立体全方位展示、自

---

❶ 本部分内容由笔者在课程相关专题讨论的基础上修改而成。

❷ 盐野米松.留住手艺——对传统手工艺人的访谈 [M].济南：山东画报出版社，2000：1.

主选择、更加详细的信息阐释和交互等。但文化资源的数字化开发也存在一些不足和缺陷，尤其是在原真性体验上。笔者认为，原真性不能等同于数字技术所提供的"真实感"。原真性包含了诸如历史真实物件、物件的历史感等无法复制因素，因而在文化资源的数字化保护和开发中存在一些值得商榷问题。

第一，过去数字化由于技术条件限制，不能真实地复原以文物为主的各类物质形态的文化资源；现在的问题是由于数字技术的快速发展，文物的数字虚拟展品表现出某种比真实还"真实"的超真实感或者趋向于某种数字形态的艺术感，从而体验者不能获得因岁月流逝、色彩失真而赋予物件历史感的原真性体验。虽然数字技术从理论上来说，也可以追求历史真实感，但在本质上依然是虚拟的数字代码。

第二，在实体展厅，参与者更容易感受到特有的实体氛围，文物的真实性通过设计制作，能烘托出特有的实体氛围。特别是对非物质文化遗产的体验，只有在特定环境下才能真正体验其内涵和风韵。文化资源进行数字保护与开发，容易忽视文化资源与原生地及其生态环境之间的各种联系，导致人们在欣赏文化产品的时候与真实环境和现实之间存在断裂性。

第三，与实体展示相比，数字展示和体验限制了人与人面对面的社会交往和文化交流。尽管 AI 等数字技术使用户能与虚拟系统进行一定的交互和交流，但是数字交互是一种被事先设置好的程序，即便可以根据大量数据运算不断优化交互性能，但对于一个想深度了解一件文物、其背后人文历史、象征意义等内涵的体验者来说，还是远远不够的。人类的语言交流、感情和思想的复杂程度与需求，目前远不能通过数字技术的交互体验得到全部满足。

总之，文化资源的数字化保护和开发是一个大趋势，但是要注重物理形态的、原真形态的文化资源的保护和开发，不能过度依赖数字文化资源的发展。MR 混合虚拟现实技术的发展，在一定程度上揭示了人们对现实物理世界的依赖，也实现了数字展示与实体展示的结合，这样在实体展示给予参与者足够原真性体验的同时，又能够通过数字展示为对此感兴趣的人提供详细的信息，进行知识的传递。此外，对于非物质文化遗产的保护与传承，数字化的演示固然生动，但是一些隐性的技术、一些精髓的东西，依然需要师徒传承。

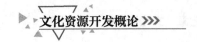

三、虚拟旅游、云旅游的兴起是否会替代现实旅游

虚拟旅游一直是 VR 发展的一个重要应用。伴随 5G 时代的到来，虚拟旅游可以更好地突破人体感官范围，给人们带来甚至比在实地旅游更具观赏性的效果。2020 年的新冠肺炎疫情，推动了包括直播旅游、云旅游在内的虚拟旅游的大发展，为不能出门的人们提供了便利，也带来了相当震撼的体验。

以故宫博物院在 2020 年清明节期间推出的"安静的故宫，春日的美好"直播活动为例❶，两天三场，受到网友热捧。仅在新华网客户端直播间，共有 3492 万人次观看，收到留言近 6 万条。直播旅游的方式具有一定的探秘性，不但满足了游客居家云游的需求，而且可以随着导游进入平时不开放的场所，因此受到了云游客极大的欢迎。

但是，由于直播旅游是通过屏幕来获得视听，对画面质量要求极高，个别云游客对直播画面存在不满。此外，也有不少云游客在留言区表示到实地看看最好。

在直播旅游中，游客所能凝视是直播屏幕显示的内容，是经过二度、三度选择的。在故宫直播中，故宫摄影师拥有掌握镜头的权利，而游客们的观察视野也被限制在既定范围内。相比游客实地旅游，游客可以拥有更大的旅游凝视自由度，在旅游符号中得到更大的满足。

通过直播旅游，从故宫的红色宫墙，到那些游览时常被忽略的地方，都通过镜头的转化，呈现在游客面前。而工作人员对景物背后知识和故事的讲解，将信息逐步呈现给游客，又进一步激发了游客更多的探知欲与好奇心，激发了游客对故宫实地旅游的向往。

总之，任何一个地方都有自己的风俗、气韵和文脉，需要人们在实地切身体会。虚拟旅游可以在自然、建筑等物理景观上做到优化，却难以将风俗和气韵展现出来。虚拟旅游的成功与否在很大程度上取决于其能否带给人完全真实的沉浸交互体验，但直到目前为止，数字技术还未能完全做到这一点。

四、过度依赖数字技术是否会使人类创意枯竭

随着包括 AI 在内的数字技术的不断发展，人们利用人工智能进行文化产品生产创作的依赖性似乎也在不断增加。在文化产业领域，"人工智

---

❶ 本案例由浙江师范大学文化创意与传播学院文化产业管理专业 171 级李慧丹提供。笔者引用时进行了修改和调整。

能时代开启 AI 赋能新文创将助推文化、科技两大元素的全面融合发展，成为革新内容生产、文化形态乃至文化属性的力量。内容是基石，技术是保障，运营是手段。未来，新文创产业应立足内容、技术、运营三大维度，实现立体式互补、互促式的协同发展。"文创产业的创造力来源于数字技术的赋能。

　　然而，过度依赖数字技术，一方面使数字文化产品领域"优质作品供应不足，劣质作品产能严重过剩"，另一方面也引发了人工智能等数字科技是否使人类创意枯竭的反思。所有的作品最终都源于人们真实的生活，我们要时刻警示自己把握好技术与人的创造力之间的平衡，避免陷入数字技术的弊端。

　　有艺术含量、文化内核和情怀的作品不是简单的数字技术可以创造出来的，拥有和掌握数字技术不等于能生产出优秀的文化产品，无论是何种文化产品，其个性的设计感、艺术感、情感无法被计算机和人工智能完全取代。AI 可以根据算法自主完成很多工作，能够代替人完成机械性重复性的劳动，由此创意群体可以把更多的精力聚焦到发挥个人创造力、兴趣和专长上来。也就是说，一些比较基本的文创产品可以借助人工智能，而创新创意最终还得靠人类的智慧。人工智能等技术的功能是方便人们创新，并提供一个传播和互动体验的平台。因此，要创造性地将数字技术与文化资源开发、文化产业发展进行综合运用，优化文化创意产业结构，生产优秀的文化产品。

　　文化始终在发展，科技可以影响其发展的广度和深度。技术创新是建构性创新与破坏性创新的结合。人类创造和使用着这些科技用品及科技算法，同时也应该考虑如何正确运用这些技术。在由人工智能主导一系列科技创新与文化创意融合的时代，创意空间的人文生态，特别是将以人为本、公正、和谐、可持续发展的价值观与道德观嵌入人工智能体系，对于实现人工智能等高科技技术的人文化至关重要。无论文化产业的发展运用什么方式，把握好创意和科技的内核始终是至关重要的一步。

　　不断追求更高科技含量的技术与文化创意的结合，将科技与文创无缝结合，利用新颖的数字媒体展现深刻的文化内核，才能长久地吸引用户，形成良性的可持续发展态势。文创的发展需要紧跟时代的发展潮流，需要搭建能促进优秀文化、优秀文创作品更好传播的平台，而数字技术很好地做到了这一点。我们在借助数字技术进行创意的时候，需要时刻警惕数字技术带来的负面影响，不断通过创新手段满足人们的文化需求。总的来说，我们要搭载数字技术的顺风车，形成完整的产业发展模式，让文创更好地服务于生活。

科技是必不可少的工具，人类在利用科技的这一过程中面临着各种各样的挑战，数字化的娱乐方式引发了各种社会矛盾和心灵危机，但也创造了崭新的文化样式，形成了新的人类文明形态。然而，人之为人，在其作为万物之灵的地位，在于其所拥有的独立的人格、思想和情感。新的文化产业生态在重构，人作为产业发展的主体，如何在科技和文创中取得平衡、获得赋能、产生价值，是新一轮文创产业发展的命题。

★ 本章小结

数字作为一种技术形态，在文化资源符号化开发的应用上产生了新的文化形态和新的体验。文化资源数字化就是采用数字采集、存储、处理、展示、传播等数字化技术，将各种类型的文化资源进行整理、归类，然后通过转换、再现、复原成可共享、可再生的数字形态，存储于文化资源数据库中，使人们能以新的视角加以解读、保存和传播。因此，文化资源数字化开发具有保护各类文化资源及促进文化传承和开发的重要意义。

对于文化资源数字化开发一般有四个阶段：设定文化资源数字化采集方案—进行数字化采集—对采集数据的数据归类整理建立数据库—基于数据库基础上的开发。

不同类型的文化资源数字化所使用的技术会有所偏重。文化资源的XR（VR、AR、MR）是数字化开发应用最主要的趋势。要综合考虑和探索不同类型的文化资源基于XR应用场景下的数字化开发和应用。

数字技术在文化资源开发领域的运用也存在问题和争论，需要在文化资源数字化开发过程中加以注意，包括数字技术与传统手工技艺、匠人精神，数字技术与文化资源原真性，虚拟旅游与现实旅游，人工智能与人类创意之间的矛盾关系等。

★ 思考与练习

1.通过查阅资料，分析一个文化资源数字化开发的案例，并讨论其得失。

2.以一个具体的非物质文化遗产为例，探讨其 XR 开发的可能路径。

第八章　文化资源资本化运作

　　拥有丰厚的文化资源优势并不等于拥有强大的文化资本，也不等于拥有发达的文化产业。正如胡惠林先生所言："文化资本是文化产业发展的能源形态和能量形态……因此，所谓文化资本，就是这样一种能够产生新的文化资源的能源形态。"❶原初的文化资源成为文化产品后，文化产品又会累积成新的文化资源。"资源优势如果不能转化为资本优势，不能产生新的价值形态，不能形成文化产业发展所必需的能量形态，就很难推进文化和文化产业的发展。"❷具有广泛文化价值的原生状态的文化资源，如风俗、信仰、语言、文学等，是族群或民族共享的文化，是影响区域经济发展的因素，也是转化为经济效益的潜力。但文化资源并不必然能产生经济效益。如果文化资源没有转化为产品和商品，就不能直接进入市场交易和消费，无法体现和实现其经济价值。"文化资本作为文化产业发展的核心和根本，文化产业的发展即意味着文化资本的积累和增强，文化资本的转化与积累才是影响文化、文化产业发展及软实力提升的根本环节。"❸只有将我国五千年的文化资源优势转化为文化资本优势，才能实现我国文化产业的发展。

　　因此，文化资源产业化开发的过程，是一个将文化资源资本化的过程。文化资本是"透视文化经济现象的重要工具，也是我们深入研究文化产业本质和规律的必要理论基础"❹。文化资本理论是文化资源产业化开发的重要理论基础，同时，也是探究文化资源符号化开发模式的重要理论依

---

❶ 胡惠林 . 文化资本：现代文化产业和谐发展的能源形态 [J]. 探索与争鸣，2007（1）：24–25.

❷ 同 ❶24.

❸ 李义杰 . 符号创造价值：媒介空间与文化资源的资本转换 [M]. 杭州：浙江大学出版社，2016：2.

❹ 李思屈，李涛 . 文化产业概论 [M]. 杭州：浙江大学出版社，2010：10.

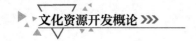

据和工具。本章吸收了布迪厄、思罗斯比等关于文化资本的概念和理论，并在文化资源产业化开发领域中加以创造性运用。

第一节　文化资本的应用逻辑

一、布迪厄：行动者视角的文化资本

在第一章导论中，我们已经对布迪厄的"文化资本"概念和理论做了初步的介绍。他把经济学的"资本"概念引入社会学研究，并提出"文化资本"的概念，其应用的领域和所要解决的问题主要在社会学范畴。

在布迪厄看来，"社会世界是具有积累的历史"，因此需要引入资本及相关累积的概念进行考察和分析。他指出，"资本是积累性的劳动（物化的形式或'具体的''肉身化'的形式），当这种劳动在私人性即排他性的基础上被行动者或行动者小团体占有时，这种劳动就使他们能够以具体化的或活的劳动的形式占有社会资源"❶，换言之，资本"需要花时间去积累，需要以客观化的形式或具体化的形式积累，资本是以同一的形式或扩大的形式获取生产利润的潜在能力，资本也是以这些形式进行自身再生产的潜在能力，因此资本包含了一种坚持其自身存在的意向，它是一种被铭写在事物客观性之中的力量，资本体现出了一种生产利润的潜在能力的生产性"❷。

与古典经济学不同的是，在布迪厄看来这种累积的、能带来利益的资本并不局限于传统的经济要素，诸如文化活动、社会活动等非经济领域同样也有能带来利益交换的资本累积的效应。因此，布迪厄要把传统经济学试图掩盖的非经济形式的资本纳入自己的研究范畴，扩充资本的概念，以避免经济至上主义的化约论。他把资本分为经济资本、社会资本和文化资本三种类型，三种资本都具有自身的符号性，并在一定条件下按照一定的比率相互转换。其中，经济资本是经济学通常理解的那种资本类型，以货

---

❶ 布迪厄. 文化资本与社会炼金术 [M]. 包亚明，编译. 上海：上海人民出版社1997：189.

❷ 同 ❶190.

币为符号，以产权制度化为形式；社会资本以社会声望和社会头衔为符号，以社会规约制度化为形式；文化资本以才艺、作品和文凭为符号，以教育程度为制度化形式。❶他由此把经济学的资本概念和分析逻辑扩展到了非经济学领域，资本的范围也从经济资本扩展到了社会资本、文化资本。

三种资本类型中，文化资本是布迪厄最重要的概念之一。他将文化资本分为身体化形态（由精神和身体组成的知识、教养、技能、趣味及感性等）、客观化形态（书籍、绘画、古董、文物等知识载体和文化表现形式）和制度化形态（学历文凭、资格证书、行业执照等）三种，且不同形态的文化资本之间可以相互转换，文化资本以"再生产"的方式世代相传。❷

布迪厄认为，文化不仅是交流的手段，更是统治的根源之一，是确立并维持社会等级、调节各种社会实践、体现权力关系、实现自主和区分的手段。文化资本是一种象征性资本，其在实施权力的时候具有掩蔽性。同时，个体文化资本的获得和累积需要亲力亲为，很难通过馈赠与购买获得，它们是社会行动者在其行动场域谋求权力的策略方式。布迪厄通过文化资本这个概念建构了有关行动、文化、权力、社会分层的符号权力社会学。"在高度分化的社会中，文化资本是某种形式的权力资本，布迪厄通过把经济分析的逻辑扩展到表面上非经济的商品与服务而把它理论化了。他的文化资本概念包括了各种各样的资源，例如语词能力、一般的文化意识、审美偏好、关于教学体系的信息及教育文凭等。其目的是想表明（在这个术语的最广泛的意义上）文化可以变成一种权力资源。"❸由此可见，布迪厄的文化资本理论是以个体或者社会阶层作为行动主体，身体形式、客观形式、制度形式的文化资本是个人在相应场域中获取权力分配的工具和筹码。

尽管布迪厄未将文化资本作为纯粹的经济现象进行经济价值的系统思考和研究，但是该概念对经济学，尤其是文化产业的研究具有重大意义。首先，文化资本以经济资本为基础，而且可以转换为经济资本。其次，文化资本具有一般资本所具有的特性，如增值性诉求、可转移性、对其自身

❶ 薛晓源，曹荣湘.文化资本、文化产品与文化制度——布迪厄之后的文化资本理论 [J].马克思主义与现实，2004（1）：43–49.

❷ 同❶.

❸ 斯沃茨.文化与权力：布迪厄的社会学 [M].陶东风，译.上海：上海译文出版社，2006：88.

再生产过程进行控制的权力特性等。❶有学者指出，布迪厄的文化资本更加适合用于分析媒体、艺术及学术领域的专家，其比较多地掌握着文化资源，并有更多的能力将其转化为经济资本。❷这一方面表明了布迪厄借助"文化资本"的概念和理论揭示"晚期资本主义社会（信息社会或知识社会）不平等的社会等级秩序和不平等的社会资源分配体系"❸的社会学雄心；另一方面也表明，在知识经济和文化产业，整个社会生活以文化实践和文化再生产作为主要运动形态，文化资本的占有者通过文化资本来获利，这也是和文化资源开发层面直接关联的。

布迪厄创始文化资本概念和理论之后，文化资本理论大致向三个方向发展，一是探讨文化资本与个人发展的关系，如教育背景、家庭背景、个人性情对个人事业影响；二是研究文化产品和文化产业，试图在用来交换的文化产品中发掘文化对产品价值的影响；三是以制度主义为基础，研究文化体制、文化制度对一个企业、区域、国家乃至全球经济的影响。❹因此，将布迪厄的文化资本概念从社会学运用到经济学、文化产业领域是一类有益而富有挑战性的工作。

二、思罗斯比：物品文化价值角度的文化资本

将"文化资本"概念运用到经济学领域最知名的学者是澳大利亚文化经济学家思罗斯比。他将自己的"文化资本"概念与布迪厄的"文化资本"概念进行了区分。他认为，布迪厄提出的文化资本的基本形态是与个人的肉体相连；并且可以预料地以个人的肉体作为它的化身的，因此，布迪厄的文化资本概念是在"个人主义形式方面，即使与经济学里的人力资本概念不完全相同，也非常接近"。❺思罗斯比因此否定了布迪厄的"文化资本"概念在文化产业、文化遗产等领域的适用性。在思罗斯比看来，这

❶ 布迪厄. 文化资本与社会炼金术 [M]. 包亚明，编译. 上海：上海人民出版社，1997：199.

❷ 斯沃茨. 文化与权力：布迪厄的社会学 [M]. 陶东风，译. 上海译文出版社，2006：95.

❸ 朱伟珏. "资本"的一种非经济学解读——布迪厄"文化资本"概念 [J]. 社会科学，2005（6）：123.

❹ 薛晓源，曹荣湘. 全球化与文化资本 [M]. 北京：社会科学文献出版社，2005：4.

❺ 思罗斯比. 经济学与文化 [M]. 王志标，张峥嵘，译. 中国人民大学出版社，2015：52.

种个人主义形式的"文化资本"概念不足以解释一些客观物品的文化现象。"我们所考虑的文化资本，不是布迪厄意义上的内在人类特征，而是经济意义上随着时间的推移能够引起资本服务流的资本资产，从而使我们极有可能通过适合经济学理论和文化理论的方式把文化概念化。"❶简而言之，文化资本是蕴含在物品中的文化价值。

思罗斯比论述道："文化资本是具有文化价值的一种资产，或者说体现一种资产的文化价值存量。这种存量可能反过来引起商品和服务——即那些本身既有文化价值又有经济价值的商品和服务——随时间而流动。"❷他进一步指出这种文化资本的资产存量分为有形和无形的两种。"有形的文化资本资产存量存在于具有文化意义的建筑物、结构、遗址和场所（一般称为"文化遗产"）等，以及作为私有物品而存在的艺术作品和手工艺品。"❸"无形文化资本，既包括一系列的思想、习惯、信仰、传统和价值，它们被用来识别一个特定的人群，并将其凝聚在一起，而不管人群是怎样界定的；也包括作为公共财产存在于公共领域的艺术品存量"❹，它们最终也能引起服务流，进入消费或用于生产文化商品。

思罗斯比认为，"文化资本是以财富的形式具体表现出来的文化价值的积累……它除了拥有经济价值外，还内含贮藏或提供文化价值"❺。他之所以提出上述的"文化资本"概念，其原因还在于传统经济学中的物质资本、人力资本、自然资本无法解释或者捕捉诸如遗产建筑、艺术品等文化现象和物品中所具有的资本资产特点。因此，他指出，"为了使此类现象在文化和经济事务中的作用得到正式的肯定，就要求有'文化资本'这个独立的概念"❻。

同时，思罗斯比尽量以经济学的"成本—收益"的分析法让"文化资本"这个概念能在具体的投资分析中加以运用。例如，在时期 t，一个经济拥有一个继承的文化资本存量 K_t^c，这种存量可能折旧为 d_t，需要维

---

❶ 思罗斯比.经济学与文化 [M].王志标，张峥嵘，译.中国人民大学出版社，2015：172.

❷ DAVID THROSBY.论文化资本 [J].王志标，译.经济资料译丛，2006（3）：12.

❸ 同❷.

❹ 同❷.

❺ 周云波，武鹏，高连水.文化资本的内涵及其估计方案 [J].中央财经大学学报，2009（8）：91.

❻ 同❷.

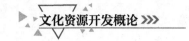

持投资 I_{mt}^c，其资本存量可以通过新投资 I_{nt}^c 得到进一步的增加。因而可得出式 8-1：

$$K_{t+1}^c = K_t^c + \left(I_{mt}^c - d_t K_t^c\right) + I_{nt}^c \qquad （式 8-1）$$

思罗斯比接着指出，"可以将这个资本变量合并到一个既有文化又有经济产出决定的更宽泛的模型中去，其中的文化资本可以采用生产函数中其他资本的形式，并且需要投资资源来维持或增加文化资本的存量，可以把文化资本存量看作是与其他要素竞争的一种要素"❶。由此可见，在思罗斯比的模型中，文化资本可以和生产过程中其他形式的资本一起发挥作用，并且为了维持或增加文化资本积累，所需投入的资源和其他方面所使用的资源是相互竞争的。❷

从文化资源开发层面来看思罗斯比的"文化资本"概念，其揭示了物品的文化价值能为其带来资本服务流的特点，这也是文化资源之所以开发的内在原因，即文化资源不是一般的物品，而是含有文化价值的物品。尤其是公共文化遗产或具准公共性的艺术品的文化价值，在思罗斯比的文化经济学中得以彰显。因此，文化资源开发如果以国家或者地区作为主体的时候，思罗斯比"文化资本"概念能将公共文化遗产纳入文化资源开发。这一点恰恰是布迪厄的文化资本概念所忽视的。然而，思罗斯比的文化资本因其指向为蕴含在"物品"中的文化价值而具有一种存量的内涵，未能明显地体现出"资本"一词所含有的作为"生产手段"的运动性和增殖性的特点，在很大程度上，与文化资源是等意的。

思罗斯比力图寻求文化价值和经济价值的对等关系，力图把文化价值直接表现为经济价值。但是，文化价值在价值判断上具有强主观性、强偏好性，与经济价值之间具有不对等性。因此，有学者指出，"文化学意义上的文化价值如何过渡为经济意义上的财产，从思罗斯比的分析逻辑中找不到任何过渡的机制。因此，思罗斯比对文化资本的分析，既无法解决文化的公共性与财产的经济人占有之间的矛盾，也无法阐述文化资源与文化资本之间的区别"❸。因此，思罗斯比在批判布迪厄文化资本的时候，恰恰又忽视了布迪厄所强调文化资本为主体占有和支配这一重要性质。无论是

❶ DAVID THROSBY. 论文化资本 [J]. 王志标，译. 经济资料译丛，2006（3）：14.

❷ DAVID THROSBY. Cultural Capital[J]. Journal of Cultural Economics，1999（23）.

❸ 牛宏宝. 文化资本与文化（创意）产业 [J]. 中国人民大学学报，2010（1）：148.

何种形式的资本，只有被主体排他地占有，才能进行增强运动。

第二节　文化资源资本化的内涵、必要性和条件

一、文化资源资本化的内涵

在文化资源开发层面讨论"文化资本"，始终存在一个行为主体，它可以是个体，也可以是个体组成的文化企业乃至国家。因此，行动主体文化资本的多少（包括身体形式、产品形式、制度形式）对于文化资源开发具有决定性的影响。在这个意义上，布迪厄的"文化资本"既是文化资源进行资本化转化的前提和基础（身体形式和制度形式的文化资本），也是文化资源开发的成果，即文化产品（客观形式文化资本）。后者反过来又可以为身体形式的文化资本和制度形式的文化资本提供累积和条件。不仅不同的资本在一定的条件下按照一定比例可以相互转换，不同的形式的文化资本之间也可以相互转换。正如布迪厄本人所言："文化资本是作为斗争中的一种武器或某种利害关系而受到关注或被用来投资的，而这些斗争在文化产品场（艺术场、科学场等）和社会阶级场中一直绵延不绝。行动者正是在这些斗争中施展他们的力量，获取他们的利润，而行动者的力量的大小、获取利润的多少，是与他们所掌握的客观化的资本及具体化的资本的多少成正比的。"❶

在"文化资源开发"层面上，身体形式的文化资本是行为主体通过家庭和学校环境教育熏陶出来的文化涵养、知识累积和文化创新能力。从个人到企业到国家，如果身体形式的文化资本越高，那么整个社会和国家的文化创新能力就越强，在各自的文化产业竞争与合作的"场域"中，就越能获得主动性。同样，制度化的文化资本是对个人、企业、国家文化资源开发能力的承认和肯定，拥有的制度形式文化资本越多，在各自文化产业竞争和合作的"场域"中拥有的自主性也就越强。总之，文化资源开发是由不同"场域中"行为主体来完成的，这个行为主体可以从个体上升到企

---

❶ 布迪厄. 文化资本与社会炼金术——布迪厄访谈录 [M]. 包亚明，编译. 上海：上海人民出版社，1997：200.

业乃至国家层面。我们可以从行动者角度，创造性利用布迪厄的"文化资本"概念进行文化资源资本化的分析。

文化资源开发以"客观化形式的文化产品"为价值载体，因此，思罗斯比从经济学角度注重物品"文化资本"的探讨也是具有参考价值的。他尤其指出物品中蕴含的文化价值可以通过增加投资的方式提升其蕴含的文化价值存量，反映了文化资源开发中需要以创意智力劳动投入为主的资本化过程。

正如我们在第二章中有关文化资源与文化资本的概念区分讨论中所提及，"资本"在经济学的本源意义上，含有可以增加生产力、带来价值的价值物，而不是单纯的存量概念。亚当·斯密、大卫·李嘉图等古典经济学家把资本视作可以带来利润的各类财物；马克思将资本界定为能够带来"剩余价值"的价值，体现了资本家与劳动者之间的剥削关系；庞巴维克把资本视为可以"作为获得财货的手段的产品"；❶ 布迪厄则把"资本"从纯经济领域扩展到社会文化领域，从社会文化资源的占有、积累和转化解释资本。由此可见，资本作为"获利性""增值性"的工具是始终不变的。因此，文化资本第一层内涵就是其增值性，即"蕴藏在文化中能够用来再生产和增值的潜能和价值"❷。

此外，马克思还概括出了资本运动性的特点。资本的增值性是在自身的运动过程中实现的，"因为只有在这个不断更新的运动中才有价值增值。因此，资本的运动是没有限度的"❸。故而，从文化资源开发角度看待"文化资本"，也应该将其放到循环运动的过程中看待，只有在生产与消费的过程中起到增值作用的文化资源才能称为文化资本。文化资本始终处于一种动态变化的价值链条中。

文化和文化资源具有不同程度的公共性，只有通过财产权制度的安排，把文化和文化资源转变为具有排他性财产的文化资本，才能开展文化产业的运营。因此，文化资本的第三层内涵是以现代产权制度作为基础和架构，以形塑文化知识财产，把文化或文化资源铸造成为具有排他性、有

---

❶ 庞巴维克.资本实证论 [M].陈端，译.北京：商务印书馆，1964：73.

❷ 李义杰.符号创造价值：媒介空间与文化资源的资本转换 [M].杭州：浙江大学出版社，2016：26.

❸ 中共中央马克思恩格斯列宁斯大林著作编译局.资本论：第 1 卷 [M].北京：人民出版社，1975：85.

限性、可交易性、可分割性和可操作性的资本。❶

　　基于上述文化资本运用逻辑的分析，在文化资源开发层面上，我们可以把文化资源资本化定义为：借助现代知识产权制度，将各类文化资源铸造成为文化产品，使其成为具有排他性、有限性、可交易性、可分割性和可操作性的文化资本，并最终通过市场交换实现文化资源潜在经济价值向现实经济价值的转变。简言之，文化资源资本化就是一个将文化资源进行生产和再生产的过程。

　　对于上述文化资源资本化定义需要说明的三点是：第一，它是偏重经济学角度、客体角度展开的界定，"指通过对文化资源的优化配置所形成的文化生产、文化服务，以物质财富和精神富的形式具体表现出来的文化价值的积累及其形态，文化资本通过市场生成经济价值"❷。第二，是由现代产权制度所铸造的，"是支持着身份和权利的合法性的知识或思想形式的财富，是经济上达到某种追求的凭借。因为资本本质上是一种生产投入品，是一种在生产中作为稀缺要素投入的且已经过劳动加工过的、追求交易增殖效果的中间投入品"❸。第三，是循环的。"文化产业的全产业价值链构成了文化资源开发与文化资本运营的全过程，这些上下游之间的供应链、横向联结的价值链和跨界共生的产业链上的每一项价值活动都是不同资本的实现形式。"❹ 最重要的是，布迪厄所提到行动主体自身在文化创造力（身体形式的文化资本）和文化声望（制度形式的文化资本）方面的资本累积，是更为广义上的文化资源资本化，即通过社会—经济—文化的视角，辩证地看待文化资源开发主体与文化资源客体的互动。在本书中，我们将行动主体自身在文化创造力和文化声望等的累积都作为文化资源资本化的基础、条件和路径。

二、文化资源资本化的必要性

　　文化资源资本化的必要性在于，文化资源本身不等于文化资本，也不等于文化产业。从某种意义上而言，"文化资源是一种存量的文化资本，

---

❶ 牛宏宝 . 文化资本与文化（创意）产业 [J]. 中国人民大学学报，2010（1）：150.

❷ 刘双，李伟 . 论文化资源到文化资本的转化 [J]. 知识经济，2008（1）：173.

❸ 同❷.

❹ 向勇 . 文化产业导论 [M]. 北京：北京大学出版社，2015：177.

文化资本是一种流量的文化资源"❶。文化资本是文化产业发展的关键，因此文化资源资本化是文化产业发展的核心。

文化资源是人类社会发展过程所创造累积的、能用以从事文化生产和文化活动、具有文化商品开发价值或者潜在的文化商品开发价值文化的总和。它既是人们共享的文化，也可能影响区域经济发展，并具有转化为经济的潜力。但是，文化资源只是文化资料和素材，不等同于文化资本。拥有文化资源不等于拥有文化产业或现实的经济效益。从很大程度上而言，资源是自然形成的、未经开发的。正如丰富的自然资源不等于发达的工业经济，丰富的原生状态文化资源不等于发达的文化产业。此外，不是所有的货币都是资本，只有进入流通增值的货币才是资本，同理，不是所有的文化资源都是或都能成为文化资本，只有"行动者通过交易而产生价值增值效益的那一部分积累的文化资源才能成为文化资本"❷。

张胜冰指出："转化为文化资本的文化资源已经成为一种十分活跃的市场要素，与原来的存在形态具有很大不同，它不再是一种静态的、不变的、单向的因素，而是一种动态的、可变的、多向的因素。具备了资本功能的文化资源既可以像布迪厄所说的直接变为经济资本，产生经济价值，也可以间接变为社会资本，实现其社会价值。"❸

无论是美国还是日本，其所拥有的本土文化资源并非是最丰厚的，然而其文化产品却具有世界性的传播力，并产生巨大的经济效益和文化效益。原因在于，它们拥有把文化资源转化为文化资本的能力。2020 年，迪士尼公司真人版电影《花木兰》所使用的"文化资本"是其公司 1998 年的同名动画。此案例表明，文化资源最终要实现其经济效益和文化效益，文化资源资本化转化能力是关键。

三、文化资源资本化的条件

（一）文化资源资本化转化的基础条件

文化资源资本化的基础条件是其自身所具有的价值，它是人类在长期社会劳动中累积的，并且这种劳动累积具有某种消费者可接受的市场价

---

❶ 向勇. 文化产业导论 [M]. 北京：北京大学出版社，2015：177.

❷ 王海岳. 文化资本理论研究述评 [J]. 南通职业大学学报，2012（3）：19.

❸ 张胜冰. 文化资源学导论 [M]. 北京：北京大学出版社，2017：180–181.

值。只有发现和概括出文化资源中潜藏的市场价值，才能开展后续的梳理、总结和运作，从而进行资本化转化。

以闻名中外的景德镇陶瓷为例。在漫长的历史中，景德镇的陶瓷工艺拥有长时间的社会劳动积累。单从其物质形态和符号形态的文化资源看，景德镇可供开发并已经获利的成为文化资本的历史建筑、历史文物和文献资料等文化资源。此外，人们在劳动中不断创造出新的劳动方法、劳动形式与劳动关系，形成了景德镇的制作工艺文化、行业规则文化与语言习俗文化。在此基础上，形成了富有景德镇地方特色的陶瓷文化，并且唤醒了民间故事、民俗文化等文化内涵，在多个文化层面和维度上打造出自身的城市文化品牌。❶目前，围绕景德镇所形成的与其陶瓷文化相关的产业，都建立在景德镇历史过程中所累积的丰厚的文化资源价值基础上，这是其展开资本化的基础条件。

（二）文化资源资本化的主观条件

不同层面的文化资源主体的文化自觉，是开展文化资源资本化的主观性条件。只有在文化自觉的意识下，才能积极主动地开发和弘扬自身文化。

一般而言文化资源主体是指同时懂得文化建设规律和文化经济发展的复合人才，并具有文化自觉性。对于一个国家、一个民族而言，文化自觉的关键性在于这个国家、这个民族的人文知识分子。著名的文化学者叶舒宪先生曾指出，把本土文化资源转换为文化资本的关键是文化情怀，是对本土文化资源的情怀。没有情怀谈文化产业，只能是空洞的。❷一个国家的人文知识分子，尤其是文化产业第一线的人文知识分子，都应该对本土的文化资源饱含情感和认知，对文化传承和发展有感同身受的体验。人们对自身文化的情怀是通过正确的认知和亲身的体验自然而然地建立起来的。这要求人文知识分子既具备世界文化战略眼光和文化理论，同时又具有本土文化资源情怀，能从象牙塔中走出来，参与社会文化实践，协调政府、学术界、社会的多方关系，运用自己的"身体形式的文化资本"发挥促进文化资源向文化资本转化的作用。

---

❶ 许艳艳.景德镇陶瓷文化资源资本化研究 [D].景德镇：景德镇陶瓷学院，2008.

❷ 叶舒宪，黄湘.符号经济·文化资本·文化情怀 [J].博览群书，2007（4）：30.

（三）文化资源资本化的制度条件

文化与文化资源都是有不同程度的公共性，而文化资源的产业化开发要求文化或文化资源具有明确的财产经济人占有。例如，花木兰的故事作为文化资源是全球共享的，但是当迪士尼公司将其制作为动漫电影《花木兰》的时候，花木兰的文化资源在很大程度上转化为迪士尼公司的文化资本，使其能够进行产业化运营。又如，云南白族新华村的许多手工艺人共享着传统的手工技艺，然而在旅游业开发背景下，寸发标这样的草根艺人有机会成为"民间工艺美术大师"，其所制作的手工艺品不再只是云南的地方文化，而注册成了品牌商标，成为具有排他性的文化资本。❶总之，文化创造所具有的精神价值、审美价值、历史价值和社会价值等，并不能直接作为资本的形式，而是由现代产权制度所架构和形塑的，它们为文化资源转变为文化资本提供了基本路径、权利归属和约束规则。"事实证明，现代产权制度架构下的知识产权在形塑文化资本的过程中，极大地促进了文化知识的繁荣，它不仅提供了投资于文化创造的巨大激励机制，而且营造了文化资本和文化产品在世界范围流通的巨大市场。"❷由此可见，只有通过具体的现代产权制度（在文化产业领域主要体现为知识产权制度），把文化资源变为文化资本，才能开展文化资源的产业化开发。故而，成熟的知识产权制度是文化资源资本化的制度性条件。目前，我国在文化资源资本化投融资的法制环境、文化资源财产权益（文化物权、文化债权、文化知识产权等产权权属确认、产权价值评估）、文化资源资本化融资担保机构等方面的建设还需要进一步完善。❸

（四）文化资源资本化的技术条件

文化资源资本化的实现离不开现代光电数字网路等技术支撑。无论是何种形态下的文化资源，都要转化为消费者可视、可闻、可感受或可体验的产品形式，从而使之可以在市场上进行交换并实现收益。信息网络、数字工

---

❶ 张晓萍，李芳，王尧，等.从经济资本到文化资本和社会资本——对民族旅游文化商品化的再认识 [J].旅游研究，2009（1）.

❷ 牛宏宝.文化资本与文化（创意）产业 [J].中国人民大学学报，2010（1）：150–151.

❸ 胡卫萍，胡淑珠.我国文化资源资本化现状及投融资路径 [J].企业经济，2016（7）：114.

程、VR 技术提供了多角度、宽领域、深层次文化资源"编码"的路径和方式，形成类型和形式更为多元的文化产品，使文化资源的资本化更加可行。

　　总而言之，要实现文化资源资本化，需要在市场经济和现代知识产权制度条件下，借助现代光影数字等技术，以人文知识分子为主导的文化资源开发主体充分发挥文化自觉，挖掘文化资源的市场价值，把文化资源转化为财产经济人占有、可交易的文化产品并延伸产业链，从而实现文化资源的资本化。

第三节　文化资源资本化的路径和影响因素

一、文化资源资本化的路径

（一）基本路径

　　从经济学的、客体的角度来看文化资源资本化，文化资源资本化实现的基本路径可概括为：文化资源实现产品化—文化产品消费商品化—文化商品经营资本化。原生形态的文化资源"首先必须经过劳动加工使之转化为有利于消费的产品。其次是文化产品的消费要以商品的形式实现，实现由产品到商品、由使用价值到价值的转化。最后，返回资本市场，以货币价值为媒介通过某种灵活有效资本市场机制的运营来实现"❶。通过创意转化、科技提升和市场运作，可将文化资源有效地转化为文化资本。

　　当然，经济学客体角度的文化资源资本化的路径，去掉了行动者主体和体制性的要素。本书将行动主体在文化创造和文化声望中的身体累积及体制性要素作为基础和条件纳入文化资源资本化的论述。因此，借助布迪厄文化资本关于身体、制度和社会形态的文化资本理论，我们可以进一步探究文化资源资本化的路径。

（二）身体化累积

　　布迪厄所强调的"身体化的形式"的文化资本，是通过家庭和学校的教育而嵌入身体和精神的习性、技能和修养。各种技艺、社会活动类的文

---

❶ 刘双，李伟 . 论文化资源到文化资本的转化 [J]. 知识经济，2008（1）：174.

化资源，在传承和发展上，通常都非常依赖身体实践。无论是望闻问切、菜肴制作、瓷器烧制，或是戏曲表演，要想获得超高水平，往往需要超量的教育投入，形塑为自己的身体技艺和惯习。常年的实践和累积，使这些技艺与惯习刻入身体和潜意识中。这种身体化的累积必须是投资者亲力亲为，过程漫长甚至艰难，与人的生命相伴，不可转让。

以非遗类文化资源为例，身体化累积是其资本化最根本性的途径。有学者指出，"非遗的普遍性特征是身体性，非遗是经由人的身体体现出来的文化能力" ❶。"非物质"不是没有物质，而是不以物理材料的物质为主，是以人为其物质的这样一种特殊的文化遗产。身体是非物质文化遗产的第一物质性。❷因此，要把非物质文化遗产转化为文化资本，必然以身体作为最主要的途径和媒介。中医、古琴表演、太极、书法等身体化累积是最基础也是最重要的通往资本化的途径。许多个案研究表明，传统技艺不仅是旅游发展的核心资源，也是当地青年职业发展依赖的文化资本。诸如音乐舞蹈、银饰锻制、扎染等传统技艺只有通过身体化的累积内化为自己的能力，才能转为文化资本，并在特定的场域中转化为经济资本和社会资本，乃至最终形成权力资本。❸

就文化企业而言，文化资本的身体累积可以体现为文化企业内部个体员工在品德、信念、知识、技艺、才能，甚至才情等方面的累积。这些累积是一个文化企业的人力资本和无形资产，在总体上提升了文化企业的文化创新发展能力。企业文化、精神氛围、道德准则、行事风格，不只是印在手册上的口号或者贴在墙上的标语，而是真正身体化为企业员工的惯习和精神。

（三）知识产权化

文化资源开发主体通过智力劳动将文化资源进行创新开发，形成各类文化商标、专利、版权等知识产权和品牌，把文化资源转化为知识产权化的文化资本。换言之，文化资源的知识产权转化要求开发主体在文化资源

---

❶ 刘铁梁.非物质性还是身体性？——关于非物质文化保护的思考[EB/OL].（2009–01–10）[2019–11–07]. https://www.chinesefolklore.org.cn/web/index.php?Page=3&NewsID=3736.

❷ 向云驹.论非物质文化遗产的身体性——关于非物质文化遗产的若干哲学问题之三 [J]. 中央民族大学学报，2010（4）：65.

❸ 龙良富.文化资本视角下民族青年传统技艺的积累和转化——旅游发展中个体的社会实践 [J]. 广西民族研究，2018（5）.

生产、经营和创新过程中"所创生的成果依法及时地、迅速地、广泛地取得专利权、商标权和著作权的活动过程"❶。

以中国纹样数据库"纹藏"为例。纹藏团队负责人依据梁思成和林徽因很早提出的构想，集合、整理、绘制中国各民族的纹样，建设中国纹样数据库"纹藏"。整个团队通过走访中国各个民族，开展田野调查，将纹样从田间地头和裙边袖口的物件上剥离出来，依靠设计美学原则对纹样进行再设计，转化为平面设计矢量图，每个纹样作品进行版权登记（作品登记证书），使前期的文化资源整理、开发、创造获得了知识产权化的转化，并在此基础上进行中国纹样的付费平台、商业授权、品牌合作等经营。❷

上述"纹藏"的案例首先经过版权登记的方式把文化资源知识产权化，并通过"授权"的方式实现，文化资源的二次资本化的转化。基于现代知识产权制度，文化授权或艺术授权是实现文化资源向文化资本转化的重要路径，也是文化资本再资本化的重要路径。"借助艺术授权，文化艺术作品中的文化元素和符号可以被提炼并经过创意性地加工、包装，使之与人们的现实生活和当前的审美心理相适应。在此基础上，通过知识产权的授权交易，可被授权企业运用于其产品的研发、生产和销售等环节，以此提高产品的附加价值和市场竞争力。"❸随着人们对艺术授权的认可和接受，其在助推文化资源向文化资本转化的过程中开始呈现出新的发展趋势。艺术授权逐渐由单个或一类产品的授权向产品的概念授权方向拓展。

（四）制度化累积

对于文化资源开发主体而言，制度化累积是其进行文化资源资本化的重要路径。无论是个体还是企业，其所具有的文化理念、文化行为、文化符号、各种资格证书，都是文化资源资本化的重要路径。

这里的制度有着双重含义，一是从外部体制规定所获得的，指由官方或者社会专业机构认可，可以证明文化资本合法性的一种社会公认力。对个人而言，如布迪厄所论述的个人学历文凭、各种获奖或考级证书；对于

---

❶ 于正河，李娜.论知识产权化 [J]. 东方论坛，2009（5）：100.

❷ 本案例由浙江师范大学文化创意与传播学院文化产业管理专业 191 级徐倩提供。笔者引用时，进行了修改和调整。

❸ 王秀伟，汤书昆.从文化资源到文化资本的转化——产业融合视角下的艺术授权思路 [J]. 民族艺术研究，2015（6）：156.

文化企业而言，如文化产品及企业自身获得的各类奖项、荣誉、资质。二是由内部制度建设所获得的，文化资源开发主体在从事文化开发和生产时候所创造并维系该制度付诸的努力和代价，也就是内部所创造的制度为文化生产提供了条件，同时为维系这种制度也要付诸时间、劳动和金钱。在这种情况下，文化企业的这项制度也可被视为文化资本的一种形式。

以我国一些传统行当为例，它们能在千百年的发展中留传至今，实则累积了制度化形式的文化资本。这些制度对于行业自身的延续、沟通、发展、规范和团结起着重要的作用。例如，京剧以传统的"生、旦、净、末、丑"为基础进行角色上的分工，在分类形态、舞台形象、表演艺术结构上有严格规定，唱念做打，一板一眼，不因演员自身而有所改变，保证了京剧一脉相承的艺术特点。同时，京剧也因为行业内制度化的分工，形成了以演员为主导的不断创新和演绎的方式，出现了以谭鑫培、程长庚为主导的生行艺术，以"四大名旦"为主的旦行艺术等。❶ 这一脉相承的制度，是其文化资本的一种形式，也是文化资源资本化过程中规范和完善的路径保障。

二、文化资源资本化形态的影响因素

（一）媒介形式

每种新媒介的出现都会产生相对应的文化产品和文化产业形态，因此，媒介的特性和形态主导和架构文化资本的形态，并由此建构文化产业的业态。自古登堡印刷术伊始，到现今风靡移动端网络的新媒体技术，每种媒介的流行都会影响文化资源资本化的具体形态。有学者总结了由印刷媒介到电脑互联网数字媒介对文化资本形态的构形和影响的变化趋势作了如下概括（表8-1）。

表 8-1　媒介和文化资本形态变化对应关系 ❷

媒介形态	技术形态	内容形态	产品形态	产业形态
印刷媒介：图书、报刊	印刷技术	静态：文字符号	图书、报刊、平面媒介广告	印刷出版业、报业、广告业

---

❶ 施旭升. 京剧艺术谱系论 [J]. 南京大学学报，1999（1）.

❷ 李义杰. 论媒介对文化资本（产业）形态的构形 [J]. 西南民族大学学报，2014（1）：158.

续表

媒介形态	技术形态	内容形态	产品形态	产业形态
电子媒介：广播、电视、电影、唱片等	无线电、光电、摄录技术等	动态：声音和图像符号	电影、电视剧、其他各类电视节目、CD/VCD/DVD	电影产业、电视产业、电视动漫产业、单机游戏产业
数字媒介：互联网、数字电视、网络电视和社区网站、博客、微博等	计算机、网络、数字等信息技术	互动：文字、声音、图像符号	网络游戏、动漫、电视广告、网络广告、社区网站、数字化图书馆、数字化文化资源库等	网络游戏、动漫产业、网络文化产业、数字出版、数字图书产业、网络视频、社交网站等

以我国传统的武术文化为例。印刷媒介和广播媒介的特性显然并不契合这种以动态的肢体动作表现为主的文化。对武术文化资源的呈现，无论是记录性的原生文化形态的方式，还是经过再生产的产品形态，都只是以文字和声音两种形态表现，如武侠小说、漫画和广播剧节目等，而不能借助图像把武术文化最重要的肢体动作加以呈现。随着数字媒体艺术的进步与 IT 产业的发展，武术文化资源得到深度挖掘。媒介的方式对文化资源的作用，在于传播的效益上的规律性。一种文化资源一定会随着传播方式的变化而变化。正因为媒介对文化资源的资本化起着较强的影响和作用，在文学领域，它迫使许多传统文学创作者走出艺术的象牙塔，"把开掘文化资本和符号增值作为自己的文学责任，主动参与到新的媒体竞争和发行量博弈之中"❶。

（二）意识形态

纵观世界各地的文化产业历史，其发展都离不开意识形态的影响。文化资源的资本化过程必然会受到意识形态的导向作用。这种导向作用主要由国家意识形态主导，但同时也会受到外来意识形态或思潮的影响，甚至会受到不同意识形态之博弈的影响。文化资源资本化离不开政府的支持，国家意识形态的导向往往就是文化资源资本化发展的导向。

以文化艺术为例，改革开放前，艺术主要为政治服务，无论是抗日战

---

❶ 叶舒宪 . 从符号人类学到"符号经济"——文化资本博弈时代的文学增值术 [J].江西社会科学，2005（12）：19.

争时期的木刻版画，还是"文革"时期的样板戏、宣传画，都紧跟政治脚步，以大型主题绘画为主。

（三）稀缺性

任何一个国家和民族都有自己标志性的文化，这些文化作为文化资源进行资本化的时候，通常也能获得人们广泛和长时间的喜爱。例如，汉唐明清的王侯将相故事，很多制片人和导演将这些故事制作成各类电视、电影产品。虽然这些文化资源已经转化为文化产品，成为文化资本，但这些文化资本要想从众多的同类文化产品中脱颖而出，实现其经济价值和社会文化价值却并不容易。因此，寻找相对冷门或者较少被开发成文化产品的文化资源，往往可以在资本化的道路上事半功倍。

以电视剧《琅琊榜》为例，其小说作者海晏将文化资源追根溯源到南北朝历史中的南朝历史。与多数作家喜欢将目光聚焦到秦汉与明清时代相比较，此段历史在文艺创作、文化资源开发利用中相对稀缺，为小说和电视剧改编的成功奠定了基础。在影视公司的制作下，整部电视剧情节曲折，人物形象丰满，艺术感强，历史感浓厚，使这部电视剧吸引了不同年龄段的观众。在历史、社会与美学多种价值维度作用下，这部剧运作出一条稀缺的、独特的、持续的、商品化的文化资本链条。❶文化资源自身的价值内涵固然重要，但其所具有的稀缺性，更能激发和满足人们对文化消费的需求。

★ 本章小结

文化资源产业化开发的过程，是将文化资源资本化的过程。文化资源资本化的必要性在于，文化资源本身不等同于文化资本，也不等同于文化产业。文化资本是文化产业发展的关键，因此，文化资源资本化是文化产业发展的核心。

基于布迪厄、思罗斯比等人文化资本运用逻辑的分析，文化资源资本化指借助现代知识产权制度，把各类文化资源铸造成文化产品，使其成为具有排他性、有限性、可交易性、可分割性和可操作性的文化资本，并最终通过市场交换实现文化资源潜在经济价值向现实经济价值转变的过程。

---

❶ 本案例由浙江师范大学文化创意与传播学院文化产业管理专业 141 级徐梓淇提供。笔者引用时，进行了修改和调整。

因此，文化资源实现产品化—文化产品消费商品化—文化商品经营资本化，是实现文化资源资本化的基本路径。布迪厄所提到行动主体自身在文化创造力（身体形式的文化资本）和文化声望（制度形式的文化资本）方面的资本累积，是更为广义的文化资源资本化，即通过社会—经济—文化的视角，辩证地看待文化资源开发主体与文化资源客体的互动。行动主体自身文化创造力和文化声望的累积都是文化资源资本化的基础、条件和路径。因此，在广义上，文化资源的资本化还包括身体化累积、知识产权化和制度化累积。

此外，文化资源资本化会受到外在因素的影响，包括媒介形式对文化资源资本化形态的规律性作用，意识形态对文化资源资本化的导向作用，稀缺性使文化资源资本化事半功倍等。

★ **思考与练习**

1. 为什么说拥有丰厚的文化资源不等同于发达的文化产业？

2. 从文化资源开发角度论述如何借用布迪厄和思罗斯比的文化资本理论。

3. 通过案例分析身体化累积如何促成文化资源向文化资本的转化。

第九章　文化资源品牌化运营

文化资源开发归根结底是一场符号化的过程，而品牌是文化资源符号化开发的高级阶段，也是目标之一。在科学技术日益进步的当下，各种产品在功能、外观乃至发展策略上都能被模仿和趋同，从而失去竞争力。能够让产品获得市场认可而长足发的关键因素是品牌。作为文化资源开发成果的文化产品本身具有强文化性，其所带有的文化特征和属性在无形中就自带了一定的市场细分，但这并不意味着文化产品生产不需要品牌化的运作。正因为在文化产品或文化服务的消费领域符号性选择倾向更加明显，文化资源开发更需要注重品牌塑造和品牌化开发运营。

第一节　文化资源品牌化概述

一、文化资源品牌化内涵

关于品牌的定义有多种。一种是从行为者主体的角度，认为品牌是名称、术语、象征、记号或者设计及其组合，以此用于和其他竞争者的产品或劳务相区分。美国营销大师菲利普·科特勒对品牌作了如下定义："品牌是一种名称、名词、标记或设计，或是它们的组合运用，其目的是借以辨认某个销售者或某群销售者的产品，并使之同竞争对手的产品区别开来。"❶但越来越多的学者发现，品牌实则是一个主客互动的产物。也就是说，名称、术语、象征、记号或者设计及其组合只是品牌的符号载体，品牌真正得以形成，是这个载体在消费者心中的印象、认知和认同。里斯和特劳特的品牌定位理论主张，品牌就是在顾客头脑中占据有价值的位置，

---

❶ PHILIP KOTLER. 营销管理 [M]. 北京：清华大学出版社，2001：393–396.

是对心智的占领。❶品牌原型理论主张，使自己的品牌与集体潜意识相关联，从而使品牌与顾客产生内在联系和认同。因此，品牌的存在与否、知名度大小、认同度高低是由市场主导的。市场印象越深刻、认知越明晰、认同度越高，这个品牌才能真正成为品牌。可以说，品牌是品牌商与市场之间相互磨合衍生的产物。

上述品牌内涵，也揭示了"品牌冰山"❷理论所蕴含的一个事实，即对消费者起决定性影响作用的并非显露在外的名称和标识，而是隐藏在外显标识后面的深层品牌文化。后者赋予了外显标识以灵魂和价值，否则，再好的名称和标识，都是空洞的符号。因此，所谓品牌化是一个品牌建立、发展和维护的过程，是品牌不断累积文化和价值的过程。换言之，品牌化是在市场分析、品牌定位、品牌名称与标识差异性设计基础上，不断深化其文化内涵和价值，以推动品牌获得市场融入、市场认同和信赖的过程。

文化资源开发归根结底是一场符号化的过程，而品牌是文化资源符号化开发的高级阶段，也是目标所在。文化资源开发无论以何种形式作为自己的终端产品进入市场，要想获得广泛而持久的认同，最终还是要形成自己的品牌，进行品牌化开发和运营。在文化产品或文化服务消费领域，消费的符号性选择倾向更加明显，甚至进行品牌传播的广告本身就是文化产品，因此文化资源开发更需要注重品牌塑造和品牌化开发。和上述品牌化内涵一致，文化资源的品牌化，就是文化产业公司或个人为其自身或其生产创作的文化产品建立、发展和维护品牌的过程，是一个品牌从无到有，不断累积其文化和价值的过程，也是文化产业公司、个人或者文化产品获得市场名声、美誉、认可和信赖的过程。

二、文化资源品牌化的意义

品牌代表的是产品的市场标识度、美誉度和信任度，因此一般而言品牌具有"识别功能，担保功能、沟通功能和价值功能"❸。文化资源品牌化的重要性和意义正在于此，同时由于文化资源本身的强文化符号属性，其

---

❶ 里斯，特劳特.定位[M].王恩冕，于少蔚，译.北京：中国财政经济出版社，2002：2.

❷ 谭新政，朱则荣，杨谨菡.品牌总论[M].北京：知识产权出版社，2017：84.

❸ 庞守林.品牌管理[M].北京：清华大学出版社，2014：3.

品牌化开发的意义更为重要。

第一，通过文化资源品牌化开发，使文化资源开发主体及其文化产品具有市场识别度。通过品牌定位、命名、商标、内容、功能、风格和特色的个性创建和持续运营，获得消费者的符号化差异性感知。以博物馆文化资源开发为例，博物馆天然地拥有各类的文化资源，但要对其进行良好的产业化开发，依然需要创建品牌进行标志和区分。例如，卢浮宫经过历史积淀和品牌运营，已经成功地树立"世界四大历史博物馆之首"的品牌形象；梵蒂冈博物馆利用其教皇头像或梵蒂冈图标等文化资源，使"梵蒂冈"成为宗教文化品类中个性鲜明的文化品牌；日本京都国立博物馆定位于"珍藏着流传至今的与千年古都共呼吸的国宝"，使藏品和博物馆建筑一体化为"文物"，因而获得了世界公认的"宝物殿"美名。我国的故宫博物院所创建的"故宫文创"品牌，通过新媒体推广、文创产品、数字博物馆等形式逐渐确立了"严肃文化与有趣历史相结合"的品牌形象。❶

第二，文化资源的品牌化开发，意味着对市场和顾客的负责和承诺。由于品牌化是一个获得市场认同和信任的过程，因此文化资源的品牌化开发对顾客和市场有一定的担保功能。不注重品牌建设和运营的文化资源开发行为，往往缺乏规划，其行为往往具有短期趋利性，甚至为了眼前利益而惘置顾客情感和信任。

第三，文化资源的品牌化开发，能促进文化公司、个人或文化产品与顾客之间的沟通和交流。品牌一旦形成，就具有符号象征能力，拥有自身的生命力。全球最具价值的可口可乐品牌，因为发现人们更加喜欢百事可乐的味道，于是研发了一种媲美百事可乐的口味，用来更改可口可乐传统的味道，以期夺回市场份额。不料，此举遭到了成千上万电话和信件的控诉及媒体的反面报道，要求可口可乐公司恢复其传统口味。对于忠诚的顾客而言，改变可口可乐传统的口味，便是对自己的"出卖"，"改变可口可乐的口味就好比上帝要把青草变成紫色"。这迫使可口可乐公司进行道歉，并恢复了可口可乐的传统口味，让传统的可口可乐重新回到人们的生活中。❷

---

❶ 张晋. 博物馆品牌化运用——以故宫博物院为例 [J]. 文物鉴定与鉴赏，2018（11）：136–137.

❷ 彭德格拉斯特. 可口可乐传：一部浩荡的品牌发展史诗 [M]. 高增安，等，译. 上海：文汇出版社，2017：1–10.

第四，文化资源的品牌化开发，意味着无形资产的建立，能为文化资源开发带来价值增值和溢价。品牌化开发能为产品带来品牌附加值，在原产品基础上大幅溢价，为地方经济发展带来 1+1>2 的效果。文化产业被誉为"21 世纪最后的朝阳产业"，消费者对文化产品的选择和消费更多建立在一种先设的情感符号相关的基础上，与文化产品自身附带的文化因素与情怀有关。换言之，文化消费更依赖对文化资源所呈现的品牌和商标的符号化感知。在文化资源品牌化开发中，为品牌注入文化内涵从而在其产品或服务中产生新的情感利益品类是达到溢价最大化的最佳途径。

第五，由于文化资源开发在很大程度上依赖具有地方特色的文化资源，因此文化资源的品牌化开发带来极大的地方社会经济文化效应。一方面，品牌能提升地方信用度，从而影响消费者和投资者的区位选择；另一方面，文化资源本身带有地方和区域属性，文化资源的品牌化开发，密切关系着地方文化建设和影响力的提升。通过文化资源品牌化开发，能够实现文化资源保护和开发的良性循环，而提供就业岗位、创造经济效益、带动地方经济发展，也可以快速地形成地方文化品牌影响力。可以说，文化资源品牌化开发有助于形成地区标志性产品并不断辐射更广大的消费者群体，从而进一步在市场中形成产地品牌化效应。

三、文化资源品牌化的特殊性

品牌化一般包括品牌命名与设计、品牌定位、品牌传播、品牌运营、品牌维护、品牌危机管理等环节。文化资源的品牌化开发同样需要进行品牌定位、个性设计、品牌传播及持续的品牌运营、维护与危机管理。但与一般产品不同的是，文化资源本身具有一定的公共资源属性，又有强烈的地方或历史文化属性，因此在文化资源的品牌化开发中，基本难以以一个既定的品牌商标为出发点进行开发宣传，更多的是从文化资源本身出发，将其所具有的地方和历史文化特色浓缩为符号化的概念向目标消费群体传播，并在其消费过程中注入情感利益品类，从而让顾客心甘情愿地为附加的品牌溢价买单。

文化资源中所蕴含或浓缩的文化往往比一般的商品更具有意识形态属性，因此，文化资源的品牌化开发，更强烈地指向某个区域或者民族的文化品牌，是区域的或者民族的文化象征。品牌不只是思维现象，更是社会、文化和政治现象❶，这就要求文化资源的品牌化开发不能只注重提供一种文化消费产品，更要洞悉文化环境和意识形态倾向，把蕴含在文化资源中的精神思想和意识形态更好地融合在一起，塑造象征民族和区域文化的品牌。

从消费角度而言，文化产品本身决定了其消费要突出符号性体验。无论是影视产品、网络游戏，还是旅游观光等高度符号化产品，能否激发消费者在消费这些文化产品时的情绪、希望、回忆、联想，其重要性和基础性程度要比一般的商品生产和消费领域强烈许多。因此，在一般产品更注重品牌传播、运营等前台过程的开发模式下，文化资源品牌开发需紧抓被消费对象——"文化资源"自身的建设。优质文化资源带来优质消费体验，带来消费者口耳相传的宣传效应，从而更好地维护、巩固并宣传自身品牌形象。可以说，文化资源品牌化开发要做到"前台化与实体化相结合，其中以实体化为开发基础"❷。前台化是将文化资源中的物与精神符号化，凝练为一定的特性和品牌特质，通过宣传推广让观众接受；后台化就是生产出相应的消费内容，注重其品质与内涵，使消费者有项目可消费，且感到物有所值。文化资源品牌化过程中需要切实做好前台化与后台化开发，同时要注意两者的结合，以符号性文化带动实体发展，通过实体发展反哺符号性开发。与此同时，鉴于文化资源这一开发主体自身的文化特性，为达到最佳品牌溢价，文化资源品牌化开发还需特别注意情感利益品类的添加。

第二节　文化资源品牌化过程

现代以来，有关品牌的理论与实践不断发展和完善，出现了瑞福斯的"独特销售"理论、科特勒的"营销管理"理论、奥格威的"品牌形象"理论、里斯和特劳特的"定位"理论、波特的"竞争价值链"理论、凯勒的"消费者品牌资产模型"，各家理论虽然各有侧重，但从总体上而言，

---

❶ 闵洁. 传统文化资源激活品牌构建研究 [D]. 上海：上海戏剧学院，2019：32.
❷ 于苹. 崂山农家宴品牌文化发展的符号学研究 [D]. 青岛：中国海洋大学，2014：3.

都促成了品牌学的系统化。本节结合"观复博物馆"❶和"云门舞集"❷这两个文化品牌对文化资源品牌化一般过程进行分析。

一、品牌定位

品牌定位就是确定要做的事情。文化企业或个体基于市场与产品的位置认知或规划，赋予待定的品牌一定的文化取向，并进行个性化、差异化的商业性决策，具体包括品牌内容的价格定位、市场定位、形象定位等。差异化是文化品牌定位的基础原则。它不只是从外在区别于其他文化品牌的卖点和市场位置，更为关键的是找到自己所依托的内在禀赋，从而能够在消费者心中占领特殊的位置或者调动消费者心中的原型意识。这也就要求，文化资源品牌化定位，首先是要从民族的、历史的、民间的各种文化中挖掘文化内涵，提炼文化精神，抽象出民族特点或区域特征，然后在此基础上形成一个全新的、有差异性的文化品牌。例如，我国第一家民办博物馆"观复古典艺术博物馆"，创建人马未都先生根据自己多年累积的各类中国传统文化艺术品，力图打造一个古典艺术类的民办博物馆品牌，"与古人对话，与文化同行"，进行文化共享和文化反思。

"云门舞集"是中国台湾的著名文化品牌。其创建之初，依托中国传统文学、民间传说故事和中国传统戏曲等文化资源，借用西方现代舞的剧场规则进行现代舞蹈形式的转化开发，建立中国人自己的现代舞团，其后，其在文化资源借用上虽然也有过各类现实题材的改造及在形式上各种艺术表达的创新追求，但从未离开过对中国传统文化元素的探索，其对于"东方身体观"的运用始终如一。创始人林怀民的舞蹈作品有落屋痕、花语、风·影、狂草、行草、竹梦、水月、九歌、红楼梦等，其中的狂草、行草以"书法入舞"彰显了品牌定位的初衷。在几十年的发展中，"云门舞集"的内容有所调整，但林怀民始终没有忘记"中国品牌"的特色。他在不断的艺术尝试与生产中，摸索出一套融中西方文化于一体，以西方现代舞的技术为形、以东方身体观和美学标准为本的云门特有的动作体系，扎根于中国传统文化，不忘关注社会、时代与生活，造就了属于自己的艺术风格的文化品牌。

---

❶ 本案例由浙江师范大学文化创意与传播学院文化产业管理专业 151 级李鑫提供。笔者引用时，进行了修改和调整。

❷ 本案例由浙江师范大学文化创意与传播学院文化产业管理专业 171 级郑桂鸿提供。笔者引用时，进行了修改和调整。

二、品牌识别

品牌识别包括品牌命名和品牌设计。品牌名称是品牌资产的重要内容，是区别于其他品牌的重要标志。从消费者的视角来看，品牌名称是消费者将该品牌的商品与其旗下商品的属性相联系的一个重要枢纽。阿尔·里斯曾指出，"当所有的产品和服务都趋于雷同时，品牌之间的区别并不在于产品，而在于这种产品的名字，或者更进一步说，在于对这个名字的感觉"❶。

文化资源开发的品牌命名除了遵循最基本的法律原则、营销原则、语音原则、语形原则、语义原则，运用目标市场策略、消费者心理策略之外❷，其名称与所依托的文化资源之间的关联性非常重要，是文化资源特质的抽象和提炼。马未都先生为自己的博物馆的品牌命名为"观复"，源出老子《道德经》"致虚极，守静笃，万物并作，吾以观复，夫物芸芸，各复归其根，归根曰静，静曰复命……"寓意反复观看并以思考，希望借由文物让大家从不同角度、不同时期感受文物传达给人的精神和故事，体悟过去、现在和未来。同样，"云门舞集"品牌名称借鉴了中国古籍《吕氏春秋》中"黄帝时，大容作云门，大卷……"一语，底蕴深厚，雅趣盎然，表达的正是相传存在于五千年前黄帝时代中国最古老的舞蹈。其从一个侧面反映了林怀民的审美情趣，也与其创团之初欲实现"中国需要文艺复兴"理想，做出一个"中国人作曲，中国人编舞，中国人跳给中国人看"的现代舞团的理念相契合。

品牌设计一般指的是品牌的符号设计，如品牌的 logo、文字、图形、颜色、象征物、标识语、广告曲及其组合。在文化资源品牌化的符号设计中，可以运用"文化形象成形"❸的方式，也就是根据品牌所确立的文化描述，将其具有的文化特征进行视觉形象的设计，能够充分在符号的意指结构上运用视觉、听觉等隐喻，调动受众的视觉听觉想象，完成品牌文化的意向表达和诠释。换言之，品牌符号设计是一个文化形象成形的过程，可以突出品牌的文化魅力，唤起和文化资源相关的地方的、民族的乃至人类共同体的独特文化情感和记忆，从而形成自己的品牌识别系统。

❶ 欧阳斌. 顶级品牌 [M]. 北京：中国经济出版社，2014：383.

❷ 樊传果. 品牌学 [M]. 开封：河南大学出版社，2010：56—58.

❸ 闵洁. 传统文化资源激活品牌构建研究 [D]. 上海：上海戏剧学院，2019：74.

三、品牌传播

在品牌学领域，品牌传播被界定为"一种操作性实务，即通过广告、公共关系、新闻报道、人际交往、产品或服务销售等传播手段，以最优化地提高品牌在目标受众心目中的认知度、美誉度、和谐度"[1]。余阳明教授在《品牌传播学》中指出，品牌传播具有以下特点：一是明确了品牌传播主体是品牌所指向的受众；二是着力强调了传播手段是持续性地与目标受众进行交流；三是对传播资源有效地分配与整合；四是运用沟通传播使受众产生认知与联想的过程，就是品牌资产积累的过程，最终达到品牌传播与最优化地增加品牌资产的目的。[2]文化资源开发的品牌化传播基于上述品牌传播学的基本规律，需要借助广告传播、销售传播、公关传播、企业内部传播和人际传播等来达成。

文化资源开发具有强符号性特点，因此在文化资源品牌化传播中，会更加突出体验性、娱乐性、社会性、事件性、故事性、参与性、互动性、联结性等传播方式和特点，以此带动消费者对品牌的认知、接受和传播。尤其要注重运用文化资源蕴含的文化内涵来进行营销传播，使每一次传播都能够演绎和表达品牌的核心价值和精神内涵。

文化资源的地方性特征要求其品牌化传播不仅要对外传播，而且要对内传播。[3]对外传播就是拓展品牌对外的市场占领以获得利润；对内传播主要是指对文化资源所属地进行传播。因为文化本身具有"日用而不知"的特点，一些拥有丰富文化资源的地区，民众自己反而不能意识到文化的重要性，因此文化资源的品牌化开发，对内传播比一般的产品重要。对内传播除地方政府的宣传和倡导之外，还要通过各种方式鼓励本地居民、企业参与到文化资源品牌化建设和传播中来，由此形成文化资源品牌的内在认知认同，提升其感召力和凝聚力。

"观复博物馆"在品牌宣传上秉持其"与古人对话，与文化同行"的办馆理念，始终致力于为大众提供独特的文化产品和文化服务。观复博物馆通过将"观复猫"等品牌投放至微博、微信公众号、订阅号等平台进行广告传播，出版衍生书籍和漫画、参与相关电影宣传，推动品牌传播直观化；借助马未都先生参与文娱节目和馆藏、陈列、教育等公众活动树立博

---

❶ 余明阳，舒咏平.论"品牌传播"[J].国际新闻界，2002（3）：64.

❷ 余明阳，等.品牌传播学[M].2版.上海：上海交通大学出版社，2016：11–15.

❸ 赵亚男.城镇文创产业文化品牌建设研究[D].杭州：浙江大学，2012：36.

物馆的形象、品牌，进行公关传播；通过架构会员体系形成品牌美誉度，会员权益中的"可携两人免费参观"等条款也促进了人际传播。❶

"云门舞集"的品牌传播也开展得很好。在前期，一是巧借名人效应，增加曝光率，扩大知名度和影响。联合各界文化名人，整合各领域跨界合作。二是以中国身份，寻求海外市场认同，并争取海外票房收入，提升云门在台湾的社会认同度。三是借助政策，成为政府扶植的表演艺术团队。四是深入群众，下乡公演；参与艺术下乡，走入社区和学校，跨越精英文化与普通百姓的界限，培养云门舞集的潜在观众，扩大文化消费市场。在后期，"云门舞集"继续结合时代，进行特色的品牌传播活动，如吸引企事业团体及企业家个人为云门基金会注资，确保云门公演常态化，进一步提高了普通群众的审美水平，扩大了潜在市场。

此外，"云门舞集"还注重媒体和广告推广。云门独特的舞蹈艺术与舞团地位使海内外众多学者对其进行研究，研究内容包括对林怀民本人的研究、云门舞种的研究、云门经营的研究等。

云门积极运用新媒体，建立了网站，具有中英文版面，由资讯部与行销部共同负责。其板块除了演出信息和机构介绍等常规内容外，通过授权等方式开发了书籍、DVD 等品牌衍生品，起到了推广和宣传品牌的作用。

四、品牌管理

品牌是一个过程性和市场性概念，因此只有通过长期有效的品牌管理，才能形成优秀的品牌。从战略意义上而言，品牌管理就是对品牌资产（品牌认知度、品牌知名度、品牌忠诚度、品牌联想度和其他资产）进行管理，是创建、培育及提升品牌资产的过程，包括品牌战略规划和品牌战略实施两大部分，前者包括品牌分析、品牌战略选择和品牌塑造，后者包括品牌推广、品牌提升和品牌巩固。❷ 由此可见，品牌管理贯穿于品牌化的始终，甚至品牌化的过程就是品牌管理的过程。

要想成功地实现文化资源的品牌化开发，就要从文化资源品牌化创建之初，持续、动态地开展品牌分析、品牌战略选择、品牌塑造、品牌推广、品牌提升和品牌巩固工作。根据时代、市场、自身等诸多条件的变化，相应地调整、优化整个文化品牌的系统和日常管理。在此过程中，始

---

❶ 魏保信，陆军.关于民办博物馆发展与管理的若干思考[J].苏州文博论丛，2011（00）：272.

❷ 樊传果.品牌学[M].开封：河南大学出版社，2010：207.

终保持品牌的高度差异化及清晰明确的品牌核心价值；优化文化品牌识别系统和联想度，提高品牌知名度和忠诚度，以确保文化品牌构建的独特性和科学性，实现品牌资产优化。

观复博物馆通过十几年的品牌管理使自己成为民营博物馆的标杆。它依靠传统的门票收入、各种服务性收入和品牌输出较早实现了盈利。其中品牌输出是其品牌管理重要方式，不仅帮助观复博物馆实现盈利，也提升和推广了品牌自身的资产。在品牌输出模式方面，所有博物馆的命名都为"观复博物馆某某馆"，但每个地方馆在主题和运营模式上又按照因地制宜的原则开展。在内部管理上，观复博物馆积极探索一条适合民办博物馆的理事会制度，谋求民办博物馆健康生存和发展。❶

"云门舞集"在把中国传统文化资源进行现代舞蹈形式的品牌化开发之路上，其成功的要诀之一就是从始至终都贯穿品牌管理。

首先，通过多年舞蹈创作与生产已成功摸索出属于自己的舞蹈特色，坚持"做中国人自己的舞团"的定位，积极参与社会实践，观照时代，创造了属于自己的文化符号；其次，通过多种形式将自己的品牌呈现在观众面前，实现了较好的前台化；再次，注重品牌的质量维持，在舞蹈创作、相关产品开发、舞团管理、人才培训等方面不断探索与突破，促进后台化持续发展；最后，从云门本身的工作内容来说，每一场演出都是一次前台化与后台化的完美结合。前台的成功使后台有了更多的资金支持和动力支撑，而后台的运作又成为前台化重要的基础，二者相互促进，形成了良性循环。

第三节　文化资源品牌化运营策略及问题

一、文化资源品牌化运营策略

（一）政府规划和企业谋划相结合

由于文化资源具有公共属性，文化资源的品牌化发展需要纳入地方发展的总体规划。只有政府在整体规划中对地方文化资源的品牌化发展有一

---

❶ 陈杰.民营博物馆发展要依靠品牌 [N].北京商报，2012-10-19.

个宏观的布局和推进战略，才能引领文化事业单位、企业和个体更好地进行文化资源品牌化开发和建设。文化资源品牌化政府规划分两种情况，一种是政府主导建立区域性的文化品牌，如"好客山东""信义金华"；另一种是政府引导文化资源的品牌化开发，如景德镇陶瓷文化创意产业、金华"古婺窑火"。前者是政府直接主导创建区域文化品牌，政府作为主要力量，联合部分高校力量，整合地方文化资源，把握地方文脉，确定文化资源品牌化开发的整体战略。各个相关文化资源开发企业或个人可以借助政府文化品牌建设的契机，进行文化资源品牌化开发和经营。后者是政府作为引导力量，为本地的文化资源品牌化发展提供良好的政策条件、市场环境和监督、协调、管理服务。文化企业在各自的文化资源品牌化开发之路上，因其所借用的文化资源的地方属性，间接反哺地方文化品牌的形成。

（二）专家创意与民众参与相结合

文化资源品牌化开发需要专家的指导，一方面是文化资源持有者和实践者，如仪式专家、各类非遗传承人等的指导，另一方面是专业性的创意设计专家的指导。第一类专家未必能通达创意设计、市场消费和审美趋势，第二类专家未必能全面把握文化资源的精髓，因此两类专家需要合作或互相借鉴。然而，对于文化资源品牌化研究而言，上述专家的创意还需要民众参与，各方面互动，才能实现品牌化的发展。

民众是一个民族或地方文化的创造者、参与者和享有者，充分发挥和推动民众的参与，不仅是品牌建设的灵感和活力之源，也是强化民众地方认同归属的重要途径。"民众积极参与文化品牌建设，才能更加清晰全面地展现文化本真，才能真正揭示品牌的文化内涵。"❶ 民众的参与为文化资源品牌化开发注入生命力，也可以实现民众自我表达、自我实现的需要。具体而言，可以通过广泛征集创意、投票、即时交互、网络点击、评论等方式，让民众参与品牌化过程中，在此过程中激发民众的文化创造力，使其接触品牌、认知品牌、认同品牌、传播品牌，成为文化品牌建设的主体。

对民众参与的运营需要注重以下三个方面的操作：第一是有身份有仪式，这是运营民众参与的基础；第二是有趣有爱有温度，这是 IP 人格化的

---

❶ 赵亚男 . 城镇文创产业文化品牌建设研究 [D]. 杭州：浙江大学，2012：35.

特征，是凝聚粉丝、让他们觉得有归属感和认同感的关键；第三是有参与有互动，参与是完善和提升产品品质的方式，而互动是提升社群活跃度的关键。❶

（三）品牌符号与文化资源相结合

文化资源的品牌化开发是一项系统工程，品牌是文化资源开发的目标，文化资源本身又是品牌符号形成的依据所在。文化资源品牌符号系统与文化资源之间有着密切的关联性，只有找出、找对这种关联性，并在符号上进行恰当的表达，才能为品牌化之路奠定良好的基础。

首先从文化资源本身出发形成某类文化品类，然后从这类文化资源所拥有的各类属性中提炼和抽象出概念、特质赋予品牌以灵魂。如前述"古婺窑火"，其所依托的是金华婺州窑这一非遗文化资源，其又从历史之"古"、金华之"婺"、烧窑之"火"中提炼到了时间、空间和器物本身的文化内涵，进而形成了"古婺窑火"这一非遗创意文化品牌。总之，在文化资源品牌化之路上，文化资源是品牌符号之源，品牌符号是文化资源的浓缩。

（四）特色提炼与原型操作相结合

文化资源品牌符号的形成固然要依托于文化资源的内涵和特征，然而要想品牌能够长期运营，就要为品牌的内涵和特征找到"原型"，找到品牌更为普世的意义居所，与原型操作相结合。"成功的品牌之所以价值连城，不只是因为这些品牌具备的特征或优点，也是因为这些特征已经转变为强有力的意义，它们已经拥有着普遍且巨大的象征意义。"❷

能够进行原型操作的文化品牌可以更加深入地与消费者心灵相通，唤起共同的情感和记忆，从而提升品牌价值。"原型操作，是一种运用象征符号体系来调动大众集体潜意识能量的语言和图形操作技术。这种操作技术，通过语言和图形的运用之道，对大众的集体潜意识心理产生有针对性的激发，从而影响其行为。"❸ 因此，进行原型操作，就是一种潜意识营销。要深入人类的神话、历史和宗教，获得某种本初的能量。运用原型操作理

---

❶ 刘结成.地方特色文化资源如何形成超级 IP [N].中国文化报，2016-07-23.

❷ 邱于芸.故事与故乡：创意城乡的十二个原型 [M].台北：远流出版公司，2012：255.

❸ 欧阳斌.顶级品牌 [M].北京：中国经济出版社，2014：376.

论，可以根据现有的文化资源及其象征符号体系，找到正确的方向，用于品牌定位，如此才能调动和汇聚最广泛的大众集体潜意识中的能量，用于构筑一个成功而拥有生命力的品牌。

（五）故事营销和技术驱动相结合

好的产品自带故事，好的品牌本身就充满故事，文化资源的品牌化开发需要故事叙事营销。孔繁任概括了故事与营销之间的三种关系，即用故事说营销、对故事的营销、用故事做营销。用故事说营销，就是用故事的形式介绍营销；对故事的营销，也就是将故事作为产品进行营销；用故事做营销，就是利用故事思维、故事方法、故事体裁和故事因子进行营销活动。❶文化资源品牌化开发是用故事做营销的思维和方法来将故事作为产品进行营销。换言之，文化资源虽然自带故事潜力和资质，但还需要以故事化的方式进行操作、经营、推广。要从文化资源中提炼内涵，并按照新颖、奇特、独特、美丽等故事叙事的逻辑，强化故事创意。故事营销是软性的，好的故事可以更好地将文化资源所蕴含的内容和理念展现出来，从而使消费者获得更好的体验。

与此同时，互联网时代的故事营销天然地被互联网技术本身所驱动，形成互联网"众包"的故事生产形式，让"用户创造内容"。故事原本就是众人口口相传的、不断创造和改编的叙事形式，互联网技术将故事的这一特征成倍地放大，文化资源在故事营销的品牌化策略中，可以借助互联网的技术及受众的热情和创意，使品牌故事和事件、话题、地域相结合，吸收更多的素材和元素，在互联网的"社会化故事讲述"❷中，使与品牌相关叙事进一步生成具有生命力、吸引力和传播力的故事，为品牌赋能。同时，也在强交互性和高分享性的互联网世界中，使品牌自身得到传播、认知和认同。

正如麦克卢汉"媒介即信息"❸这一名言所论，媒介技术具有驱动乃至决定内容的力量。伴随 3D、VR、AR 等技术的发展，文化生产、传播和消费不断地发生着变革，因而也变革了品牌故事化营销的内容和形式。与此

---

❶ 孔繁任. 故事化营销：让你的产品和品牌深入人心 [M]. 成都：四川人民出版社，2019：69-72.

❷ 向勇. 文化产业导论 [M]. 北京：北京大学出版社，2015：223.

❸ 麦克卢汉. 理解媒介：论人的延伸 [M]. 何道宽，译. 南京：译林出版社，2019：16.

同时，也要对互联网技术的双面性有所警惕，即互联网"病毒式"传播的立体性和快速性是一把双刃剑，它能造就品牌知名度的快速提升，也能因为风波把某种品牌迅速打压到谷底。

（六）前台开发与后台建设相结合

文化资源的区域性、民族性和符号性，使文化资源品牌化之路比一般的商品品牌更加突出"前台和后台建设的结合"。如果说专家创意、品牌符号、故事营销、技术驱动是品牌化建设的前台，即通过品牌定位、设计和传播形成品牌市场知晓度，那么在地化的后台建设，可以结合自然地理、人文环境和特色文化，营造出更有现场感的具身体验的环境和氛围。后台建设，本质上就是为故事搭建场景，从而可以让大家身临其境地参与和体验，形成品牌的在地崇拜，吸引更多的游客和受众关注，从而进一步提升品牌知名度和认同度。

一个成功的文化资源品牌化开发，是上述策略的综合性、艺术性运用。例如，邱于芸论述了原型操作与创意城乡故事驱动的结合，就是用原型故事打造城乡品牌。❶

二、文化资源品牌化注意的问题

品牌建设通常存在两大类问题。一类问题包括：把做品牌等同于投放广告；认为创造品牌必然耗资巨大；低价产品不需要品牌，品牌必须高价格；品牌建设必然是长期的，短期没有效益；做品牌必须有顶尖的产品和技术；商标、广告语就是品牌。另一类问题包括：缺乏有效的品牌定位；名人代言不当；不做品牌做销量，或者不做销量做品牌；品牌创新乏力，盲目跟风；品牌保护不得法；等等。❷除此之外，文化资源开发相较一般的商品生产，还有自己的特殊所在，其在品牌化的道路上，存在一些特殊性的问题，值得注意。

（一）区域文化资源特征单一化

当一个区域某一文化资源品牌化开发程度逐渐加深，其品牌形象逐渐固定且受众群体日渐增大的时候，该地区其他文化资源的生存空间往往会

---

❶ 邱于芸. 故事与故乡：创意城乡的十二个原型 [M]. 台湾：远流出版公司，2012：255.

❷ 汪英泽. 品牌真相 [M]. 上海：上海交通大学出版社，2008：1-32.

被挤压。由于初步开发时被排除在外，这些文化资源较难在后续开发中获得足够的资金来自我保护与发展，从而面临日渐萎缩的危险境地。当地文化资源的多样性，也会因为某一文化资源品牌的独大而遭受破坏，从而使该区域文化资源特征在一定程度上呈现单一化发展趋势。

（二）虚假文化资源品牌化

尽管品牌化开发要求将文化资源的前台与实体相结合，但将文化资源符号化为品牌形象的基础是文化资源的真实性，使消费者的消费过程物有所值。由于市场经济自身运行缺陷及运营者的逐利倾向等原因，个别地区为树立地区文化品牌形象而捏造虚假文化资源。在文化资源开发中，我们允许"没有故事，编造故事"，但并不意味着不遵守文化资源开发真实性的原则。

（三）品牌化开发同质化

当一地文化资源开发形成品牌效应而获得成功，促进地区经济发展时，其他地区便会借鉴这些成功案例，甚至不顾自身特性和地区条件盲目跟风，导致同质化现象严重，同时出现版权盗用问题。

★ 本章小结

文化资源开发归根结底是一场符号化的过程，而品牌是文化资源符号化开发的高级阶段。

文化资源的品牌化，是指在文化产业公司或个人为其自身或其生产创作的文化产品建立、发展和维护品牌的过程，是一个品牌从无到有、不断累积其文化和价值的过程，也是文化产业公司、个人或者文化产品获得市场名声、美誉、认可和信赖的过程。

与一般的商品品牌化一样，文化资源的品牌化开也要经过品牌定位、品牌识别、品牌传播和品牌管理环节。由于文化资源内容、属性、体验与一般商品不同，其在品牌化的过程中，要比一般的商品更注重文化内涵的挖掘、创新、塑造和传播。通过品牌定位和品牌识别，将文化资源的内涵融入品牌名称、识别系统、品牌表现、品牌形象及消费者体验当中，并通过持续性的品牌传播和管理形成和创建优秀的文化品牌。

由于文化资源具有民族性、地方性、历时性、符号性等特质，文化资源的品牌化运营策略往往需要注意以下几个方面的整合：政府规划和企业谋划相结合；专家创意与民众参与相结合；品牌符号与文化资源相结合；特色提炼与原型操作相结合；故事营销和技术驱动相结合；前台开发和后台建设相结合。

文化资源品牌化要避免区域文化资源特征单一化、虚假文化资源品牌化、其品牌化开发同质化等问题。

★ 思考与练习

1. 为什么说文化资源品牌化本质上是符号化的高级阶段？

2. 文化资源品牌化的特殊性在哪里？

3. 具体分析某一文化资源品牌化的一般过程。

4. 文化资源品牌化的策略有哪些？结合实际案例，展开分析。

5. 思考地区文化资源品牌化发展的利弊。

第十章 文化资源开发地方实践

文化资源开发不仅是经济问题，还涉及更为复杂的现代性、嵌合差异和实践主体等问题。笔者在本课程教学过程中，基于人类学的学科背景，对上述部分问题和现象进行了研究。在本章，将进行开放性、探索性的讨论，以呈现文化资源开发的综合性和复杂性，为文化资源开发研究和实践提供进一步的参考。

第一节 怀旧旅游：作为文化资源的二十四节气开发 ❶

作为中国农耕文明经验总结的"二十四节气"，不仅是"中国人的时间制度" ❷，也"承载着天文气象、农桑工艺、自然博物、幼学算术、饮馔养生等传统知识和民间智慧的代际传承，同时也是信仰礼仪、诗词歌赋、说唱戏文、时令谚语、民间美术、棋艺书画等文化表达形式得以广泛传播的重要载体" ❸。在现代社会中，二十四节气在"民众的日常生活、休闲娱乐、饮食养生及民族认同、生态文明建设等方面的功用与价值" ❹ 得到了学者们广泛的认同。然而，在工业化、城市化加速的过程中，如何把二十四节气的上述功能和价值发挥出来，需要在理论上进行分析和探讨，也需要在形式和功能转化的具体方法和途径上进行思考。

刘宗迪曾指出，在现代都市化和工业化的条件下，二十四节气文化所需

---

❶ 本节内容参见：林敏霞. 怀旧旅游与二十四节气的传承发展 [J]. 徐州工程学院学报，2019（1）.

❷ 刘魁立. 中国人的时间制度——值得骄傲的二十四节气 [N]. 人民政协报，2016-12-12.

❸ 刘晓萍，肖克之. 二十四节气的精神财富 [J]. 农村·农业·农民，2017（10A）：58.

❹ 王加华. 节点性与生活化：作为民俗系统的二十四节气 [J]. 文化遗产，2017（2）：21.

要的是"再创造"，需要根据现代人的生活和精神需要，用新的表达形式和传播方式，借以寻回日益远离自然的现代人失落的"精神家园"，安顿现代人的"文化乡愁"。[1]刘宗迪观点正好包含了二十四节气传承发展的理论探究和具体方法途径探索的双重关怀：理论上而言，二十四节气的现代传承发展必然涉及现代性及与之相联系的怀旧问题；方法上而言，二十四节气在现代社会的传承发展，需要运用现代文化创意产业等新的形式进行传承传、播和发展。

换言之，现代社会所表现出的诸种现代性问题，倒逼着人们对传统产生怀旧情绪，从而催生出了各种"怀旧消费"，而怀旧旅游是其最为重要的方式。二十四节气之于现代社会具有特殊的怀旧意蕴。借助怀旧旅游的开发，一方面提供与二四十节气文化相关的"怀旧产品"，救治现代社会的焦虑、断裂；另一方面，使二十四节气文化在现代社会得到传承和发展，凸显其除了指导农事生产和生活之外的更多功能。本章拟在相关理论、内在关系及具体应用上阐述该问题。

一、现代性催生下的怀旧与怀旧旅游

现代性从其产生伊始便充满了二元悖论：一面是代表现代性力量的科技、理性、技术、工业、都市、自由等；另一方面是伴随而来的生态破坏、人际关系疏离、精神信仰缺失及对原来的传统、风俗、习惯、家园的不断寻找，即现代性怀旧的滋生。

现代性肇始于 18 世纪西方的启蒙运动。宗教改革运动使人逐渐脱离了神性的统治，使西方世界开始朝着韦伯所说的祛魅化、世俗化、自由化发展，"昔日神圣的价值被祛除魅力"[2]，同时人们也开始了失去"诗意栖居"精神家园的痛苦之旅。

19 世纪工业革命进一步揭开了人类现代性理性化、技术化生存与发展的序幕，人类社会也进一步"异化"（马克思）[3]、"物化"（卢卡奇）[4]，"工

---

[1] 刘宗迪 . 二十四节气制度的历史及其现代传承 [N]. 文化遗产，2017（2）：31–32.

[2] 于海 . 西方社会思想史 [M]. 3 版 . 上海：复旦大学出版社，2010：379.

[3] 中共中央马克思恩格斯列宁斯大林著作编译局 .1844 年经济学哲学手稿 [M]. 北京：人民出版社，2000.

[4] 卢卡奇 . 历史和阶级意识马克思主义辩证法研究 [M]. 张西平，译 . 重庆：重庆出版社，1989：1.

具理性压倒了一切"（哈贝马斯）❶。最后，人们生活在一个"断裂或非延续性（吉登斯）"❷ 和"流动的现代性"（鲍曼）❸ 社会中。

旅游业的兴起与现代性的成长密不可分。现代化的进程不断地把人从原来的各种社会和自然联结中剥离出来，使个体原子化、片面化发展，造成巨大的心理孤独和精神黑洞，促使现代人幻想能够到他方他地寻找和重温"失落的家园"与"过去的美好"。于是，旅游成为现代人的一种自我救赎方式。而现代社会便利的交通、通讯、酒店等设施，也为旅游出行提供了物质基础和条件。

"避开现代社会到前现代社会中去，才能找到失落的精神家园"自身就涵盖了现代性怀旧。怀旧原指一种思乡的痛苦，具有是一种心理学内涵，在 17 世纪被医生确定为一种致命的疾病，因此增加了病理学内涵。但自从 20 世纪五六十年代以来，加剧的现代性、急速的社会变迁，催生了更为普遍的一种对过去事情的失落感，至此社会学、人类学意义上的怀旧凸显了出来。❹

麦肯内尔是最早将现代性、旅游与怀旧联系在一起的人类学家。他强有力地指出，在都市生活的人们深感自己处于一个异化的世界中，现代人自己的世界是不稳定和不真实的。"对现代人而言，现实和真实在别的地方才能找到：在别的历史时期，在别的文化中，在较简单的生活方式中。"在麦肯内尔看来，现代人的这种怀旧心理并不是一种简单的颓废，"也不只是对被破坏的文化和失去的时代的依恋，更是现代性的征服精神的构成要素，是统一意识的基础"❺。换言之，"怀旧作为一种行动方式，渗透到了旅游现象世界中，成为现代旅游者最为重要的旅游动机之一，使现代旅游的诸多形式都被赋予了极强的怀旧色彩。怀旧形式的旅游也成为人们走出现代性困境的一种有效的手段"❻。

---

❶ 文军. 西方社会学理论 [M]. 上海：上海人民出版社，2006：248.

❷ 吉登斯. 现代性的后果 [M]. 田禾，译. 上海：译林出版社，2000：4.

❸ 鲍曼. 流动的现代性 [M]. 欧阳景根，译. 上海：生活·读书·新知三联书店，2002.

❹ 赵静蓉. 在传统失落的世界里重返家园——论现代性视域下的怀旧情结 [J]. 文艺理论与批评，2004（4）：77-78.

❺ DEAN MACCANNELL. 旅游者：休闲阶层新论 [M]. 张晓萍，等，译. 桂林：广西师范大学出版社，2008：3.

❻ 董培海，李伟. 旅游、现代性与怀旧——旅游社会学的理论探索 [J]. 旅游学刊，2013（4）：111.

由此可见，现代人面对现代性的危机，都不约而同纷纷转向过去、历史、民族的传统和文化中去寻找"美好"弥补现实的缺失和断裂。从这个意义上而言，怀旧旅游是基于现代社会中现代性基础上必然存在的"永恒的文化乡愁和必然的文化情结"❶，人们需要通过时间（过去、传统）和空间（乡村、故乡）寻求一种文化的归属感。因此，现代性怀旧是各种文化遗产或者文化资源怀旧旅游开发的社会基础和情感基础。

二、二十四节气之于现代社会的怀旧意蕴

以断裂、不连续和流动为特征的现代性导致人们对自己所生活的环境和社会产生了认同危机，催生了集体性的怀旧与怀旧旅游。后者反过来又是解决现代性危机的途径和方法。赵静蓉指出，"从时间维度上讲，怀旧就是保持自我在时间、历史、传统和社会中的'深度'；从空间维度上讲，怀旧就是寻找'在家感'，重建'本土感'"。❷换言之，成功的怀旧旅游的开发应该在时间、空间、归属上满足上述要求。

显而易见，二十四节气与现代怀旧三个维度存在着结构性关系，它之于现代社会的怀旧意蕴在时间、空间、文化归属上都有明显的表现。

（一）二十四节气在时间上的怀旧意蕴

高速度、快节奏是现代社会最为明显的特征之一。机器代替手工，人们按照工业社会机械运转的速度安排自己的工作和生活，社会由此进入效率时代。速度催生着现代社会和文化的急速变迁，但速度也把人们带入快节奏和紧张惶恐的生活中。正如赵静蓉指出，"对速度利益的享用是以丧失对生命情绪的细腻感受为代价的，而缺乏后者，现代人就难以在瞬息即逝的生活表象背后寻找到意义、价值和信念的归宿，从而无法确切地把握生活或把握自我"❸。

二十四节气对现代人之所以充满怀旧的意蕴，在于它提供给人们一种稳定的、诗意的、按照自然规律和节奏而运行的节奏感。节气是中国人的岁月之歌，年轮之叹。中国古人用二十四个字标注了一年的四季轮回，拨

---

❶ 熊剑峰，王峰，明庆忠. 怀旧旅游解析 [J]. 旅游科，2012（5）：34.

❷ 赵静蓉. 现代人的认同危机与怀旧情结 [J]. 暨南学报（哲学社会科学版），2006（5）：31.

❸ 赵静蓉. 在传统失落的世界里重返家园——论现代性视域下的怀旧情结 [J]. 文艺理论与批评，2004（4）：77–78.

动了都市人被工业性时间制度安排机械化了的心弦。这种时间制度，把人与天地、与自然紧紧联系在一起，二十四节气建构了一个鲜活的世界，"那里收藏着古典中国人雕刻过的时光，包含着浸润食物滋味和生命汗水的'存在与时间'哲学，不仅是生存的时间坐标，更演化成气节、德行，时时提醒我们有守有为。……在传统社会，人们对天地时空的感受是细腻的，时间从农民那里转移，抽象升华，为圣贤才士深究研思，既是获得当下幸福的源泉，也是获得人生意义的源泉"❶。

雨水"柳发芽"，惊蛰"动物醒"，春分"燕归来"，白露"燕南去"，这是一种顺应自然四时变化的生活节奏，是现代人难以企及而向往的一种精致、讲究的悠然有序的慢生活。在二十四节气所构筑的时间节奏里，人们能够相对从容地"进入"一个事件，可以让自己和外在物或者景观相互勾缠，反复体会其中的韵味，从而能得到一种自在和稳定。

（二）二十四节气在空间上的怀旧意蕴

现代社会的另一个特征是在空间上的距离感。工业化和都市化的日益发展，造成了人们与"原乡"意义上的乡土的分离。人们与土地分离、与风水天象分离，与混融在原乡土地上的血缘、信仰、景观分离，从而导致无时无处不在的"生活在别处"的漂泊感。

二十四节气的奇妙之处在于，因其是农耕社会的时间制度，并用于指导农业生产与生活，与之相关的空间意蕴自然而然与乡土景观联系在一起，从而为现代人提供了一个逃避现代性空间的怀旧之所。

二十四节气是一套时间制度，却不是纯粹现代数字形式的时间表现方式。通过对其命名形制的直观分析，便可看到它综合了一年四季的季节、天文、气候、物候等变化。例如，"四立"是划分春夏秋冬的季节表达，"二分二至"是太阳高度变化转折的天文现象的表达，"三暑两寒"和"两露一霜"是气温的变化及其程度的表达，"二雨二雪"是对降水现象的表达，惊蛰。

几乎每个节气的名称，都是一副诗意的空间景观，与乡土、空气、温度、湿度、植物、动物、作物紧密相连，在意境悠远中展现。正如"惊蛰"一称，唤起了天上春雷初响与和地下蛰虫复苏及春日迎面而来的景象。二十四节气所指向的空间是一个人体与天地日月星辰、草木虫鸟花果

❶ 冻凤秋 . 现代人应找到属于自己的时间感——学者余世存谈"二十四节气" [N]. 河南日报，2017-05-12.

的变化紧密相连的空间。由此可见，二十四节气更多地与乡土生活联系在一起，乡村因此成为能承载二十四节气文化的空间。

（三）二十四节气在文化上的怀旧意蕴

二十四节气在漫长的历史发展过程中，结合各地的风俗，不仅指导农业生产，还内化在祭祀、游戏、养生、占岁、谚语、诗歌中，成为生活的有机组成部分，提供了一幅生机勃勃的生活景象："种田无定例，全靠看节气。立春阳气转，雨水沿河边。惊蛰乌鸦叫，春分滴水干。清明忙种粟，谷雨种大田。立夏鹅毛住，小满雀来全。芒种大家乐，夏至不着棉。小暑不算热，大暑在伏天。立秋忙打靛，处暑动刀镰。白露快割地，秋分无生田。寒露不算冷，霜降变了天。立冬先封地，小雪河封严，大雪交冬月，冬至数九天。小寒忙买办，大寒要过年。"❶

诸如清明、端午、冬至与民俗活动紧密结合。清明时节，阳春三月，天气晴朗，万物萌生，人们纷纷外出踏青、春游、祭扫，由此演化成了具有丰富而鲜活文化内涵的节气制度。端午节，各地发展出兰草沐浴、挂菖蒲、喝雄黄、点朱砂、系五彩线、戴香包、龙船竞渡等习俗来防五毒、送瘟神。

张西昌曾言："从一个民族的文化、宗教和艺术的根性角度而言，工业文明并非我们的情感来源和身份标示……农业文明传统体系中所包含的生活细节和审美情感仍能唤起我们的回忆。"❷

二十四节气承载了乡土社会的各种生活细节及温度，能唤起人们身份、情感和文化上的认同。二十四节气提供给人们的是一种完好的家的归属感。谚语、诗词中表现出来的那些人与物、人与时间、人与空间、人与人亲密的一体感和完整性，恰恰是碎片化的现代人所渴望拥有的。

根据上述的分析，二十四节气文化遗产在时间上、空间上、文化属性上都带有怀旧意蕴，或者说为现代人暂时逃离现代性提供了一个彼时、彼处的一个认同和归属的文化空间。因而，通过营造与二十四节气相关的怀旧旅游，不仅是有效地缓解现代性焦虑的手段和方式，也是现代社会传承和发展二十四节气文化的途径。

---

❶ 胡波，胡全. 循环与守望：中国传统节日文化诠释与解读 [M]. 广州：广东人民出版社，2015：26.

❷ 温小娟. 申遗成功后——"二十四节气"如何活化与传承 [N]. 河南日报，2016-12-28.

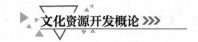

三、二十四节气旅游开发与传承

各类怀旧旅游的开发具备一些共同点，如"突出地方文化""注重怀旧旅游情境与氛围的营造""注重人文关怀"等❶，二十四节气的怀旧旅游开发无疑也需遵从上述基本要点。除此之外，故事与情境的具身性体验、营造"家园感"等在二十四节气的怀旧旅游开发中也应该加以合理地运用。

（一）突出与二十四节气相关的地方性文化

虽然二十四节气可以有多种多样的现代传承和发展的方式，但是怀旧旅游更强调地方感和地方性。因此，目前已经作为二十四节气非物质文化遗产扩展名录的九华立春祭、班春劝农、石阡说春、三门祭冬、壮族霜降节、苗族赶秋、安仁赶分社都应该突出自己最具特征和核心的部分，一方面使它们"见人见物见生活"，在当地活态地延续下来；另一方面，这些相对远离都市保存比较完好的与二十四节气相关的民俗活动，本身具备吸引力，是现代人怀旧的对象。所以，适当地对二十四节气进行旅游开发，是对二十四节气文化的传承和推广，也能满足现代怀旧需求。

以九华立春祭为例。九华村位于浙江西部山区，是相对远离大都市的偏远乡村，扮芒神、鞭春牛、吃春饼（春卷或者生菜）等习俗保持得比较完整。为了对这些文化资源进行整理并进一步复原，在九华乃至衢州当地人心中形成文化认知和认同，由此形成了一年一度的九华祭春的怀旧旅游节日活动。

需要注意的是，是否要全面对二十四节气中其他重要的节俗进行怀旧旅游开发，还需要进一步谨慎地调查和论证。但是基本的原则是依托"地方文化"，展示精品。

（二）注重怀旧空间和景观的营造

怀旧景观并非纯粹的"原生态"，实质上是一种"通过各种现场和非现场的处理，仔细去污除垢后的'历史'，以及精挑细选的高雅的'自然'"❷。其要求在材质、元素、意境、氛围、人文气息上做"新"如旧，并

---

❶ 熊剑峰，王峰，明庆忠. 怀旧旅游解析 [J]. 旅游科学，2012（5）：3-36.

❷ NELSON GRABURN. 人类学与旅游时代 [M]. 赵红梅，等，译. 桂林：广西师范大学出版社，2009：153.

适当地加以"舞台真实"❶的处理。所有现场和非现场的标志，要通过视觉
（道路、建筑、器具、服装、装饰）、听觉（乡音、乡村环境中的声音或者寂
静）、触觉（河水、微风和阳光）、嗅觉（村落中植物的香气，自然的芬芳）、
味觉（乡村的食物）向现代人传达一种理想的传统的怀旧氛围。❷

从一定意义上而言，游客所能体验到的怀旧感不仅取决于他们的怀旧
情感需求，还取决于怀旧客体或者说旅游目的地所包含的怀旧感以怎样的
面目和方式呈现给人们。

就九华立春祭而言，一方面保持村落原有的梧桐峰、清流等自然景观；
另一方面要根据怀旧旅游"完美性"的想象需求，在宏观上和微观上，使
物质形态和文化形态"控制性"地整合在一起，"以确信它自己的映像是
一种完美的形式"❸，也就是对村落的外在景观和立春祭民俗文化适当地进
行"舞台化"真实性的展示。

（三）合理地运用相关的故事，提供情境化、具身性的怀旧体验

一个好的怀旧之所，除了物态景观上营造良好的怀旧氛围外，还需要
有主题。二十四节气自身就是主题，但主题的展开需要故事来丰富，为游
客的"具身性"❹、多感官的深度参与和体验提供基础。正如已有的研究指
出：旅游情境由故事或叙事建构，前者建构了旅游想象，后者刺激和唤起
了旅游想象。❺

以大观园影视基地的怀旧旅游开发为例。《红楼梦》本身有许多和
二十四节气相关的场景和故事的描述，因此在大观园的旅游开发中，结合

---

❶ 麦康奈尔提出的"舞台真实"理论阐明，一方面现代人因为生活在异化的世
界中而企图到"他方"寻找真实；另一方面，伴随旅游业的发展，东道主社会总是会
设置"舞台前台"。但是，这并不代表真实性就不存在，因为"舞台真实"也是一种真
实，它是一种旅游背景下的真实性，"并不是所有的旅游者都会关注旅游地场景的背后
有些什么"。（DEAN MAC CANNELL.旅游者：休闲阶层新论[M].张晓萍，等，译.广西
师范大学出版社，2008.）

❷ NELSON GRABURN.人类学与旅游时代[M].赵红梅，等，译.桂林：广西师范
大学出版社，2009：157.

❸ 彭兆荣.旅游人类学[M].北京：民族出版社，2004：126.

❹ 所谓"具身性"（Embodied Cognition），也称"具体化"（Embodiment），是心理
学中一个新兴的研究领域。具身认知理论主要指生理体验与心理状态之间有着强烈的
联系。生理体验"激活"心理感觉，反之亦然。简言之，就是人在开心的时候会微笑，
而因为微笑，人也会趋向于变得更开心。

❺ 屈册.旅游情境感知及其对旅游体验质量的影响研究[D].大连：东北财经大学，
2013.

时节，将其中与二十四节气相关的小说情节进行故事化、具身性、交互性的体验开发，使人们在大观园旅游影视和小说的故事化情境中，体验和感受到与之相关的二十四节气文化与氛围。

再以九华立春祭为例。通过地方性叙事，营造历史感，句芒神的故事、梧桐树的传说及与立春相关的地方性或者地域性的故事都应该加以运用。在故事基础上，提供立春祭仪式参与的体验情节。这样，游客除了观看立春祭仪式之外，还可以获得更加具身性的体验，从而在怀旧旅游体验中传播了二十四节气文化。

（四）深耕人文关怀，营造"家园感"

以怀旧作为一种形式的旅游，应该注重给游客营造一种"家园感"，即不仅提供"民宿式"的"家"的感受，还要尽可能提供质朴和真诚的待客方式，真正令游客感到"宾至如归"，像是回到了故乡或者是家乡。就九华立春祭的怀旧旅游开发而言，除了上述提到的家园感和"好客体验"的记忆和经验，如何在立春祭的仪式中，让游客感到这不只是别人的仪式，也是"我"的仪式，会大大提高游客与地方社会的亲密度。

现代性、怀旧与旅游之间有着社会学意义上的交织和结构关系，怀旧旅游是三者交织的结果，即人们通过过去（时间）、乡村（空间）、传统（文化归属）寻找怀旧体验。二十四节气文化自身具有丰富的怀旧意蕴，在现代传承上，利用乡村怀旧旅游的方式不失为一个有效的形式。

作为一项民俗与文化，二十四节气在进行旅游开发的时候，不得不面临一个"文化商品化"或者"文化本真性"（文化失真）的讨论。就此，本书梳理了以下三点看法，以供探讨。

第一，旅游开发并不是致使文化商品化，它是文化复兴和文化创新的动力，一味批判文化商品化或者文化本真性的缺失已经没有建设性的意义。

第二，文化本真性取决于主客之间的互动，以及游客自身的评价和体验，是双方面的建构。"舞台真实"也是一种真实，它是一种旅游背景下的真实性，并且为现代旅游或者现代怀旧旅游所需要。

第三，允许一定程度的"舞台真实"并不等于任由文化的过度失真。实际上，文化本真性的保持很大程度上取决于开发者"利"与"义"的抉择。当过度消费节俗文化的时候，其所带来的商业效益往往是虚火，会破坏文化的本真感受，也会降低怀旧感的获得，从而最终破坏旅游存在的根基。

如果能把握好上述原则，那么二十四节气文化的怀旧旅游开发，不仅能满足现代人的怀旧需求，提供怀旧体验，而且，也在一定程度上推进了二十四节气文化的现代传播、传承和发展。

第二节 嵌合视角：特色小镇建设与文化资源开发 ❶

一、特色小镇与文化资源开发的理论谱系与经验空间

我国经历数十年的城市化、工业化大发展之后，和世界其他地方一样也面临着各种环境、交通、资源、人口、文化等方面的问题。新型城镇化道路是解决城市化问题的途径之一。发展新型城镇化是我国必然的选择。

2014 年，浙江省率先自发形成的"小镇模式"（云栖小镇）成为"浙江经验"，此后国务院、住建部、国家发改委等部门大力推广特色小镇建设。

关于特色小镇的定义，狭义性解读是以行政区划单元上的"镇"为主，再以产业基础、历史文化、民族聚居、旅游发展等功能性标识来体现其特色。广义性解读就是浙江模式，不以行政区划意义上的"镇"作为空间载体，强调以特色产业功能立"镇"，将特色小镇作为多功能聚合平台的空间载体……文化旅游特色小镇是特色小镇建设中一个重要的类别。❷无论是广义还是狭义的定义，特色小城镇都要求有产业定位、文化内涵、旅游功能、社区特征等功能和要素在内的发展空间载体，旨在形成宜产、宜业、宜居的空间形态，要有"镇民"主体和共同体意识。在这个意义上，特色小（城）镇不是有别于之前的经济开发区模式，而是要形成一种新型的"社区"，而社区建设和形成必然与文化、可依托的文化资源关联在一起。

（一）社区与文化

社会学人类学界对社区的界定有文化论、区位论、互动论和系统论等不同侧重，但社区与文化始终不可分割地密切关联在一起。滕尼斯把"社

---

❶ 林敏霞，韦小鹏.特色小镇"嵌合"差异与文化再造：以浙江省为例 [J].青海民族大学学报，2020（4）.

❷ 文旅小镇：追梦新经济——访文化部艺术发展中心副主任孔蓉 [EB/OL].（2016–12–26）[2019–06–03]. https://www.sohu.com/a/122704716_488492.

区"视为具有共同文化认同的有机体；❶韦伯的"理想类型"所指的城市社群应该有文化面向；❷马林诺夫斯基从功能角度开展社区的文化研究；❸帕克认为"每一个社区在某种程度上都是相互依赖的文化单位"❹。在中国，"社区"一词由费孝通先生于 20 世纪 30 年代引入，结合了"社群性"（社）和"地域性"（区）两个意涵。费孝通还明确地指出人类学就是研究不同的社区和文化，他将社区与文化联系在一起讨论。❺吴文藻指出，社区基本要素包括人民、人民所居处的地域及人民的生活方式或文化。❻"社区"一词自引入中国后，其使用日渐普遍，"共同文化"是社区的基础，学者们都强调社区是包括文化认同在内的群体生活。❼

换言之，社区研究的核心问题是共同文化，进而涉及影响共同文化建构和认同的诸多面向，包括文化资源开发、文化再造等内容。我国目前所推行的特色小镇建设，在目标上是要打造宜产、宜业、宜居的新社区，因此研究特色小镇的核心问题之一便是其作为社区共同体的文化资源开发、文化再造和文化认同。

（二）文化资源的利用和再造

进入工业社会以来，世界多数地方的文化多样性、文化生态、社区共同体都遭受了不同程度的破坏，与此同时，不少地方通过文化资源开发、文化再造的方式来回应上述的结构性冲击。

早在 1974 年，霍布斯鲍姆等学者就展示了现当代西方各民族国家如何通过文化再造的方式来延续和强化共同体认同的事实和过程。❽20 世纪 70 年代以来，日本"造町运动"以"人、文、地、产、景"五个面向的地

---

❶ 滕尼斯 . 共同体与社会 [M]. 林荣远，译 . 北京：商务印书馆，1999.

❷ WEBER, MAX. The City[M]. Neuwirth，New York：Free Press，1958/1921.

❸ 马林诺夫斯基 . 文化论 [M]. 费孝通，译 . 北京：中国民间文艺出版社，1987：2.

❹ PARK. The City as a Social Laboratory[M]// Robert Park on Social Control and Collective Behavior. Chicago：The University of Chicago Press，1967.

❺ 费孝通 . 二十年来之中国社区研究：怎样做社会研究 [M]. 上海：上海人民出版社，2013：235.

❻ 王同惠，费孝通 . 花蓝瑶社会组织 [M]. 南京：江苏人民出版社，1988：5.

❼ 吴铎 . 社会学 [M]. 上海：华东师范大学出版社，1991；黎熙元，何肇发 . 现代社区概论 [M]. 广州：中山大学出版社，1998；张友勤，童敏，欧阳马田 . 社会学概论 [M]. 北京：科学出版社，2000.

❽ 霍布斯鲍姆，传统的发明 [M]. 顾杭，庞冠群，译 . 南京：译林出版社，2004.

域资源为基础，借由文化资源开发与文化再造的系统工程，促进了社区景观的改善、历史文化的延续和再生、在地产品的开发、居民需求的满足，及居民对社区认同和归属的重建。❶

广义上的文化资源开发与再造可以运用于城市化、城镇化乃至乡村建设中，如文化再造被视为"名城建设的战略选择"❷，是"城镇化进程中文化记忆的符号建构"❸，也是"乡村社区建设路径"❹等。

由此可见，特色小镇与其文化资源开发与再造有着必然的联系，研究特色小镇，必然要关注其文化和文化资源开发与再造的问题。

二、嵌合视角下特色小镇的文化资源依托

有关特色小镇的内涵和分类一直是特色小镇研究的基础和前提。在官方文件中，按照特色小镇所服务的目的和所在区位不同，把特色小镇分为大城市周边的卫星城、与特色产业相结合的专业特色小镇、更偏远农村地区的综合性小镇。❺商业界从产业分类入手，把特色小镇分为七大类型：农业类、制造业类、金融业类、信息技术产业类、商贸/物流类、健康产业类、文旅产业类。学界按照空间形态分为原属地类型和新建移植聚集型。❻

总体而言，这些分类主要从经济角度对特色小镇进行划分。经济人类学的研究指出，人类的经济活动及其相关制度是与各类社会活动及其制度（宗教、礼仪、神话等）相"嵌合"的，只有从整体上考察人类社会，才能够洞见经济活动的实质。因此，有关特色小镇的分类可以从"嵌合"概念和理论角度进行探究。

---

❶ 西村幸夫. 再造魅力故乡 [M]. 北京：清华大学出版社，2007.

❷ 尹农. 文化再造推进南京名城建设的战略选 [J]. 江苏社会科学，2013（6）.

❸ 李文茂. 城镇化进程中文化记忆的符号建构 [J]. 文化学刊，2015（7）.

❹ 吴碧君. 文化再造——另一种乡村社区建设路径 [D]. 成都：四川大学，2005.

❺ 2016年10月，《关于加快美丽特色小（城）镇建设的指导意见》根据所服务的目的和所在区位不同，将特色小镇分为三类。一是与疏解大城市中心城区功能相结合，大城市周边的重点镇，要加强与城市发展的统筹规划与功能配套，逐步发展成为卫星城。二是与特色产业发展相结合，具有特色资源、区位优势的小城镇，要通过规划引导、市场运作，培育成为休闲旅游、商贸物流、智能制造、科技教育、民俗文化传承的专业特色镇。三是与服务"三农"相结合，远离中心城市的小城镇，要完善基础设施和公共服务，发展成为服务农村、带动周边的综合性小城镇。

❻ 宋彦成. "非遗小镇"的营造逻辑 [J]. 中国房地产，2017（14）

"嵌合"（Embeddedness，也翻译为"嵌入性""嵌入"），这一概念由波兰尼最早提出的。他指出，"人类的经济体嵌入并卷入经济和非经济的制度之中，把非经济制度包括在内，也是至关重要的。因为对经济体的结构和作用而言，宗教或政府，就像货币制度或能减轻劳动强度的工具与机器一样重要"❶。

波兰尼提出"嵌合"或者"嵌入性"主要对应的是前市场社会，认为现代市场经济具有"脱嵌性"，并对此进行了批判。然而，嵌合理论的集大成者格兰诺维特不仅在波兰尼的基础上将嵌合概念具体化了，而且还指出了现代社会的经济运行也具有嵌合性，经济运行不仅嵌入宏观的社会环境及其社会结构中，还嵌入微观的社会关系网络中。前者被格兰诺维特称之为结构性嵌入或结构性嵌合，后者被称为关系性嵌入或关系性嵌合。❷

此后，"嵌合"成为社会学、人类学分析经济现象的一个视角和理论工具。学者们把嵌合进行更为细化的分类，提出了历史嵌合、文化嵌合、关系嵌合、制度嵌合、结构嵌合、认知嵌合等。❸这些研究总的来说进一步推进和细化了波兰尼和格兰诺维特所提出的人类经济活动是嵌入到社会和文化中的说法，它们为我们今天理解和研究特色小镇提供了理论视角和分析的框架。

特色小镇作为一种依托资源和产业发展的经济体，对其考察和研究应该充分与其他因素相互"嵌合"。当下在建的特色小镇，依照其内外部构成的不同，小镇经济必然会嵌合在不同的时间、空间、社会、文化、市场、技术、体制、社会关系网络中。

国内较早将"嵌合"的概念和理论用来分析特色小镇是付晓东和蒋雅伟的《基于根植性视角的我国特色小镇发展模式探讨》一文❹，他们认为特色小镇的特色正是基于与其相嵌合的各种"特色"，即前述"嵌合"理论

---

❶ 波兰尼. 经济：制度化的过程 [M]// 许宝强，渠敬东. 反市场的资本主义. 北京：中央编译出版社，2001：41.

❷ GRANOVETTER M. Economic Action and Social Structure：The Problem of Embeddedness[J]. American Journal of Sociology，1985（11）：191.

❸ 丘海雄，于永慧. 嵌入性与根植性——产业集群研究中两个概念的辨析 [J]. 广东社会科学，2007（1）.

❹ 该文将 Embeddedness 翻译为"根植性"，与人类学一般翻译为"嵌入""嵌合"有所差异。付晓东，蒋雅伟. 基于根植性视角的我国特色小镇发展模式探讨 [J]. 中国软科学，2017（8）.

所涉及的"自然资源、地理因素、历史要素、文化传统、社会制度、社会结构"等。嵌合的要素或有所偏重，或者交织在一起。他们根据不同小镇嵌合要素偏重程度，将现有的特色小镇分为自然禀赋型、社会资本型、市场需求型，并对类型形态和发展进行分析做出建议（表 10-1）。

表 10-1　"嵌合"的表现形态及相关案例

类型	二级分类	案例
自然禀赋型	自然景观模式	内蒙古柴河月亮小镇
	自然资源模式	浙江定海远洋渔业小镇；武义温泉小镇
社会资本型	文化社会资本	浙江乌镇
	技术社会资本	西湖龙坞茶镇；云栖小镇
市场需求型	对制造业的需求	意大利萨索罗
	对服务业的需求	浙江桐庐健康小镇

注：笔者根据付晓东、蒋雅伟《基于根植性视角的我国特色小镇发展模式探讨》一文整理。

本书认为，付晓东、蒋雅伟一文很好地运用了"嵌合"的理论，对特色小镇的分类也更为综合。但文章的目的主要是从产业经济学的角度解释不同"嵌合"模式的特色小镇如何依托其嵌合的要素进行合理的定位和发展。至于不同"嵌合"类型的特色小镇作为一个"社区"在文化认同和再造上的差异还需要进一步探讨。

三、不同嵌合类型小镇的文化资源开发与文化再造个案分析

特色小镇在顶层设计中蕴含了"宜居"社区目标，即使小镇对于"镇民"来讲具有家的心理归属感、认同感。共享的文化被认为是建设社区共同体最核心的所在。周晓虹指出，"特色小镇的创建之所以强调'文化'的再造，一方面说明一如有特色的产业才能够具备市场竞争力一样，有特色的文化才能够赋予小镇这一人群共同体以独特的认同感或内在的灵魂"❶。周晓虹以美国硅谷为例说明了特色小镇的文化再造和创新，指出硅谷的十条原则"源于技术社会的群体创造，又反过来促进了高新技术的不断创新和产业的迅猛发展"，并肯定了"这种创新文化具有鲜明的时代性、渐进过程中的充实性、群体社会广泛的认同性、以个人价值为主导的人文

❶ 周晓虹. 产业转型与文化再造：特色小镇的创建路径 [J]. 南京社会科学，2017（4）：16.

性、简单明了的可操作性和创新活动中的自觉性"❶。

按照"嵌合"理论视角分析，硅谷是典型的现代技术社会资本型小镇。该小镇的文化特色和共同体特点不仅与高新科技自身发展条件相嵌合，也与美国的个体主义价值文化相嵌合。换言之，诸如硅谷这类小镇一方面可以成为我国特色小镇建设的参考，另一方面也不是唯一的圭臬和标准。

前述依"嵌合"理论所划分的自然禀赋型、社会资本型、市场需求型三种类型的特色小镇，其嵌合内容有所差异，小镇各自的特色和禀赋也不一样，从而其文化资源开发与文化再造的情况也会有所差异。一般而言，不同类型的特色小镇的产业发展与空间、主体、市场、文化、技术等方面的嵌合偏重不同，从而形成小镇文化资源开发与文化再造内容和策略上的区分。这一点也是建设特色小镇之"特"应该遵循的规律和原则。

（一）自然禀赋型：磐安江南药镇

江南药镇位于浙江金华磐安县新城区，共包括新渥镇和深泽乡的 8 个村庄，是典型的依托当地丰富的自然资源——中药材资源而创建的一个特色小镇。它的发展基础较为依赖空间地理自然资源，其中医药文化资源却不足，因而文化嵌合也偏弱，因此文化资源开发与文化再造需要合理大胆的"借用"。

1. 嵌合概况

（1）空间嵌合强。江南药镇的建设和发展建立在对空间自然资源的深度依赖基础上。拥有"群山之祖、诸水之源"之称的磐安是全国首批国家级生态示范区、国家生态县。县域内的大盘山国家级自然保护区拥有大量珍稀濒危的药用植物、中药材种植资源，是目前全国唯一以药用植物种植资源为主要保护对象的自然保护区。全县有人工栽培和野生中草药 1219种，种植面积 8 万余亩，"浙八味"中白术、元胡、玄参、贝母、白芍等都主产于磐安，俗称"磐五味"。

（2）主体嵌合强。江南药镇以磐安的新渥镇为核心，全镇 80% 的人口从事药材产业，拥有药材生产专业村 5 个，种植大户 450 户，从事相关行业人数超过 1 万人，被称为"户户种药材，村村闻药香"。❷这些药草种

---

❶ 周晓虹. 产业转型与文化再造：特色小镇的创建路径 [J]. 南京社会科学，2017（4）：17.

❷ 张雪. "欠发达"小城镇的特色产业创建之路——以磐安江南药镇为例 [J]. 小城镇建设，2016（3）：99.

植和相关行业的从业者，不但有共同的地缘基础，而且还有亲密的血缘关系，同时又在业缘上有着千丝万缕的联系，成为创建江南医药特色小镇的基础，也是江南药镇的地方性特质之一。

（3）文化嵌合不足。江南药镇要打造以"中医药文化"为核心的特色小镇，必然要与中国源远流长的"中医药文化"深度嵌合，才能突出江南药镇的特色。但就目前而言，小镇主要依托自然资源形成中医药材种植和药材交易，其所蕴含的"中医药文化"的含量比较单薄，内容不够丰厚，有待进一步加强和提升。

（4）技术嵌合一般。江南药镇基于自然资源而形成，因此技术嵌合一般。如果说有一定的技术嵌合，便是部分当地从事中医药种植或者采摘的人所掌握的中医药种植和采摘技术。但就江南药镇的建设而言，这类技术门槛相对较低，嵌合性较弱。因此，要建立江南药镇需要引进技术，尤其要逐步提高中医药研发方面的技术。只有医药小镇与中医药技术的嵌合关系越来越强，才能形成正向发展。

（5）市场嵌合较弱。江南药镇基础性的资源是其丰富的自然药材资源。市场对中医药材的需求是一个常态性的需求，并非必要条件。也就是说，药镇并不会因为市场有药材需求，便能凭空地在一个没有丰富药材资源的地方拔地而起。

2.文化资源开发与文化再造策略：在传承本土文化资源基础上借用中国传统中医药文化

自然资源的深度嵌合，并不代表文化的深度嵌合。由于磐安江南药镇先前的主导产业为中药材种植业及传统工业，因此规划建设初的医药小镇除了医药文化氛围不够外，原有的中医药企业也处于水平低、规模小、分布散的状态，与中医药关联的其他行业少且薄弱。另外，小镇建立的中药材研究中心、众创空间与地方原有企业的结合也不紧密。"小镇现有的区位优势不明显、配套设施不完善，对行业领军人才或核心团队吸引力严重不足。"❶总之，依托自然资源所创建的江南医药小镇距离全方位的中医药文化资源开发还有一定的距离。

因此，磐安江南药镇在文化资源开发与文化再造的策略上，除了传承

---

❶ 包舒恬，陈多长.医药产业主导的特色小镇发展——以磐安江南药镇为例 [J]. 浙江经济，2016（12）：56.

本土的历史、人文、风土等因素外，更多从中国中医药文化这一类资源库中"借用"元素，创造性地和现代休闲、养生、医疗、旅游相互结合。换言之，江南药镇的建设除了"借"企业、"借"人才、"借"资金，更重要的是"借文化"。在传统中医药文化上下功夫，做文章，进行文化资源开发与文化再造包括：传统中医药文化的保护与传承，传统中医药文化研究，中医药的研发，中医药人才的培养，中医药文化传播、推广和交流，以及与中医药文化相关的文化产业的发展等。如此，经过相当一段时间精耕细作的打磨，才能形成具有中医药文化韵味的医药小镇。

（二）社会资本型：龙泉青瓷小镇

中国青瓷小镇位于浙江省龙泉市，其核心区位于上垟镇。小镇于 2012 年正式启动建设，依托上垟在龙泉青瓷发展史上的独特地位及良好的青瓷产业文化和技术资源，着力打造集文化传承基地、青瓷产业园区、文化旅游胜地为一体的青瓷主题小镇。中国青瓷小镇的建立和发展与其拥有的文化社会资本和技术社会资本高度嵌合，因而其文化资源开发与文化再造策略应该是基于自身文化和技术特色上的创新。

1. 嵌合概况

（1）文化嵌合强。龙泉是中国青瓷的发祥地，可以追溯到三国两晋时期，兴盛于宋元，距今有 1600 多年的历史。宋代五大名窑——官、哥、汝、定、钧中的哥窑青瓷便出自龙泉。元明时期大批龙泉青瓷作为商品传入亚、非、欧各国，享有"雨过天青云破处，梅子流酸泛绿时"的美名。其典雅、端庄、古朴的特色，被视为中国文化的象征之一。

青瓷小镇所在的核心区域上垟镇，积淀了许多珍贵的青瓷文化遗产和记忆，在龙泉青瓷的发展史上具有独一无二的地位。镇上有众多的烧瓷世家和行家，保留有大量古窑址，其中建于光绪年间的曾芹记龙窑，历经百年仍在烧制使用。镇上还留存有上垟国营瓷厂办公大楼、青瓷研究所、专家宿舍、工业厂房、大烟囱等与青瓷文化相关的建筑遗产。青瓷小镇正是在这些不可复制的青瓷文化基础上创建的，与本土独特的青瓷文化高度嵌合。

（2）技术嵌合强。龙泉青瓷拥有独特的烧制技术，这是它区别于其他瓷器的关键所在。龙泉青瓷传统烧制技艺于 2009 年 9 月 30 日正式入选联合国教科文组织《世界非物质文化遗产保护名录》。龙泉有张、陈、李、龚四大制瓷世家，掌握和传承着龙泉青瓷独特的制作技术和风格，并拥有完整的家族传承谱系，其核心的制作技艺在其直系亲属内传承。

除了四大制瓷世家外，曾在原国营瓷厂学习而掌握青瓷制作技艺的行家在上垟镇也颇多；从青瓷研究所培育出亚太地区手工艺大师 1 名、中国工艺美术大师 3 名、中国陶瓷艺术大师 6 名、大学教授 2 名，还有多位省、市级大师。镇上其他"老青瓷艺人"也被青瓷爱好者视为业内的行家。他们所掌握的青瓷制作技艺是青瓷小镇得以发展必备要素。

（3）主体嵌合强。掌握龙泉青瓷制作技艺的人绝大多数是龙泉本地人，上垟镇、宝溪乡等居民都从事青瓷制作或与之相关的行业。上垟镇民间制瓷盛行，镇上几乎"人人动手，户户设窑"。各个级别的青瓷制作技艺代表性非遗传承人及工艺美术大师，也是龙泉本地人。原国营龙泉瓷厂的 300 多名工人大部分为上垟镇本地居民，自 1998 年瓷厂破产，他们转为在家中设窑制瓷。

此外，还有大批热爱青瓷事业的传承人，他们目前虽然没有拥有代表性传承人和工艺美术大师那样的荣誉和成就，但也在现代龙泉青瓷的发展和传统龙窑烧制的传承中身体力行、不负使命。

（4）空间嵌合较强。虽然青瓷小镇主要是社会文化和技术的嵌合，但与空间资源分布也密不可分。上垟一带拥有丰富的用于制作青瓷的白瓷泥和紫金土，以及相应的山水，用白瓷泥和紫金土所做的制坯调釉，能烧出表面翡翠如青梅、胎骨纯白如雪的青瓷，因此才造就了"一部中国陶瓷史半部在浙江，一部浙江陶瓷史半部在龙泉"的"青瓷之都"。

（5）市场嵌合一般。与江南药镇一样，青瓷之都的存在以其独有的地理空间要素为基础。市场对瓷器的需求是一个常态性因素，不是必要条件，即便市场上有对青瓷的极大需求，也不能凭空地在一个没有空间自然要素的地方催生出一个瓷器之都。

2. 文化资源开发与文化再造策略：基于自身文化和技术特色上的创新

对于拥有独一无二的青瓷文化资源和技术资源的中国青瓷小镇，除了景观上的营造，也需要对相关的人才、企业、资金进行聚集。但其文化资源开发与文化再造策略的重点依然在于"青瓷"本身：除了对青瓷传统制作技艺的传承之外，在形式、功能上的自我创新是其文化资源开发与文化再造的核心所在。

龙泉青瓷凭借其独特的文化内涵和高超的制作技艺入选为联合国教科

文组织的人类非物质文化遗产，但其同样面临时代变迁及市场竞争带来的挑战。近几十年来，新材料、新工艺、新时尚的涌现，使青瓷的功能和用途萎缩，农耕时期其在饮食、照明、卫生、文房、花鸟、陈设、祭祀、明器等方面的用途逐渐退化为陈设审美之用。同时，是国内外其他制瓷的日益创新对市场份额的占领明显增加。因此，中国青瓷小镇除了展示和传承传统技艺外，自我创新势在必行。

自我创新，包括多个层面，最基本的是与青瓷器物层面相关的创新，即在青瓷的题材、功能、品类、器型、釉料开发、装饰内容和手段等诸多方面的创新。具体而言，题材上要适应当代人的生活方式和精神需求多元化的需要；品类上要多元化，具有传统瓷、现代瓷、仿古瓷、时尚瓷、日用瓷、观赏瓷等多种品类，同时有中高低合理的价格结构；器型要"师古人，也要师造化"，开发出千姿百态的器型；拓展装饰的功能、内容和手段，把装饰思维贯穿青瓷作品创作的全过程。在此过程中，要全方位提升"艺术品位"。❶

青瓷人才队伍的创新是青瓷器物创新的保障。传统家传、师徒带的传承方式，与中国青瓷学院、高职等学校教育传承如何互补、融通，做到人才培养接地气的同时又能有所创新，需要大力探索。

总之，对于社会资本型的特色小镇，由于其特色来自自身所嵌合的文化和技术，其文化的再造与创新，主要是基于自身文化和技术特色上的创新，而非纯粹的借用和杂糅。

（三）市场需求型：玉皇山南基金小镇

玉皇山南基金小镇位于浙江杭州上城区玉皇山南麓，是以格林尼治小镇为标板创建的私募基金小镇。按照嵌合理论，该特色小镇是典型的市场需求型小镇，其原有的文化根基和主体根基都比较薄弱，即小镇的文化嵌合和主体嵌合比较弱，因而基金小镇文化资源开发与文化再造策略上必然要面向市场进行新型的、现代的杂糅和创新的文化资源开发与文化再造，从而形成小镇的文化认同。

1. 嵌合概况

（1）市场嵌合强。玉皇山南基金小镇的诞生最主要的嵌合条件是市场

---

❶ 顾松铨 . 龙泉青瓷创新发展路在何方——读中国美院教授陈淞贤《简谈青瓷文化》有感 [N]. 今日龙泉，2017–05–04.

需求。一方面是数量众多的浙江地方企业发展的资本需求，另一方面是累积的民营资本对投资渠道的需求，两者促成了私募基金小镇的诞生。其与上海重点发展的公募基金错位，从而形成了金融产业的分工协同，对接上海，辐射长江三角洲，初步形成了私募基金生态产业链和经济生态圈。

（2）文化嵌合弱。基金小镇位于西湖景区，拥有国内一流的山水人文环境，同时又地处南宋皇城遗址，拥有八卦田遗址公园、白塔公园、江洋畈生态公园、将台山佛教文化生态公园，加上南宋官方造币地也坐落于此，由此赋予了这个小镇独有的历史文化资源。然而对于现代金融小镇而言，这样的文化嵌合更多属于锦上添花的一个要素，并非必要的因素。

（3）主体嵌合弱。基金小镇在建设之初，通过各种制度、土地、政策，引入金融投资类企业和人才。创业主体拥有不同的文化背景，是一群以职业为联系纽带而形成的群体。因此，小镇在主体上完全是移植新建的，与原生本土的联系微弱，缺少共同的地方性文化联结和血缘纽带，具有更大的流动性、个性和自主性。

（4）空间嵌合弱。基金小镇的建设和地理空间上的自然资源没有太大的嵌合关系。基金小镇所在的地理位置位于杭州城郊，选址除了考虑宏观资金需求和市场位置外，还有建设成本问题，即投入的建设资金越少越好，拆迁工作越方便越好，对空间上是否具备特殊的自然资源没有要求。

（5）技术嵌合弱，或由弱转强。基金小镇建设需要金融分析方面的技术，这类技术不是由小镇所在空间内生的，而是依赖外来的专业金融人员。因此，基金小镇在建设过程中，与地方本身具有的技术嵌合比较弱，但随着基金小镇运作的成熟，金融操作相关的知识技术和基金小镇内化一体，技术嵌合将由弱转强。

2. 文化资源开发与文化再造策略：面向现代的、新型的、杂糅和创新的文化资源开发与文化再造

由于玉皇山南基金小镇与市场需求和经济区位的嵌合比较高，与地方原生性文化和血缘联系相对较弱，在文化资源开发与文化再造的策略上，其文化价值观念的取向更趋向于现代。换言之，基金小镇的文化与美国硅谷等现代技术小镇更为接近，现代创新的、自由的、个体的文化特质更加突出。

尽管在文化景观的再造上，基金小镇借用了历史文化资源：一则将南

宋官方造币地作为其金融历史文化底蕴的象征；❶二则在整体布局上拟形北斗七星，借用北斗七星在中国儒道两教文化中"财富集聚、吉祥尊贵"的文化寓意，以提高基金小镇的整体文化品位。❷但是，总体而言，与金融市场紧密嵌合的特色小镇是一种新型小镇，传承传统文化不是其核心的文化策略，而是需要把从传统中继承下来的文化和景观，在灵活、变动甚至残酷的金融市场中融汇，构筑小镇公认的价值观，才能把来自五湖四海的从业者凝聚为"镇民"。因此，基金小镇必然要面向市场进行新型的、现代的杂糅，以及创新的文化资源开发与文化再造。

四、小结与讨论

文化资源开发与文化再造的途径和策略不外乎传承、借用、杂糅、创新等。应该说，无论哪一类型的特色小镇，都不是单纯的产业拓展，而是和文化资源开发与文化再造结合在一起。然而，依据每个小镇不同的禀赋，它们在文化资源开发与文化再造的策略和途径上还是有所不同。通过上述三个类型小镇的个案分析，自然禀赋型、社会资本型和市场需求型小镇在空间、市场、主体、文化和技术方面的嵌合有较大程度的区别，因而在其文化资源开发与文化再造的内容和策略上也有所区别。

自然禀赋型的特色小镇，其空间嵌合和主体嵌合比较强，有一定的技术嵌合，但市场嵌合和文化嵌合比较弱，自身的文化资源相对稀缺，因此其文化资源开发与文化再造的策略应该以借用为主，要从其他地方借用合适的文化"为我所用"，形成小镇的新型文化。社会资本型的特色小镇，在空间和市场嵌合上相对较弱，而在文化、技术和主体嵌合上强，文化、技术及其承载主体是其主要的依托，因此文化资源开发与文化再造策略上要强调自身文化的传承，并在此基础上进行根基性的创新，对其自身根基性文化和技术的强化与深筑是其核心。市场需求型的特色小镇市场嵌合强，而空间、主体和文化嵌合相对弱，与地方本身是否具备技术基础的关系也不是很大，主体通常是因为业缘而聚集在一起，有着各自不同的文化背景，因此在文化资源开发与文化再造的策略上，需要面向市场进行新型

---

❶ 王永昌. 玉皇山里何以飞出金凤凰——走访杭州上城山南基金小镇 [J]. 浙江经济，2016（3）：10.

❷ 佚名. 上城玉皇山南基金小镇：隐在青山绿水中的金窝窝 [J]. 杭州科技，2016（2）：51.

的杂糅和创新，以尽快形成小镇自己的文化特质和品位，形成"新镇民"的文化认同（表 10-2）。

表 10-2　不同类型小镇的嵌合与文化资源开发与文化再造策略

类目	自然禀赋型	社会资本型	市场需求型
空间嵌合	强	弱	弱
市场嵌合	弱	弱	强
主体嵌合	强	强	弱
文化嵌合	弱	强	弱
技术嵌合	弱，或由弱转强	强	弱，或先弱后强
文化资源开发与文化再造策略	借用为主	在传承基础上进行根基性的创新	面向市场进行新型的杂糅和创新

特色小镇的"特"，在很大程度上是基于其嵌合要素的不同；特色小镇的"特"除了其所依托的产业之"特"外，还表现为"文化"的"特"。

从国际上来看，按照"嵌合"差异，能大致区分出不同类型的特色小镇，其在各自基础上进行相应的文化资源开发与文化再造。例如，美国的好时小镇及奥地利的瓦腾斯小镇，虽然依赖于巧克力和香水产业，但这些产业在根基上要依托合适的自然生态环境和资源，在这个意义上它们是偏重于自然禀赋型的小镇。无论好时小镇还是瓦腾斯小镇，其原来所在地区并没有相应的文化资源，关于巧克力或者香水文化的营造与认同，是在汇集和借用的基础上形成的，在历史的精耕细作中，使其成为巧克力或香水文化的集大成之处。

韩国的河回民俗村依托的是历史文化资源，日本的柯南小镇依托的是现代文化资源"柯南"这一文化 IP，它们是典型的社会资本型的小镇，这些小镇的文化资源开发与文化再造不能背离其"传统"或"现代"的文化根基，只能在传承原有文化基础上的适度创新。

著名的美国格林尼治基金小镇是一个典型的市场需求型小镇，小镇没有历史文化古迹，也没有著名的自然资源，其凭借毗邻全球金融中心纽约、优惠的税收政策和便利的交通而形成。小镇聚集了 300 多家的对冲基金公司和大批的经纪人和基金配套人员，形成了高端的、快节奏、有活力的小镇生活形态。小镇的人口流动比较大，要建立起小镇自己的文化认同，必然是在面对现代性、金融市场的探索过程中形成。因此，其文化资

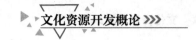

源开发与文化再造策略是新型的杂糅和创新。

总的来讲，通过"嵌合"理论探究特色小镇的文化资源开发与文化再造，一方面能增进对特色小镇理论内涵和建设意义的理解，有助于更加科学和全方位地深化特色小镇的研究；另一方面，有助于特色小镇的文化特色塑造，突出特色产业优势，形成特色产业文化链，避免特色小镇建设中盲目模仿、定位偏差、规划失误、政绩行为等问题。

第三节　秦淮意象：遗产想象与旅游语境中的节日再造 ❶

旅游地意象是影响游客目的和行为的重要因素之一。旅游地意象尤其是遗产旅游地意象的形成，既关乎历史文化资源的积淀，又关乎游客与东道主对这种积淀的历史想象与再造。"秦淮"这一极具诗学与美学意象的词语，便是历史文化累积的结果，同时又是遗产想象的空间、地方节日再造的场域。传统的秦淮灯会丰富了"秦淮意象"，使有关秦淮之"繁华""风流"与"文艺"的想象更有历史文化资源的依托。当下旅游语境下的"秦淮灯会"，既是对已有"秦淮意象"想象和利用下的"节日再造"，也不断地在原有的"秦淮意象"中添赋着时代色彩和要素。在当今时空"压缩"的世界里，遗产便是时间上的"他者"，有关它的意象和想象越是久远和深刻，在旅游中获得的本真体验就越丰富。

一、秦淮意象

（一）旅游地意象的定义概述

旅游地意象，又称旅游目的地意象（Destination Image），可以概括为人们对旅游目的地的观念、想法和印象的集合。这种意象既有因人而异的一面，又有相对稳定的一面，即个人意象与集体意象。其中，集体旅游地意象对旅游者旅游目的地选择和决策有重要意义，对游客感知和游客行为都有重要影响。❷

---

❶ 本节内容参见：林敏霞，彭伟.秦淮意象：遗产想象与旅游语境中的节日再造[M] // 徐新建.文化遗产研究：第九辑.成都：四川大学出版社，2017：3–15.

❷ 周永博，沙润.旅游目的地意象研究进展与展望 [J].旅游科学，2010（4）：84–94.

需要补充的是，从历史的长时段来看，一个旅游地集体意象的形成，脱离不了个体意象对其重重的叠加，尤其是一些知名文人墨客以书写记录形式保存下来关于某个地方的意象，更是该地集体意象的重要来源。本节所要探讨的"秦淮意象"正是在历史长时段中，集体和个人互动叠加而成的旅游地意象。

（二）"秦淮意象"的形成与构建

"秦淮意象"是人们对秦淮河旅游地所产生的观念、想法和印象叠加而成的有关秦淮河当地意象。秦淮从最初的地理名称到具有文化意象秦淮，是在漫长历史演变中沉淀下来的。这个过程大体经历了四个阶段，每个阶段的意象特点都不尽相同。

1. 秦汉时期的"地理名称"

秦淮河，古名龙藏浦。汉代起称淮水。相传秦始皇东巡会稽过秣陵，以此地有"王气"，下令在今南京市区东南的方山、石硊山一带，凿晰连岗，导龙藏浦北入长江以破之。到唐代，方才根据这一传说改称为秦淮河。❶根据这一记载可得知，在秦汉时期，秦淮河分别有龙藏浦和淮水之称，地理位置与当今秦淮河旅游地相当，其他情况知之甚少——甚至起源都不可考，只是附会在秦始皇身上的一个传说罢了。这一历史时期的人们鲜有对秦淮河的描述，记载也多偏向于单纯的地理名称，没有过多的文化意象。

2. 唐宋时期的"奢华""文艺"的秦淮意向

唐宋时期人们不仅定名了秦淮河，也丰富了此地的文化意象。此时的"秦淮意象"，集中在"奢华"和"文艺"等方面。这一转变与南京城的历史是分不开的，汉代以后的魏晋和南北朝时期，南京城一直作为吴国、东晋和宋齐梁陈的国都，是当时江南地区政治经济文化的发展中心。而唐宋时期由于都城北迁，南京城不再作为首都，也不复六朝时期的兴盛，因此有了"奢华"的哀凉。唐代诗人杜牧曾作《泊秦淮》诗："烟笼寒水月笼沙，夜泊秦淮近酒家。商女不知亡国恨，隔江犹唱后庭花。"❷

该诗反映出彼时彼刻，杜牧作为游客，对"秦淮"这一地方的独特印象、观感或心理表象——除去对秦淮河景色的描写，诗人更多地表达出

---

❶ 张妙弟. 中国国家地理百科全书：上海、江苏、浙江、福建 [M]. 北京：北京联合出版公司，2016：77.

❷ 杜牧. 杜牧诗 [M]. 北京：商务印书馆，2009：78.

对前朝亡国之痛，对南朝陈后主奢靡荒淫生活的讽刺——这是杜牧在"夜泊秦淮"时所产生的意象。另外，六朝时期的南京不同于北方少数民族统治下的兵荒马乱之地，六朝的王公贵族、文人雅士和纸醉金迷都汇集于金陵城中与秦淮河畔。从唐代诗人李白的《留别金陵诸公》诗中可见一斑："六代更霸王，遗迹见都城。至今秦淮间，礼乐秀群英。" ❶

可见，唐宋时期"秦淮"在人们的印象里，除了象征"奢华"，也是六朝文人风流兴盛的"聚居地"。李白和杜甫作为唐宋时期文人的典型代表，也是当时秦淮河游客的典型代表，秦淮河在他们心中所产生的意象一定程度可反映这一阶段的秦淮河在一般游客心中的意象。他们的诗作流传后世，又增进了人们关于奢华与文艺的秦淮意象的想象。

3. 明清时期的"繁华"与"风流"的秦淮意向

明清时期，伴随着江南城市的发展和经济的兴盛，南京城与秦淮河畔再次繁荣起来。明朝开国皇帝朱元璋将首都定于南京，尽管之后的明成祖与清朝诸皇定都北京，但南京城依然是江南的经济文化中心，城市内手工业和商业飞速发展至出现资本主义萌芽，作为南方科举会试考点的江南贡院也位于南京，吸引文人无数。

据记载，明太祖在立国之初，为了营建京城的繁华盛世景观，吸引富豪前往，大力提倡举办灯会，在秦淮河畔张灯结彩，并燃放万盏水灯，极尽彰显繁华之能事。秦淮河上颇负盛名的"灯船画舫"也诞生于明清时期。"秦淮意象"的内涵也相应发生变化，侧重表现"盛世繁华"和"才子风流"两方面。《南都繁会景物图卷》创作于明朝，其内容为南京城三月时的庆春游会活动。画卷上既有焰火夺目的鳌山及城中百姓观看演出的场景，还描绘出秦淮河上的热闹游船。受当时的社会影响，明清时期人们对秦淮河的意象更侧重于"盛世繁华"。不少明清文人游览秦淮河，多创作诗句如"一园灯火从天降，万片珊瑚驾海来""明灯初试九微悬，瑶馆春归不夜天""两岸红灯射碧波，一支兰桨荡银河"等。与唐宋时期的李白、杜牧不同，这些诗词中所描写的"秦淮意象"繁华气息甚重，少见怀古，也鲜见有人将"秦淮"与"奢华"背后的悲凉联系起来。

另外，明清之际，秦淮河畔的夫子庙、江南贡院是当时的江南科举考场，江南书生才子会聚于此，带动了这里的服务行业，酒楼、茶馆、小吃

---

❶ 李白 . 李白诗 [M]. 北京：人民文学出版社，2005：87.

应运而生。清初文学家余怀在《板桥杂记》上卷"雅游"中写道："旧院与贡院相对，仅隔一河，原为才子佳人而设。"❶ 这里的"贡院"，是当时南方地区会试的总考场，即江南贡院；"一河"自然是秦淮河。余怀作为明末清初人，久居金陵，是秦淮河上的常客，他所撰写的《板桥杂记》是最早记录"秦淮八艳"民间故事的书籍。无论是河两岸的才子佳人韵事，还是河中央的"秦淮八艳"传说，此时的"秦淮"与前朝相比，更多了"才子风流"的意象，与"盛世繁华"相得益彰。相比唐宋时期的"秦淮意象"，"繁华"与"风流"也反映出——由于明朝城市经济的发展和秦淮河畔的繁荣，游客也不再仅限于王公贵族或文人雅士，他们扫"奢华"为"繁华"，改"贵族文艺"为"才子风流"——可以说在一定程度上影响了"秦淮意象"的发展演变。因此，明清时期的"秦淮意象"，在唐宋的"奢华"和"文艺"之后，增添了"繁华"与"风流"。

4. 20 世纪以来的"古典"与"盛世"

这一时期社会变革不断进行，科技发展日新月异，现代化进程不断加速。在这种历史背景下，秦淮河作为历史名胜，成为名副其实的旅游地。人们对它的意象侧重表现在"古典"与"盛世"两方面，即旅游者提到的"秦淮"，大多为古典和盛世的象征。此古典与盛世在一定程度上是现代人对古代秦淮意象的总汇。

20 世纪初，由于政局动荡与长期战乱，秦淮河曾一度没落，但不少游客依然去秦淮河感受"繁华"。文学家朱自清曾于 1928 年 8 月游秦淮河，写下《桨声灯影里的秦淮河》，其中谈道：

我们仿佛亲见那时华灯映水，画舫凌波的光景了。于是我们的船便成了历史的重载了。我们终于恍然秦淮河的船所以雅丽过于他处，而又有奇异的吸引力的，实在是许多历史的影像使然了……我想象秦淮河的极盛时，在这样宏阔的桥上，特地盖了房子，必然是髹漆得富富丽丽的；晚间必然是灯火通明的。现在却只剩下一片黑沉沉！但是桥上造着房子，毕竟使我们多少可以想见往日的繁华；这也慰情聊胜无了。❷

从这段材料我们可以推断出：秦淮河旅游在 20 世纪上半叶时已然繁华不再——作者朱自清在泛舟秦淮河上时感到"雅丽过于他处"，是由于

<hr>

❶ 余怀. 板桥杂记 [M]. 上海：上海古籍出版社，2000：39.

❷ 朱自清. 朱自清作品集 [M]. 太原：北岳文艺出版社，2002：75.

想象到历史上秦淮河的"华灯映水，画舫凌波"。可见作者本人的"秦淮意象"就是"古典"与"盛世"——尽管秦淮河已不似六朝般"纸醉金迷"，也不再似明清般"富丽堂皇"，但身处其中，仍可在百年后感受到古代盛世时的繁华。

由于20世纪是大变革的时代，国家社会转型颇为迅速，此时相对没落的秦淮河显然不会如明清般还象征着"繁华"与"风流"，更多的是作为名胜古迹，成为南京千年繁华历史的见证，自然有了"古典"与"盛世"的意象。

另外，通过对当代旅游者的调查访谈，笔者总结出，至今很多旅游者前往秦淮河旅游的动机，不为自然风光或历史遗存，大多是去古秦淮体验"六朝烟水""金陵繁华"，换言之，是去感受由"秦淮"所产生的"古代盛世"之氛围。这也是"秦淮"不同于许多名胜古迹旅游地的原因，即"秦淮意象"，除去历经千年的"古典"意象，还是太平"盛世"象征。

（三）当下"秦淮意象"的核心内容

通过以上论述可知，"秦淮意象"的形成大体有四个阶段，每个阶段对"秦淮"的集体意象侧重点有所不同。

到了大众旅游背景下的今天，游客的旅游目的和行为多元化，致使人们对"秦淮意象"也呈现出多元化趋势。但作为一种集体意象，"秦淮意象"在历史过程中还是获得了属于它自身的独特的集体性的旅游地意向，即"古典盛世"。这"古典"不同于长城、故宫、兵马俑雄浑庄严的"古典"，而是多了几分繁华与文艺；这"盛世"也不同于汉唐强健之盛，而是带有六朝特色的绮丽之盛。换言之，现今的"秦淮"，是一派"繁华文艺的古典"与"奢华风流的盛世"的"古典盛世"意象。

二、秦淮灯会与秦淮意象

"繁华文艺的古典"与"奢华风流的盛世"的"秦淮意象"是历史长时段以来，社会大多数人对"秦淮河"所产生的集体意象。它在长期形成过程中，受到多方面因素影响，同样也会影响人们的诸多看法和行为。在这个"秦淮意象"的构建过程中，秦淮灯会（即南京地界、元宵时节的秦淮灯会）的作用尤其突出。

历史上的秦淮灯会，从最初的宫廷禁苑皇家举办，到民间街头官民同乐，从南北朝至今近一千七百年的时间跨度，几经变迁，其举办地点一直位于秦淮河流域。自 20 世纪 80 年代恢复灯会后，秦淮灯会的地点正式确定在夫子庙地区。

当然，随着地域范围的不断扩大，秦淮灯会早已成为南京这整座城市的盛大节会。但究其核心区域，依然是在当今的"秦淮河—夫子庙"景区。历史上的秦淮灯会从未离开过秦淮河畔，可以说，秦淮灯会是一直具有"秦淮特色"的传统节会活动，是推动"秦淮意象"形成和构建的重要因素之一。

（一）秦淮灯会的起源

作为南京地区的传统节会，秦淮灯会历史悠久，其起源可追溯到南北朝时期。梁简文帝萧纲曾作《列灯赋》，其中写道"南油俱满，西漆争燃。苏征安息，蜡出龙川。斜晖交映，倒影澄鲜"❶，描绘出当时的宫廷在正月里张灯之盛况，表明南朝时期的元宵节人们已开始用灯彩来烘托首都南京的节日气氛。此后由于首都北迁，南京在隋唐宋时期冷落下来，远不及当初繁华，但元宵节举办灯会这一习俗在全国兴盛起来。需要指出的是，秦淮灯会的起源，在时间上要先于"秦淮意象"的产生。

首先，元宵节张灯这一习俗，最早兴起于汉代的宫廷之中，论起源与道教或佛教的祭祀有关。南北朝时期，伴随着王室偏安，宫廷迁到南京，以及后期居住在秦淮河畔的门阀士族的效仿，张灯这一习俗开始从深宫禁苑、宗教场所走向民间，用以祈求风调雨顺、家庭美满或是天下太平。根据当时梁简文帝和陈后主描写百姓张灯的诗词，可看出南北朝时期灯会已成一定规模。而秦淮河的正式命名时间是在唐朝，即晚于灯会活动的兴起。

其次，秦淮河在唐宋时期才正式成为具有符号性质的一种文化意象——而这一时期灯会在全国范围内流行起来。历史上有明确记载的元宵灯会是在隋炀帝时期，《隋书》记载隋炀帝杨广通过举办元宵灯会，向其他国家的使臣彰显隋朝的强盛国力。也正是从那时开始，元宵灯会逐渐成为国富民强、太平繁盛的象征。从唐的长安灯市和宋的开封灯会，皆可看出当时人们对元宵灯会的重视程度。

---

❶ 尤建国. 中国传统节日与诗词 [M]. 南京：河海大学出版社，2008：39.

　　明朝之首都再次迁回南京，明太祖力倡通过举办元宵灯会以彰显首都繁华。据《明史》记载，明太祖朱元璋十分重视灯会这一盛事。他曾规定将南京城的元宵节张灯时间延长为十夜，与唐朝三夜、宋朝五夜相比，可谓增加不少。明成祖朱棣也于永乐七年（1409 年）初宣布"赐百官上元节假十日"❶，以准备这一盛会。正是在这一时期，秦淮灯会形成了其独有的灯会特色。从此之后，即使明清之首都迁至北京，南京的秦淮灯会依然有"秦淮灯彩甲天下"之美誉，秦淮河上悬挂花灯的画舫及灯船也随之声名远扬。在之后的清朝与民国时期，纵使官府不再主办秦淮灯会，南京城的百姓仍会在农历正月期间，汇聚于秦淮河畔举办灯会。时至今日，南京仍流传着"过年不到夫子庙观灯，等于没有过年；到夫子庙不买张灯，等于没过好年"的说法，可见秦淮灯会早已成为南京独特的民俗文化活动，深入人心。

（二）秦淮灯会的主要特色

1. 雅俗共赏的秦淮灯彩

　　古语云"秦淮灯彩甲天下"，足可证明秦淮花灯的重要地位。秦淮花灯是一种古老的汉族手工艺品，最早起源于南北朝时的宫廷，随后流入民间。经过千年的传承发展，秦淮灯彩做工精细，风格多样，融多地灯彩特色于一体，且在发展过程中借鉴我国传统的纸扎、书法、绘画、剪纸、皮影、刺绣、雕塑等艺术，从形式到内容都非常丰富。

　　从形式和工艺上而言，秦淮灯彩综合了木工、漆工、彩绘，甚至雕饰、泥塑、编结、裱糊、焊接等一系列工艺技巧在其中，使灯彩大小各异，形状万千——有壮观高达 12 米的传统荷花灯，也有小巧如巴掌大的兔子灯。灯彩的装饰图案也是如此，有的是书法绘画风格的装饰，在灯壁上写诗泼墨画山水；还有民间剪纸风格的装饰，通常是用剪好的图案裱贴上去的。

　　内容上，秦淮灯彩既有彰显高雅华贵的"观赏照明"类花灯，如宫灯、纱灯、壁灯，象征"金陵十二钗"的十二根灯柱等；也有反映民间地方文化的"民间习俗"类花灯，如"嫦娥奔月""百鸟朝凤""龙凤呈祥"等，寄托当地人的美好愿景。可见，无论从形式还是内容方面，传统秦淮灯彩都能做到兼收并蓄，既符合文人雅士的审美，又符合乡土大众的需

---

❶ 张廷玉 . 明史·明成祖本纪 [M]. 北京：中华书局，2013：9.

求，是秦淮灯会的特色之一。

2. 江南风流的灯船画舫

秦淮河面上的"灯船画舫"最能体现出秦淮灯会中的江南风流。画舫即装饰华丽的小船，一般用于在水面上荡漾游玩、观赏两岸景观，也会用以聚会宴饮。每到元宵节前，河上的画舫纷纷悬挂花灯，呼应节日氛围。不仅如此，画舫中的教坊女子仿佛也是秦淮河的代表之一。到明末清初之际，"秦淮八艳"更是给"灯船画舫"凭添风流。郭沫若在《南京印象·秦淮河畔》中写道："河上也有一些游艇，和玄武湖的艇子差不多，但有些很明显地是所谓画舫，飘浮着李香君、葛嫩娘们的瘦影。"❶ 可见秦淮河上的画舫早已不是单纯的游艇，而转变为江南风流韵事的承载。悬挂花灯的画舫灯船游荡在秦淮河上，流光溢彩，歌舞升平，与岸上灯彩遥相呼应，为灯节中的江南水乡增加不少乐趣。这也是秦淮灯会有别于他处灯会的特色，除了张灯结彩、人头攒动的壮观热闹外，"灯船画舫"还展现了别样的江南风流。

3. 南北融合的文艺活动

秦淮灯会的特色还体现在"南北融合"的文艺活动上。我国传统的元宵节灯会除了观赏花灯、举办灯市外，还会开展各种文艺活动。在宋朝人孟元老创作的《东京梦华录》中曾有记载：

> 正月十五日元宵。大内前自岁前冬至后，开封府绞缚山棚，立木正对宣德楼，游人已集御街两廊下。奇术异能、歌舞百戏，鳞鳞相切，乐声嘈杂十余里。❷

材料记载的是北宋年间的开封府灯会，可以看出那时的元宵灯会早在冬至后便开始准备，游客及"奇术异能、歌舞百戏"的表演者纷至沓来，"乐声嘈杂十余里"，足见灯会的热闹程度，也证明元宵灯会中不乏各种文艺表演。

作为传统灯会的一种，秦淮灯会上也有表演文艺的传统。灯会活动除了逛灯市、赏花灯、猜灯谜、闹花灯外，还有南京剪纸、空竹、绳结、皮影、秧歌、踩高跷等诸多文艺活动，其中不乏起源于北方的文艺活动，这

---

❶ 郭沫若.南京印象·秦淮河畔 [M] // 郭沫若全集·文学篇：第十四卷.北京：人民文学出版社，1992：520.

❷ 孟元老.东京梦华录全译 修订版 [M].姜汉椿，译注.贵阳：贵州人民出版社，2013：102−103.

些都能在秦淮灯会上得以展示，且不少艺术的表现形式也做到了南北方风格的融合。

以在秦淮灯会上颇受关注的剪纸艺术为例。南京剪纸的风格与我国别处的剪纸艺术不同，剪纸的制作为单手操剪，艺人技艺娴熟，三五分钟内能在无画稿的纸上剪出各种花鸟鱼虫。既有可供作刺绣花样的剪纸，也有节年喜庆时居室内外装饰的样式，被评价为"花中有花，题中有题，粗中有细，拙中见灵"。其将北方剪纸的粗放和南方剪纸的细腻合为一体，形成独有的本地风格。不同种类和不同风格的文艺形式汇聚于此，充分体现出秦淮灯会"南北融合"的特色。

（三）淮灯会对"秦淮意象"构建、形成的作用

秦淮灯会的历史源远流长，这一传统节会活动从起源至兴盛，再到形成特色，经历了长期的发展过程。传统秦淮灯会在这一过程中所形成的特色，也体现出"秦淮意象"的独特。因此，笔者认为，秦淮灯会正是"秦淮意象"的重要组成之一，推动了当下有关秦淮意象的形成和构建。具体体现在以下三个方面。

1. 元宵灯会的"繁华"

灯会作为民俗活动本身，虽然起源带有宗教色彩，但在隋朝之后一直是繁华与太平盛世的象征。据上文总结，自汉伊始的历朝历代，元宵节灯会本身都是"一派兴盛热闹"——隋炀帝通过举办灯会向周边藩国宣扬国力；唐宋时期的灯会更是极尽繁华之能事，由官府主办，全民动员；元朝曾一度废除灯会；到明朝再次在全国范围内兴盛并达到顶峰；直至清朝和民国。

虽然后期的秦淮灯会已不由政府主办，但作为民俗，灯会在民间仍然声势浩大。时至今日，元宵节灯会甚至被称为东方的"狂欢节"，足见其热闹程度。秦淮灯会也不例外，灯会本身充分体现了"繁华"这一意象特征，促进了"秦淮意象"的形成。

2. 灯船画舫的"风流"

"灯船画舫"作为秦淮灯会的重要组成，与秦淮河上的舞女歌伎是分不开的——这也正是秦淮灯会中的"风流"所在。在古代，秦淮河上的画舫与歌伎有时不仅不会被打压，甚至会获得支持。

清朝末期，太平天国运动给南京的城市和经济造成了沉重打击，秦淮河畔的灯船画舫也随之消失。之后伴随着太平天国运动的瓦解，后期长

江以南地区尤其是南京一带局势又重新恢复安定平稳。此后的秦淮河畔又再次仕女笙歌，画舫灯船愈加兴旺，推动城市经济发展，恢复了往日繁荣——故而朱自清于 20 世纪初游览秦淮河时仍可见到。由此可见，秦淮灯会上兴盛的"灯船画舫"，既是"风流"的象征，也是盛世的体现。

3. 灯会活动的"文艺"

秦淮灯会上的活动丰富多样，尽显"文艺"特质。上文已提到，雅俗共赏的灯彩形式和内容，自然是"文艺"的展现——反映出南京文人雅士与乡土艺术的结合；同时，灯会上诸多艺术表现形式，反映了当地的南北文化融合，也体现出"秦淮意象"中"文艺"的一面。上述传统秦淮灯会所拥有的三个特色，多给人们以"繁华""风流"和"文艺"等印象，浓缩了"秦淮意象"，使有关秦淮之"繁华""风流"与"文艺"的想象更有历史文化资源的依托，在很大程度上促进了"秦淮意象"的形成和构建。

三、灯火秦淮：当代旅游语境中的节日再造

上文谈到的秦淮灯会实际上是一种缘起于民俗的传统节会形式，即"传统秦淮灯会"，它与当下再造的"灯火秦淮"既有联系又有不同。"灯火秦淮"是当代旅游语境下，利用原有的秦淮意象而再造的地方节日。它不仅是南京城每年春节期间的传统民俗活动，更成了当地独有的一项旅游文化景点，吸引大量外地游客前往。"秦淮"这一极具诗学与美学意象的词语，由历史文化累积所成，同时又成为当下遗产想象的空间、地方节日再造的场域。

（一）当代节会：灯火秦淮

"灯火秦淮"是对当代秦淮灯会的指称，是指每年春节前后"秦淮河—夫子庙"景区所举办的大型灯彩展览会。这一灯彩展览会于 1985 年恢复，已成为我国最负盛名的节会之一。在大众旅游背景下，当代秦淮灯会与传统节会活动相比，节会时间更长，区域规模更大，游客数量更多，更能满足当代大众旅游的需求。

当代的秦淮灯会通常举办于春节期间——从每年的腊月二十三至正月十八左右。灯会以南京的"秦淮河—夫子庙"景区为依托，以夫子庙大成殿为核心，地域范围不断扩展，主要包括夫子庙、瞻园、白鹭洲公园、吴敬梓故居陈列馆、江南贡院陈列馆、中华门瓮城展览馆、老门东等景点，

有时还会扩展到中华路、平江府路、瞻园路、琵琶路一带。灯会已经是南京城重要的旅游景观之一，也是"秦淮河—夫子庙"景区近年来开发"秦淮旅游风光带"的重要组成部分，被称作"灯火秦淮"旅游项目。

（二）秦淮意象在当代节会中的运用

在当今压缩的世界里，遗产便是时间上的"他者"，有关它的意象和想象越是久远和深刻，在旅游中获得的本真体验就越丰富。因此，利用好"秦淮意象"进行"节日再造"，是南京旅游开发中首要考虑的。

作为旅游地的东道主，秦淮旅游风光管理中心近些年一直在试图将"秦淮意象"运用到现代节会开发中——主要在灯会旅游的景观布置、周边产品开发等方面，力图吸引游客，推动秦淮灯会旅游的发展。

1. 秦淮意象与节会景观建设

设计者将"秦淮意象"运用到景观设计方面，其特色为"古典为主，兼具繁华与文艺"。当代的秦淮灯会多以名胜古迹为依托，挖掘文化内涵，营造符合"秦淮意象"的景观以吸引游客。

当代秦淮灯会的主会场曾于2008年开始，按照不同主题的灯彩划分出"夫子庙、秦淮河、白鹭洲"三大主要展区，每个展区的节会景观都不尽相同，各具特色。此后每年的灯会也多效仿之，规模与日俱增，展区愈分愈多，最多时达八个展区，展示灯彩120多组。到2015年，秦淮灯会在节会景观上又划分为五大展区，共计66组大型灯彩。

首先，最主要的是"夫子庙—大成殿"展区，多展示与孔子和儒家文化相关的灯彩，如"周游列国""鱼跃龙门""独占鳌头"等，既有传统花灯，也不乏运用声光电等现代科技作为表现手法的灯组。这一展区位于秦淮河畔，街道房屋皆是青砖白瓦，古色古香，既有乌衣巷"王导谢安故居""李香君故居"等名人故居，也有出售旅游纪念品、南京特色小吃的仿古店铺，节会期间秦淮灯市也布置于此。这一展区既是游客必经之处，也是游客密度最大的展区，是灯会"古典""繁华"和"文艺"的集中体现之处。

其次，是"秦淮河水上游览"展区，即游客可以乘坐游船画舫游览秦淮河。灯会期间除了游船装饰有花灯外，河道两侧、部分水面都有传统水灯装饰。灯组设置以点缀为主，重在渲染古典氛围，突出两岸的人文景观，如东水关、桃渡临流、吴敬梓故居、王昌龄宴饮等，尽显秦淮河畔的历史与文人气息。

最后，在白鹭洲公园展区，多扎制如"士子怀古""颜鲁公放生""芦风白鹭""武宗皇帝钓鱼"等大型灯组，沿河点缀明清式宫灯，既有古代名士"文艺"的体现，也显示出南京作为六朝古都的"盛世"气象。江南贡院展区，即位于"江南贡院泮池—文源桥"沿河区域，由于贡院曾是江南考生参加会试之所，因此此处多布置"奉旨赶考""金榜题名"等体现科举文化的灯组——江南贡院里还布置有"科举文化专题展"，采取古代文物、艺术品与现代数字科技相结合的方式，展示在我国影响深远、存续1300 年之久、有"中国古代第五大发明"之称的科举制度。还有明城墙附近的花灯展区，用花灯装饰城楼这一习俗可追溯到隋炀帝时期。秦淮灯会也因此形成独特的"水陆空"布展格局——在夫子庙陆上、十里秦淮河水上、明城墙空中，全方位开发出"繁华又文艺"的古典灯会景观。

2. 秦淮意象与节会产品开发

关于节会产品，当代秦淮灯会也是将"秦淮意象"运用到产品设计与开发中，通过不同种类的周边产品，展示秦淮"古典"与"文艺"的意象特征。其节会产品开发多是围绕"秦淮特色"，近年来还利用当地特有的"才子状元"文化意象，推出一系列以"才子佳人"和"状元"为主题的纪念品。笔者调查得知，当代灯会的周边产品按特点主要分为两类，即"怀旧"的传统节会产品与"复古"的现代节会产品。

传统节会产品中最出名的莫过于秦淮花灯。历史上的秦淮灯市也一直保留至今，位于夫子庙西牌坊旁的东牌楼路。秦淮灯市开放时间从正月初一至正月十八，主要出售纯手工扎制花灯，如传统的荷花灯、美人灯、动物灯等，还有空竹、剪纸、折扇等南京特色的民间工艺品。可以说，秦淮灯市既是吸引外地游客的重要因素之一，也是"老南京人"过年怀旧之所在。而现代的节会产品开发则是将"古典""文艺"与"现代感"融为一体。例如，位于秦淮河畔的秦淮礼物店，是一家专门销售基于"秦淮意象"文化元素的原创旅游纪念品商店。商品题材多与"秦淮八艳""金陵十二钗"及"状元"相关——"金陵十二钗"的书签、角梳与镜子，其图案和外观皆是复古风格。"我家有个状元郎"系列玩偶，玩偶的打扮和名称也是与古人相近，如"文武双全"郎、"百步穿杨"郎等。就连印有"秦淮八艳"图像的海报、明信片，其颜色和材质都要"做旧"——足见其当代节会产品的"复古"特色。

　　"秦淮意象"是不同历史时期人们对于秦淮河地区积淀的一种集体文化意象。"秦淮"从普通地名逐渐构建为一种文化意象,一种文化符号,是受多种历史、社会原因综 合影响而成的。其中,历史上的秦淮灯会是促进和影响"秦淮意象"形成和构建的重要因素之一,也是最能体现"秦淮意象"的一部分。灯会活动更多地凸显"繁华、文艺"等相对积极的意象特征,而少有"奢华、颓废"等消极意象特征。

　　在现代社会,随着社会背景的变化,"秦淮意象"也相应改变,附会了"古典"与"盛世"等当代意象,这一意象的变化必然会影响大众游客的旅游目的和旅游行为。同时,秦淮灯会在大众旅游背景下,也不再仅是一项传统民俗节会活动,而是逐渐向当代的节会旅游项目转变。因此,在当代旅游开发中,需要考虑该节会是否符合大众游客之前形成的旅游地意象。

　　根据笔者的调查,近年来"秦淮旅游风光带"将游客的"秦淮意象"主要运用在当代秦淮灯会的景观开发和周边产品两方面。设计者认为,当代节会旅游开发中,节会景观可以直接影响旅游者的观感和印象,而节会产品则会直接影响节会经济的发展,两者需要格外重视。可以说,当代秦淮灯会的旅游开发绝对受到"秦淮意象"—旅游地意象的影响。

　　因此,透过"秦淮意象"的构建、形成与运用这一个案,反映出集体文化意象与文化资源开发的关系密不可分、相互影响——人们对某地的集体文化意象,会被运用于当地的节会旅游开发,成为其特有的一种文化资源;而运用此意象开发的旅游地或节会,又会在一定程度上促进该意象的再发展。换言之,当下旅游语境下的"秦淮灯会",既是对已有"秦淮意象"想象的"节日再造",也不断地在原有的"秦淮意象"之上添赋着时代的色彩和要素。

　　所以,当代秦淮灯会开发或多或少会对"秦淮意象"产生影响,推动该旅游地意象的再发展。近年来,在节会中加入了"科举文化"与"状元文化"元素,一方面紧扣中国游客多有"望子成龙"的需求,将夫子庙祭孔和灯会展览同时举办,还推出"我家有个状元郎"系列灯彩及旅游纪念品;另一方面或多或少会影响旅游者对秦淮河旅游地的态度、印象和心理表征,在原有的意象基础上,增添一些传统科教文化特色。总而言之,"秦淮意象"发展至今已是重要的文化资源,与秦淮灯会相互影响,在当代的节会旅游开发中应妥善运用。另外，"秦淮意象"作为旅游地意象，不应该是固定不变的，而是相对的、发展变化的。故而，当代秦淮灯会在传承传统文化、展现地方特色的同时，也应不断创新发展，这是当地节会旅游及文化意象保持生命力的重要体现。

★本章小节

文化资源开发在具体的实践过程中是一个综合、复杂的情境性过程，与时代、地方、主体等密切关联。本章选择了三个案例来部分呈现上述文化资源开发的综合性和复杂性，以期抛砖引玉。

文化资源开发与现代性怀旧有着密切的关系。现代化二十四节气之于现代社会具有特殊的怀旧意蕴。借助怀旧旅游的开发，一方面，提供与二十四节气文化相关"怀旧产品"，救治现代社会人们的焦虑、断裂；另一方面，使二十四节气在现代社会中得到传承和发展，凸显其除了指导农事生产和生活之外的更多功能。

特色小镇建设顶层设计目标在于形成一个"宜产、宜业、宜居"的社区，社区与文化认同密切关联，因而如何利用文化资源进行文化再造，形成特色小镇的社区认同，是需要解决的基本问题。不同类型的特色小镇在其文化再造的内容和策略选择上需要加以区分。从人类学的"嵌合"概念和理论角度来看，可将现有的特色小镇划分为自然禀赋型、社会资本型和市场需求型三种类型。不同类型特色小镇的产业发展与其空间、主体、市场、文化、技术等方面的嵌合偏重不同，从而形成小镇文化再造内容和策略上的区分。

旅游地意向一方面是历史文化累积的结果，另一方面又是遗产想象的空间、地方节日再造的场域。旅游地意向本身是历史文化累积，是进行文化资源开发的根源，并在开发过程中获得新的累积。传统的秦淮灯会丰富了"秦淮意象"，使有关秦淮之"繁华""风流"与"文艺"的想象更有历史文化资源的依托。当下旅游语境下的"秦淮灯会"，既是对已有"秦淮意象"想象和利用下的"节日再造"，也不断地在原有的"秦淮意象"中添赋着时代色彩和要素。文化资源开发应该善于发掘各类遗产"意向"性的符号，深化受众的情感体验。

★ 思考与练习

1.进一步思考"怀旧经济"与文化资源开发之间的关系，并用具体的案例加以分析。

2.分析特色小镇建设和文化资源开发的关系，并用具体的案例进行说明。

3.分析乡村振兴与文化资源开发的关系，并用具体的案例进行说明。

后　记

自 2009 年在中央民族大学博士毕业后，我一直就职于浙江师范大学文化创意与传播学院，担任文化产业管理专业专职教师。文化创意与传播学院是一个新学院，专业也是一个新专业，对我而言，从原来文化人类学比较传统的研究领域转入文化产业相关的教学和研究，更是一个新中之新的挑战。好在我一直秉承学以致用的治学理念，在文旅融合、文化产业大发展的时代背景下，文化人类学理应自主地介入其中，并为其贡献应有的力量。于是，我选择了"文化资源开发"这门课程作为起点。

从文管 2009 级开始一直到文管 2019 级，我为浙江师范大学文传学院文化产业管理专业的学生授课"文化资源开发"已经整整十年。我原本觉得，天下学问已经很多，关于文化资源的教材也已经不少，并不需要多我这么一本。然而，10 年的教学，自觉不自觉地累积了一些资料和看法，形成了自己的一个基本框架和结构，也就自然而然地想做一个相对系统的梳理和总结。这既是一个教学科研人员的本职所在，也是对所在专业及学生的一份责任和义务。因而，不揣浅陋，于 2017 年暑假开始动笔整理和写作。

然而，真正开始动笔，才发现从课件、资料转化为教材，其工作量一点也不亚于写一篇博士论文。再加上生活、工作及身体等诸多方面的原因，原本想一鼓作气在一年内完成的书稿，竟断断续续用了 3 年。如今，在书稿终于可以交付出版的时候，我依然为自己为学的疏懒和思想的肤浅感到万分惭愧。

好在教学相长，和学生们的交流讨论总能时时鼓励我，使我即便因为各种羁绊而进展缓慢，却始终不曾放弃本书的写作。在教授这门课程的过程中，学生经常能给我带来灵感及新资讯和案例。我在本书中引用了许多学生们在课堂讨论、作业及我所指导的学生的毕业论文中的案例和资料，因此，这本书也是我和学生们共同完成的一个成果。

本书的完成也得力于文化产业管理专业的每一位同事。十年前几个刚毕业的博士一同入职，彼时文化产业管理专业刚设立，风雨十载，我们彼此互助互爱，群策群力，使该专业的发展取得了不错的成绩，这也为本书的写作提供了精神动力和智力支持。还要感谢浙江师范大学和文化创意与传播学院的支持，学院的时任领导关爱教职工生活和科研工作，主动为教材出版提供经费支持；学校也将本书作为校级重点教材建设项目给予了经费支持。知识产权出版社的编辑认真细致的修改和修订也使本书能最后顺利完成和出版。

最后，我要把我最深切的谢意献给我的家人和挚友，没有你们在我最困难的时候所给予的包容、陪伴和鼓励，我不能肯定自己是否能最终完成这本书稿。

三月，春雨润物，草长莺飞。虽然我没有一一列出我所致谢的你们的名字，但你们的名字永远在我心里。

林敏霞

2021 年 3 月

浙江金华婺州古城